大展好書 好書大展

大展好書 好書大展

武術特輯

41

杜元化《太極拳正宗》考析

王海洲
嚴翰秀／編著

大展出版社有限公司

目錄

序

趙堡太極拳的歷史源遠流長，歷代傳人在傳授趙堡太極拳時都有一些資料流傳，但是，將趙堡太極拳系統地整理成書，在二十世紀三〇年代前只有太極拳專家杜元化一人。他是陳清萍的再傳弟子，並得到陳清萍的另一個弟子張敬芝的傳授，比較系統地掌握了趙堡太極拳的拳理拳法。

他所寫成的《太極拳正宗》一書是對趙堡太極拳的一次全面總結，由於《太極拳正宗》發行少，看到的人不多，同時，他運用了中國傳統文化中的道家學說無極、太極、兩儀、四象、八卦的原理來寫趙堡太極拳，加上文字上的障礙，一般的人不易看懂，以上原因，使這本書得不到廣泛的傳播。

太極拳研究學者嚴翰秀花了數年時間，對杜元化的《太極拳正宗》進行了考證和分析，書後附有趙堡太極拳總會總教練王海洲先生親自演練的趙堡太極拳拳式圖照和解說。

我們認爲他們做了一件很好的工作，本書將爲太極拳健康發展起到一定的推動作用。

河南溫縣趙堡太極拳總會　會長　吳金

副會長　侯魏邦

一九九八年七月二十日

自序

嚴翰秀先生一九九〇年六月到趙堡考證太極拳的歷史，我與他開始相識。我們在一九九一年合作寫了《秘傳趙堡太極拳》一書以後，一直保持著友誼和聯繫。一九九三年，他寫信給我，要我幫他找杜元化的《太極拳正宗》一書，我正好保存有《太極拳正宗》的原版本，還有陳鑫的《太極拳圖畫講義》手抄本，我馬上將這兩本太極拳的孤本書複印寄給他。

一九九五年，我到南寧和他一起寫《趙堡太極拳、太極劍、太極棍、太極十三刀、單刀、春秋大刀合編》一書，在寫書期間，他對我說：「你們趙堡太極拳有《太極拳正宗》這麼好的書，應該好好研究。」於是我們在寫書之餘，對《太極拳正宗》進行了全面的閱讀和討論，這次閱讀和討論碰到的難題是杜元化的「七層功夫」之說。

一九九七年十二月，我應邀到桂林授拳，他又到桂林和我一起仔細研究了

《太極拳正宗》中的七層功夫的內容，透過這次研究，我對杜元化的七層功夫之說有了比較明確的認識。一九九八年上半年，我應邀在廣西賀州市教拳，他給我來電話說：「我已經將《太極拳正宗》考證分析的書寫完，請你來看一下。」六月，我到了南寧，十分認眞地看完他的書稿，感到他眞正破譯了杜元化的《太極拳正宗》的主要內容，特別是他對趙堡太極拳的道家「眞源」、練法、七層功夫、十三式手法起源之圖、背絲扣等做出了深刻又通俗的解釋、說明。我是趙堡人，一生演練和傳授趙堡太極拳，但是，我感到我對趙堡太極拳的體系的認識並不比他全面。

他在書中說：「我所寫這些文字，它的眞正意義是提醒太極拳界重視杜元化和他的《太極拳正宗》這本書，研究這本書，讓它在當今蓬勃發展的太極拳運動中發揮它的作用，重新放出它應該發出的燦爛的光輝。」我相信他的這一願望是可以實現的。

王海洲

一九九八年七月一日

自序

前幾年，我同時得到兩本在中國太極拳歷史上有代表性的太極拳書，一本是杜元化的《太極拳正宗》，一本是陳鑫的《太極拳圖畫講義》。得到時由於要辦事情很多，我隨手翻了一下，就擱置一旁了。過了一段時間，我又把這兩本書拿出來翻翻。

有一天，我參照看陳鑫的另一版本《太極拳圖說》時，讀了劉煥東寫的《溫縣陳品三太極拳譜後敘》中有一段話給了我很大的啓發，這段話是這樣的：「余猶竊竊隱憂者，人情對於秘藏奇書，日夜思慕之，不憚跋涉山川，走數十百里，以求朝夕錄且讀，舌弊手胝不自足，及其公開流傳，隨處可得，則往往讀之不能終卷，何則？習見生玩也。」

這段話的大意是，人有這樣一種情況，對那些秘籍奇書，在沒有得到之前，千方百計想得到它。但是一旦得到以後，往往不能將它讀完。他指出這種情況是人在求學過程中的常見現象，現實確實有不少人，特別是武林中人，一聽到有什麼秘籍就想盡一切方法去得到它，一得到了就束之高閣，我本人也犯了這種毛病。

在我接觸太極拳時，那是文革期間，我從朋友處得到了楊澄甫的《太極拳體用全書》，當時就全部抄錄了下來，其中包括有《太極拳論》等一批那個時期看不到的所謂秘訣。後來又從一位朋友手中得到一本楊班侯傳的《九訣》，我又手抄全文，積累下來，手抄了不少太極拳的所謂秘籍。現在回過頭來看自己當時抄這些秘籍的熱情連自己也吃驚，但是，自己對這些秘籍研讀了多少呢？體悟了多少呢？現在我得到的太極拳的資料比過去多得多了，自己又用了多少心血去研讀而從中得到益處呢？我想，我要克服這種常人的弊病，認認眞眞地去研讀一些太極拳歷史上被公認的經典著作。

從那時開始，我認眞地讀杜元化的《太極拳正宗》和陳鑫的《太極拳圖畫講義》，一遍又一遍。開始是不太理解，特別是杜元化《太極拳正宗》這本書。近十年來，我南北奔走，採訪了數十位當代的太極拳名人，可以說，中國太極拳門派的掌門人、傳人、名人，我已經訪問了不少了，我認眞地與他們交談，記錄他們的言論和行爲故事，細心地體會他們的思想，以他們的思想作爲我的研究基礎，同時也結合我的練拳實際，不斷地對這兩本書進行研讀，似乎對裡面的內容逐漸有所領悟。

俗話說，讀易經要讀三年才能有所體會，我不斷的讀這兩本書已經有五、六年，一些新的體會促使我產生了要考證這兩本書的慾望。在此期間，我參加了東南大學在廣西舉辦的研究生進修班學習，學的是現代科技和決策專業。研究生的課程除了學習和接受新的知識外，我重點理解和掌握一些新的研究方法，對古代文化也潛心去思考，這些知識和方法也給我重新研讀這兩本書增加了思想武器。於是我先選擇杜元化《太極拳正宗》作爲破譯的對象。

《太極拳正宗》這本書在一些人看來像是天書一樣。特別是杜元化所說的七層功夫，讓人難以理解和捉摸，一般人接觸到這本書都感到很難讀懂裡面的內容。我經過了多年的研究後覺得基本上將它看懂了，因而想考證它，將自己的考證、分析寫成文字，作爲自己的學習小結，也提供給對這本書有興趣的人參考。他們對我說，他們苦於看不懂一些無標點的或用文言、半文言文寫的古典太極拳著作、拳論，建議我能做一些古典拳論、秘籍、拳書的翻譯解釋工作。他們的建議也鼓舞了我完成《太極拳正宗》的考證工作。

杜元化的《太極拳正宗》是六十多年前出版的書，當時已經通行白話文了，但是，書中運用了中國傳統文化中的太極、陰陽、八卦這些理論來結合寫太極拳，因此理解它有相當的難度。正因爲是有難度，所以也具有挑戰性。正因爲其有挑戰性，所以寫起來有一定的刺激性。正因爲有刺激性，所以寫起來不感到枯燥，還覺得有些趣味。

對於一些太極拳典籍的考證，主要方法是從典籍所提供的事實出發，從典籍所在的時代的環境出發，觀點和結論是建立在事實和客觀環境的這個基石上的。我在寫作中牢牢把握這一點，從實際出發，追溯、還原歷史的眞實面目。如果事實是眞實的，研究者就不必爲自己所得的結論擔心。改革開放，百花齊放、百家爭鳴的氣氛構造了我們現階段良好的學術環境，也鼓勵了我細心來做一些太極拳的學術研究工作。我也相信，會有越來越多的人關心中國的太極拳研究和發展。過去在這方面作出傑出貢獻的人，是他們在那個階段、那個歷史時空中的認識，我們現在的條件比他們好多了，今人應該做出比前人更大的成績。我對此抱有信心。

王海洲先生爲本書帶來了蓋有杜元化印章的《太極拳正宗》原本，經趙堡太極拳總會推薦、同意附進書中，提供給讀者對照閱讀我的考證文字，使這一小冊子增加了光輝的色彩，我在此也表示謝意。

考證《太極拳正宗》這類的書，用今人的目光來看已作古的人，這本身就是一件可能產生錯誤的工作，追溯前人的原意，無論誰來做這件事，都很難做到完全與前人的思想重合。如果在我所寫文字中有不合《太極拳正宗》原意的地方，而又被專家、學者所看出了，我願意誠摯地求教並有機會再修改、或重寫我的這些顯淺的文字。

嚴翰秀

一九九八年五月八日於寓所拳室

第1編

《太極拳正宗》考析

杜元化和他的《太極拳正宗》

杜元化的名字曾經在一些太極拳書上出現過，但是，至今他的生平很少有人詳細了解。他是河南懷慶府河內縣人，河內縣今為沁陽市。他一八六九年出生於西尚鎮義莊一個農民家庭。根據他著的《太極拳正宗》中的《自序》記載，他從少年時就學拳於村中的牛玉璠老拳師，學的內容是七十二路戰捶、炮捶、五合、六合、七貫等外家拳術。因為他的家鄉處於黃河流域，屬於中原文化的地帶，他學的拳在他家鄉流傳了數百年。這裡的人一般從小就開始練拳，他學拳也是受傳統的尚武之風的影響。

他所在的義莊一般學拳三年，就可以打破開拿，再經老師指點，所學的拳就能應用，有的人就能有超出一般人的功夫。杜元化當時學得不錯，自以為所謂的拳術國粹也不過如此。

他有一個好朋友叫崔玉文，崔的姐夫叫張生全，很多人稱他為太極拳家，但是他只是學得太極拳的一聯功夫。張生全經常到杜元化所在的村，一到就說太極拳種種好處，太極拳如何高於其他拳術。杜元化不相信，就與他交手，張生全每次都敗於杜元化手下。他雖然不服氣，但也無辦法。

一天，張生全帶了一位老人來到杜元化的村裡，張生全介紹說，這位是沁溫兩縣的太極拳專家。杜元化一看，只見這老人童顏鶴髮，飄飄然有仙風道骨，儒雅異常，且溫和可親。杜元化暗想，這老人家像個文人，量也無什麼特別功夫。

他問這老人：「太極拳有什麼奇術？」這老人說：「毫無奇術，只一自然而已。」經過兩人的一番對話後，杜元化對太極拳心往神馳，說：「想不到世間竟有這樣高超的拳？」他問這老人肯不肯教人，老人說：「如果得不到合適的人，是不適宜教的。」杜元化這時低下頭來請教這老人的姓名、住址。老人說，他姓任，名長春，住在沁溫兩縣的交界處新莊。

任長春走後，杜元化和崔玉文兩人對任長春的太極拳術仰慕得不能自已。崔玉文對杜元化說：「世上有這樣的妙手，你我用重金聘請他為老師，再加上注意優待，何愁他不將太極拳術傳給我們。」由於他們的誠心學拳，任長春決定受聘來教他們。此時是清光緒三十一年（一九〇五年）。

任長春是趙堡鎮太極拳宗師陳清萍的弟子，他的後代至今生活在趙堡鎮西辛莊村二組，他的曾孫任天順今年六十三歲，他接受訪問時說：「曾祖任長春從小學拳於趙堡太極拳傳人陳清萍老師門下，後又和太行山老道李如松切磋武藝，成為名師。他經常外出教太極拳。他的太極拳藝傳長子任應吉、次子應魁、三子應禎，又傳沁陽杜元化。」

杜元化學拳頗具有傳奇色彩。任長春受聘來到杜元化家，未教他們之前說：「我奔波多年，未獲得一個可以將我的全部太極拳術傳授給他的徒弟，你們要是與那些一般的人一樣專門學打的，我是討厭教這種人的。要是你們學了沒有恆心練，那麼現在就不要學了。」杜元化馬上說：「你要是看我們可以教，你教我們的話，我們發誓要學到盡為止。」任長春聽了，見他們這樣有決心，十分高興。開始學拳時只有他和崔玉文兩人，後來增加到七個人。

任長春常常在夜深人靜時將一些太極拳的秘訣講給杜元化聽，杜元化聽了，過後慢慢回憶將老師講的記錄下來。杜元化學到了第三年，感到自己的勁已過，他很高興。誰知到了第三年的臘月二十一日，任老師回家過節，他發現自己身上的勁路好像不通了，十分焦急。到二十三日，他心神俱亂，決定去找老師，但是父親不允許，他悶悶不樂，無可奈何。到了二十四日，父親叫他進城購物，他藉機直奔新莊老師處。

老師見他時十分奇怪，說：「你來我這裡有什麼事？」杜元化將自己練拳的情況告訴了老師。任長春聽了，說：「這個容易解決，容易！」晚上，老師家有客人，並且呆很久都不走，杜元化可急壞了。好不容易客人走了，已是深夜，任長春叫杜元化與他一起睡。到五更天時，杜元化背著老師自己起來練拳。練了一會兒，任長春醒了，叫道：「你不要再練了！」任長春披衣下床，用手往杜元化身上一點，杜元化身上的勁就通了。天亮後，杜元化高高興興的回家了。

以後杜元化又學了兩年，將全部的手法學完。老師心裡高興，杜元化心裡也高興。在杜元化學拳的第五年五月，老師有事回家後得了病，至七月十六日一病不起去世了。杜元化親自裝殮送葬甚是悲傷，他仰天失聲痛哭道：「老天啊！你為什麼會這樣對待我的老師啊？」

以上是杜元化學拳的過程，從中可以看出他學拳的認真和對老師的敬重，他是過去時代，典型的尊師重道的拳人。五年的敬師如父，使他得到了趙堡太極拳的真傳，為他以後授拳、寫書打下了基礎。

據今人調查，杜元化在任長春去世後，於一九二八～一九二九年前後，曾經多次到趙堡鎮向師叔張敬芝學拳，並收集趙堡太極拳的情況，作了初步的整理。可以說，杜元化得到陳清萍兩位弟子的傳授，還集合了同門師叔、師兄弟得到的趙堡太極拳的精華，他是趙堡太極拳公認的代表人物。

杜元化的出書也幾經磨難。一九三一年，當時在武術強身救國思想的影響下，各省紛紛成立國術機構，河南省也成立國術館，杜元化參加國術考試，被錄取為武士，並兼作裁判。接著，國術館開辦武術班，杜元化任教頭。到辦第二期武術班時，學員們得知杜元化得到趙堡太極拳的真傳，大家捐獻資金，要求他將他所學的趙堡太極拳編輯成書，讓他們模仿學習。

誰知他將趙堡太極拳寫成書後，學員捐的錢沒有了（估計是被人偷走或挪用），杜元化十分傷心，離開了國術館。後來學員又將款追回，使《太極拳正宗》得以付印。杜元化的《太極拳正宗》的出版大致的情況是這樣。

據今人查證，一九三五年九月，第六屆全國動運會河南國術預選會在開封舉行，九月八日，杜元化出席了國術館召開的籌備、評判聯席會議，他擔任預選會比賽的器械評判員。

一九三七年，「七・七事變」後，日本侵略軍進犯河南，迫近開封，河南省國術館被迫停辦，杜元化由開封返回老家，後因患胃出血病於一九三八年去世，是年，他六十九歲。

同時代人對《太極拳正宗》的評價

《太極拳正宗》出版時，河南省國術館館長陳泮嶺為之作序，副館長劉丕顯作了「神而明之，存乎其人」的題詞，這兩人序言和題詞充分說明了與杜元化同時代的權威人士對這本書的高度評價。

陳泮嶺，河南人，一九二五年他創辦了河南省武術社。一九二八年將河南武術社改為河南省國術館，他任館長後曾任過中央國術館副館長。一九三四年著有《國術操》、《國術之性質與功效》、《萇家拳之源流考》等著作，一九四一年著有《擒拿術》。到臺灣後任教育部及軍訓部合辦的國術教材編審委員會主持人，國術進修會理事長和技擊委員會國術部主任，著有《太極拳教材》、《摔角術》等書，是一位有影響的武術大師。他為《太極拳正宗》所作的序言中這樣說：「余酷嗜拳法，歷訪名家，冀得其精秘。」他是這樣一個對拳術執著痴迷的人，同時也是解放前河南武術界的領導人。陳泮嶺寫於一九三五年五月的這篇序言只有寥寥四百多的字，但其中有很多值得注意的觀點。

首先，他提出了一個「趙堡鎮之太極」的概念。並認為趙堡太極拳是一個「湮沒弗彰」的拳種。

趙堡鎮太極拳這個概念或名詞，是不是他最早提出的有待考證，但在我所接觸的文字資料中，可以得出是他最早提出的結論。過去練太極拳的人，無論練哪家的太極拳都叫太極拳，陳鑫著的《陳氏太極拳圖說》出版後，社會上有了貫以姓氏的太極拳書。而趙堡人練的太極拳，在趙堡村人們稱之為「趙堡街架」，直到一九五二年，著名趙堡太極拳拳師鄭伯英，在西安舉辦的西北五省武術觀摩賽上，表演了趙堡太極拳，還有人認為這是陳式太極拳。

作為河南省武術館館長，他從實際中看出了趙堡太極拳是一個優秀的拳種，但由於各種原因，得不到世人的認識，被湮沒了得不到發揚，他的判斷十分準確，事實上趙堡太極拳歷史上有「拳不出村」的村規，「拳不出村」包括兩方面的內容：一是不教外村人；二是教外村人也不教真傳的東西。比如，陳清萍以上的雖然說是單傳，但陳敬伯就傳了八百餘人，當然其中有外村人，而得到他一方面技術的有十六人，得到他的太極拳的大概有八人，得到他全部真傳的只有一人，那就是張宗禹。

由於這樣，趙堡太極拳的傳播受到了諸多的限制，到了陳泮嶺當館長的年代，他也對趙堡太極拳不太了解。所以他說：「世所傳太極拳精微奧妙，名同實異者實繁有，徒今尚有湮沒弗彰河南溫縣趙堡鎮之太極也。」

趙堡太極拳這種「湮沒弗彰」的情況可以說一直延續到八〇年代末九〇年代初。

其次，陳泮嶺認為，趙堡太極拳「神理奧妙，通天地人而成一家。可以養生，可以禦侮，技也近於道矣。」這是作為三〇年代河南省武術界最高領導人對趙堡太極拳了解後的評價。這些評價的客觀與否，以後分析到《太極拳正宗》的體系、內容時再詳細剖析。陳泮嶺提綱挈領地概括了趙堡太極拳的一些練法，並結合他個人的認識適時作一些評議。

一、他說：「今杜先生育萬所著秘而不傳太極拳圖解十三樣公之同好，方覺太極拳名實相符。」這是他對趙堡太極拳的高度評價。在他個人的武術生涯中他接觸到各種拳術，他自己的拳的知識結構中有很多參照物，他不是隨便說幾句好話了事，因為他的身份不同，他是省國術館的館長。從實際上看，陳泮嶺說的杜元化書中提出的十三手法，不但在當時有意義，至今同樣有現實意義，儘管現在還沒有多少人重視杜元化的說法。陳泮嶺慧眼看到了元化之書的優秀之處。

他在序言的前面曾說過「世傳太極拳精微奧妙，名同實異者實繁有」，在這裡他說杜元化說著的《太極拳正宗》是「名實相符」。

二、陳泮嶺說：「其說盡以人身比天地，層層對照，悉以後天引先天，發出丹田中先天真氣，身體自然強健，純是一等韌力。」這是他對《太極拳正宗》中的練法及效果的理解，也是對《太極拳正宗》的高度評價。如果按照《太極拳正宗》的方法練拳，練成後，會有一等的韌力。當然只有行家才會有這樣的認識。

陳泮嶺說：「竊聞強種救國以強健身體為上乘，而其拳術若是對於強健身體尤為握要。」由於舊中國的貧弱，過去不少仁人志士認為強國必須強種，國人的身體強健了，國家會逐漸強大起來，這是強種救國論。這種強種救國論在二十世紀二、三十年代很流行。顯然，陳泮嶺也持這種思想。由此他認為練趙堡太極拳能強健人的身體，故他推崇杜元化的《太極拳正宗》也是從這一立場出發的。

三、陳泮嶺說：「最妙者始由天道起，中抱六十四勢，每勢練夠十三樣手法，即一圓、兩儀、四象、八卦是也，末以天道終。」這裡陳泮嶺抓住《太極拳正宗》中的關鍵的練法，即每練一式必須練夠十三樣手法。這是趙堡太極拳有別於其他太極拳的地方，陳泮嶺銳眼看到了。趙堡太極拳這種富於個性的練法至今沒有多少人知道，知道的也未必能理解和運用。從杜元化出版這本書以後，至今已經六十多年，沒有發現有關闡述杜元化書中這些獨特內容的介紹文章或著述。陳泮嶺當年看中的趙堡太極拳的精髓，至今沒有得到挖掘、開發和發揚光大。

四、陳泮嶺說：「然杜先生由是學，所以教人循循善誘，不願獵等。」這是對杜元化教學的評價，看得出他對杜元化的推崇。最後他說明他樂於為這本書寫序，以勖後學。

以上我跳過了一個重要的內容，先分析陳泮嶺先生序言後面的部分。從上面的分析，我們可以看到陳泮嶺館長是充分肯定杜元化和他的《太極拳正宗》的。

五、現在倒過來看陳泮嶺館長對杜元化《太極拳正宗》中的太極拳源流的看法。

陳泮嶺是一個省的武術館的館長，他不可避免地要面對一個拳種的源流問題。河南是少林拳的發祥地，也是楊式太極拳的始祖楊露禪學拳的地方，當時被後來稱為武術史家的唐豪先生已出版了他著名的《少林武當考》等關於武術史的著作，對少林和武當的武術有關源流問題提出了有異於傳統的看法，並首先提出陳王廷創太極拳的觀點，唐豪的觀點遭到一些武術界人士的反對，也有人表示贊同。陳家溝的一些外出教拳的拳師如陳子明等響應唐豪的說法，也把陳鑫說的陳卜造拳說，改為陳王廷創拳說。

陳泮嶺當然知道這些論爭，在這種時代背景下，他如何認識太極拳的源流問題，他作為中國武術界舉足輕重的省份的武術館館長，如何面對這些紛爭?從他的《太極拳正宗》的序言中我們分析一下他的看法。

1.他對拳術的分法。《序言》一開始，他說：「拳藝大宗有二：一曰少林，為外家；一曰武當，為內家。外家練形氣，內家練神理；外家是由外固內，內家由內達外。其為內外交修，歸極則一也。」陳泮嶺的看法是傳統的看法，他之所以先寫這些是因為他後面要寫到趙堡太極拳的源流問題。很顯然，他是認為太極拳是內家拳的。但是他並沒有厚此薄彼，他認為練拳到了極處，內外功達到「歸極」都能成功，都一樣能達到上乘。他的觀點從武術史上看是正確的。

2. 認可了趙堡太極拳的源流。他說：「余觀其拳係師承懷慶溫縣蔣先生發。蔣生於明萬曆二年，學拳於山西太谷縣王林楨。王之師承曰雲遊道人。有歌曰：太極之先，天地根源，老君設教，宓子真傳，宓子而後，代有傳人，因姓氏未傳，不克詳徵。至三豐，神而明之，發揚廣大，號曰武當派。其後由雲遊道人數傳至趙堡鎮。」他這樣敘述了趙堡太極拳的源流，用詞的語氣透出了他是贊同這種觀點的。他的這種認識和他將拳術分為內外家的觀點是有聯繫的。

當時武術盛行是為了強種救國，加上民族危機日益加深，政治、經濟等方面的因素沒有很明顯介入武術的源流之爭，人們可以從學術的角度來說明自己的觀點。陳泮嶺也是這樣。他的看法也是從武術的規律來確定的，趙堡太極拳源流清楚，有代表人物，有獨自一門的練法，有自己的練拳效果，故他認同了趙堡太極拳的體系。

在此之前，他曾參加了陳鑫《陳氏太極拳圖說》的出版，他是校閱者和助刊者。

他應該十分了解河南省的太極拳，在他參與出版了陳鑫的《陳氏太極拳圖說》後，他不能不思考這兩種太極拳的源流的問題，出版陳鑫的著作，陳氏太極拳的源流是清楚的，因為陳鑫在《自序》中已經寫得很明白。所以，作為河南省武術館館長的他，對太極拳的源流問題心中是很明白的，他才這樣給杜元化的《太極拳正宗》寫上這樣的序言。至於他能不能代表河南省當時的武術界的看法，我們無法了解，我們只能從他文字中看他的觀點。

給杜元化《太極拳正宗》題詞的劉丕顯是當時河南省武術館的副館長，他也是中國武術界的一位有影響的人物。一九二八年，他被全國武術擂臺賽聘為糾察委員。他的題詞也說明了他對杜元化的《太極拳正宗》的贊賞。

筆者對武術的源流問題，很想有一些自己的判斷，但是，由於自己掌握的資料有限，一時還不能有明確的認識，在寫作過程中只能以覆述一些別人的意見為主，在本文以後的寫作中，我堅持這樣做。從陳泮嶺、劉丕顯兩位正、副館長的序言和題詞看，他們兩人對杜元化和他的《太極拳正宗》是十分重視的，對《太極拳正宗》的價值是肯定的。當然，一般寫序言和題詞都是講一些讚揚的話，這是常見的做法。但如果對其中的內容有不同的意見而又礙於面子不便明說，當事者會巧妙地寫一些中性的內容，但從他們兩人所寫的內容看，都是出自內心的，是讚賞的。

《太極拳正宗》內容的分析

現在對《太極拳正宗》的系統及其內容進行分析，著重於對那些筆者認為是有創見性的內容進行一些分析，一般的普通觀點就一筆帶過。

一、源流

從《太極拳正宗》的「太極拳溯始」的這一節中，可以看出他的觀點是十分明確的，為了後文寫作方便，筆者將他的觀點適當加以概括。

1.他奉蔣發為先師，蔣發學拳於山西王林楨，杜元化對此有明確的敘述。書中說：「先師蔣老夫子原籍懷慶溫縣人也，生於大明萬曆二年，世居小留村，在縣之東境，距趙堡鎮數里之遙。至二十二歲學拳於山西太谷縣王老夫子諱林楨。事師如父，學七年，禮貌不稍衰，師亦也愛之如子。」這裡講清了蔣發的師承、學承的時間。蔣發由二十二歲開始學拳，學到二十九歲。

蔣發的老師跟誰學？書中說是雲遊道人。雲遊道人教王林楨時告訴王林楨說，這拳來源歷久遠，那麼從什麼時候就有這種拳了呢？有一首歌為證：「太極之先，天地根源。老君設教，宓子真傳。玉皇上帝，正坐當筵。帝君真武，列在兩邊。三界內外，億萬神仙。傳與拳術，教成神仙。」雲遊道人說，現在我將這歌和這種道以及各種秘訣傳給你，你必選擇人而將它傳下去，但是傳的時候不能不慎重。因此，在蔣發學成後即將回家時，王林楨囑咐他說：「你回家以後，不能輕易傳授我傳給的拳。這不是不能傳給別人，而是沒有品格合適的人不傳，如果得到合適的人一定全部傳給他。如果得到合適的人不傳，就如同斷絕後代一樣。你能將我教給你的拳廣為傳授更好。」

從這段文字記載看，王林楨以上的人已經不可考證，但是他說出了源的問題，蔣發所傳太極拳源於老子的學說，與道家的學說有不可分割的聯繫。對於道教的思想筆者不想過多的引述，為了從側面說明雲遊道人所傳的歌訣的道學內容，我把自己在武當山與在廟道人鐘道燭的談話敘述一下。

一九九二年，我到武當山採訪，與鐘道長連續談了五個鐘頭，採訪中我問他：「作為道人，你的終極目標是什麼？」他不假思索地說：「道教的終極目標是要通過修煉，成為神仙，我自已也向這個目標前進。」在九〇年代的今天，道教的基本目標還是這樣。雲遊道人所傳的「傳與拳術，教成神仙。」這是明顯的道教的修煉的目的。所以，蔣發所學的太極拳從杜元化的記載看，屬於道家的拳。至於歌訣中的一些道教的內容，是受到當時的歷史條件的限制的，現代人不必對古人有過多的苛求。研究學問的一條原則是研究和採綱其中的合理的部分，有揚有棄。

2.蔣發以下的六代傳人。

蔣發所傳的人，書中記載得十分清楚。即蔣發——邢喜槐——張楚臣——陳敬柏——張宗禹——張彥——陳清萍。所謂的七代單傳是指以上的七人。根據今人考證，蔣發所傳這六個人其中五人現在在趙堡鎮還有後代。筆者曾三次到趙堡考察，也訪問過他們的一些後代。

邢喜槐的後代至今居住在趙堡村五中隊，據今年七十四歲的邢九純接受訪問時說：「邢喜槐是我祖上的第四代人，我這一代已經是十七世了。先祖邢喜槐當時是跟西水運蔣發學拳的，以後傳給張楚臣，我們家過去一直保留有先祖留下的家譜、拳譜，但是在文革中經邢喜槐手銷毀掉了。現在我家還留有邢喜槐當年使用過的一把春秋大刀，刀頭重三十多斤，是桑木把的。

杜元化記載邢喜槐學拳的經過是這樣的：蔣發回家後，因為他住的地方與趙堡鎮很近，趙堡鎮的邢喜槐對蔣發的功夫十分仰慕，但是素無瓜葛，無緣跟他學拳。蔣發每次到趙堡鎮，如果邢喜槐知道了，一定想法接近，並且格外周到的優待蔣發，所做的一切都是為了讓蔣發教他拳。結果經過兩年的觀察，蔣發見他非常忠孝，待人誠懇，也知道他想學拳，於是將太極拳術全部傳授給他。從以上的記載看到，蔣發是嚴格按照老師的囑咐選擇能傳衣鉢的徒弟的。

蔣發以下的第三代是張楚臣，張楚臣原來是山西人，後來到趙堡鎮開鮮菜鋪為業，以後發跡了改作糧行。他的後代至今在趙堡沒有發現，是否因年代久遠遷移其他地方了，待考。

張楚臣「察本鎮陳敬柏先生人品端正，凡事可靠，所以將此術全盤授之。」關於陳敬柏，筆者曾經在趙堡訪問過他的後代，看過他的後代演練趙堡太極拳。陳敬柏的後代、在趙堡村居住的六十六歲的陳學忠接受訪問時說：「我的先祖叫陳文舉，是陳氏第十世，從陳家溝遷入趙堡鎮，傳陳來朝到陳敬柏。陳敬柏在趙堡跟張楚臣學趙堡太極拳，學滿藝後，傳張宗禹和孫陳鵬。陳鵬是嘉慶年間的名醫，也是太極拳家。經陳鵬推薦陳清萍拜本村神手張彥為師。陳清萍得藝後，除傳各外姓傳人外，傳其子陳河陽，陳河陽傳子陳鈞，陳鈞傳子陳乃文，陳應明。」陳學忠是陳敬柏的後代，是跟陳清萍的後代學的拳。他在趙堡鎮很有影響。

我在一九九一年採訪他時，他給我談了他的家史，談了趙堡太極拳的特點以及推手等等，讓我對陳清萍的家傳拳有了一些認識，他的推手要求與武式太極拳的傳人永年的李錦藩先生、姚繼祖先生給我說的是一樣的。

陳敬柏的另一個後代陳鐵，在一九九五年接受我採訪時說：「陳敬柏是我的先祖，他是陳世十二世，我是二十世，我祖上是十世遷到趙堡的。陳敬柏是生在趙堡，跟趙堡的老師學拳，最後是死在趙堡，埋在趙堡。我還知道他的墳墓在哪裡。」

陳敬柏得到趙堡太極拳傳授後，想將它廣泛傳授，收門徒八百多人，只有張宗禹一人「能統其道」，得到全部的傳授。到張宗禹已是趙堡太極拳的第五代。

關於張宗禹，現在趙堡鎮還有他的後代。趙堡村三中隊十三組的張全德在他六十五歲時接受訪問時說：「我是張宗禹的後代，先祖張宗禹是十三世，我是二十世，當年先祖向陳敬柏學習趙堡太極拳，精通拳路後教其孫張彥，張彥的學名叫張寒。張彥後來將趙堡太極拳傳給陳清萍及侄張應昌。以上這些有家譜為憑。」

關於張彥的後人在趙堡村的還有張彥，他說：「張彥是祖上十五世先人，是我家的老祖父。」張彥在趙堡被譽為「神手」。

關於陳清萍，現在在太極拳界有很多文章介紹了他的情況。筆者於一九九一年和一九九五年，兩次訪問了現在生活在趙堡的陳清萍的後代陳通，及其在外地工作的哥哥，陳通說：「陳清萍是我的先人，我家是陳清萍的父親陳錫輅從王圪擋村遷移到趙堡落戶的。我聽母親說，陳清萍生於趙堡，在趙堡有三房夫人。我家祖輩相傳都說陳清萍的拳是跟張彥學的。有人說先祖陳清萍是入贅到趙堡的，我們這個地方的風俗，入贅是倒插門，這是要改名換姓的，這是對我的先祖的誣蔑。為此，有一次我專門到陳家溝說，我們與陳家溝是一家子，原來是陳家溝的，不能忘記祖宗，但是，後來遷出了，到趙堡住是從王圪擋遷移來的。」

一九九七年十二月十二日，趙堡村二十一組長郭鐵率村人在村西南自留地打井挖水池時，挖出陳清萍父親墓中留下墓碑一塊，這塊墓碑是一塊大方磚，上面寫著：

皇清處士陳公諱錫輅字載民德配任氏之墓

子太學生：清萍。

淮、河、漢、涇（河陽和漢陽是陳清萍的兒子，淮陽和涇陽是陳清萍的弟弟陳清安的兒子）。

孫：增、廣、生、陽。

道光二十五年冬月謹誌。

這一塊大方磚現在存放在陳通處。

杜元化所記載的趙堡太極拳這七代傳人，除了張楚臣以外，其餘的這些人現在都有後代在趙堡居住。他們至今還清楚地說出他們自己的先人過去學拳傳拳的事。

二、《太極拳正宗》記載清萍傳人的情況

前面已說，《太極拳正宗》是杜元化根據他老師、陳清萍的七個傳人之一的任長春所傳，以及他在趙堡拜訪師叔、同門師兄弟所得綜合整理寫作的。但是，主要還是任長春所傳的多。

杜元化在書中寫道：「清萍先生傳給其子景陽及本鎮其少師張應昌、和兆元、牛發虎、李景顏、李作智、任長春、張敬芝。」眾所周知，河北永年人武禹襄也是陳清萍所傳，雖然杜元化的書中沒有寫上，筆者這裡給予提及。那麼，這幾位傳人現在傳遞情況如何呢？這裡按照對杜元化所排列的順序一一分述如下。

1.陳清萍的兒子所傳：現在在趙堡鎮的有陳學忠等人。

2.張應昌所傳：在趙堡不詳，據《武當趙堡傳統三合一太極拳》一書中說：「八代先師張彥除傳其子張應昌外，還傳給了……由張應昌傳第十代張汶，張汶傳張金梅，張金梅傳張敬芝，張敬芝傳侯春秀……」張敬芝的後人待考。杜元化稱張應昌為少師，這是十分敬重的說法，因為他是張彥的孫一輩，上面張宗禹的後人張全說張應昌是張彥的侄子，這裡說是兒子，應該以張全說的為準。按分析，張應昌除得到張彥

的傳授外，也得到陳清萍的傳授，並且應以陳清萍傳授為主，只有這樣，杜元化才這樣記載。

3.和兆元：據和兆元的第五代後人和少平給筆者寄來的《風格獨特的和式太極拳》資料中是這樣寫的：「和式太極拳乃和兆元先生所創，溫縣東劉村蔣發先師於明萬曆三十二年將太極拳傳授給邢喜槐，邢喜槐擇賢而傳。趙堡鎮宗系和兆元在原始太極拳的基礎上，有繼承、發展、創新、提升，卓樹一幟，終於形成一個完整的太極拳流派。

清朝末葉，出身於書香門第的和兆元，受家鄉習拳風尚的影響，酷愛武術，因習俗重文輕武之見，其父不樂其習拳，勸勉他苦讀書，以求功名，後在姐丈李堂階的幫助下，幾經周折，遂從本鎮名師陳清萍先生學習太極拳，在陳師弟子中唯和兆元和師弟武禹襄武藝超群，由此衍生出和、武二式太極拳。

和兆元是陳清萍的大弟子，經陳師多年言傳身教，得其薪傳，陳清萍之師本鎮神手張彥雲遊歸鄉後，和兆元又去拜訪張彥，張彥見和兆元英俊有為，談吐大方，心中暗喜，遂將平生所得太極拳真髓絕技，傾囊相授。

據趙堡村誌記載，張彥生於清雍正元年（一七二三年），卒於嘉慶十二年（一八〇七年）。和兆元生於嘉慶十五年（一九一〇年），卒於光緒十六年（一八九〇年）。和兆元見到張彥應是不可能的。和兆元數月研練，功夫大進。清道光年間，和兆元為三朝元老李堂階（同治朝初曾官禮部尚書，入軍機）保鏢進京，於京之時，對太極拳的理論與實踐進一步潛心研習，反覆參酌，常切磋宮內武林高手，把陰陽、八卦及周易、中庸與醫學、力學集於一體，豁然貫通，創編出一套融技擊、強身養性、振奮精神的新太極拳。近百年來，為世人崇稱為和式太極拳，又叫代理架。使太極拳由騰挪架發展為代理架，產生了一次質的飛躍。清宮之內，各派高手均未能取勝和公，皇帝親封和兆元為武信郎之職。於是，和公名震京華，盛譽武林。

和兆元將自己所創的新型拳術，傳子和潤芝、和敬芝。和敬芝文武雙全，曾輔佐兩湖總督張之洞，後朝廷封和敬芝為文林郎。和兆元長孫和慶喜，九歲隨父和潤芝習拳，後得祖父指教，於和式太極拳造詣頗深，晚年為弘揚趙堡鎮和式太極拳，以教拳為己任，授徒頗多，以鄭伯英、鄭悟卿、和學信、郭雲、郝玉朝、柴玉柱、劉世英等為最。和學信傳子和士英、和士俊，抗日戰爭期間，和學信遷居陝西寶雞授拳，二鄭相繼遷居西安，廣泛傳授和式太極拳，從學者遍及各行各業。為此優秀拳種在西北傳播立下了豐功偉績。二公技藝高強，武德高尚，故西安有和式太極二鄭之美稱。

一九三一年河南開封舉行擂臺賽，鄭伯英在比賽中，藝冠群雄，一舉奪魁，威震武壇。和式架全套為七十二式，細分為一〇八式。目前和式太極拳不但在國內廣泛流傳，還遠傳至港、澳、歐美及東南亞等地。

對於和式太極拳的稱謂，鄭伯英的傳人趙增福和路迪民寫的《武當趙堡大架太極拳》一書中是這樣說的：

「這裡對和式太極拳的提法，必要加以說明，因為此說首先出現於西安。一九五二年，在西安青年路楊虎城公館舉辦的西北五省武術觀摩賽上，鄭錫爵（伯英）老師表演了武當趙堡大架太極拳。由於趙堡太極拳當時還未被多數人認識，有人誤認為是陳式太極拳。鄭錫爵老師學拳時，當地普遍只有趙堡街架的說法，為了把趙堡街架與陳式太極拳區別開來，因自己從學於和家，就說他表演的是和式太極拳，徒弟們以後也這麼說。鄭錫爵一九六一年去世後，其弟子公推大師兄郭士奎為代表，找到鄭悟卿老師，也對和式太極拳的說法統一了口徑。後來解釋為陳清萍稱讚和兆元打拳打得好，說：『你這拳架可以稱為和式太極拳了』，和氏傳人遂以此相稱（但趙堡街架之說一直沿用）。此說在和氏以外的趙堡傳人中未被公認。現在看來，『和式太極拳』只是在一個特定時期、在較小的範圍內對趙堡太極拳的習慣叫法，在五〇年代之前的文獻中也無此說。除了得傳於趙堡的武式太極拳、孫式太極拳之外，其他趙堡傳人的拳架基本相同，只有細節區別而已，和氏一系並沒有被趙堡及社會公認為一個新的獨立門派。」

這裡說明了和式太極拳的稱謂是一九五二年以後才有的。和兆元作為陳清萍的傳人之一，他和其他傳人比，是影響較大的。至於什麼時候有和式太極拳的稱謂，是和兆元傳遞系統門內的事，不在本文考證之列。

4.牛發虎：據牛發虎後人牛金聖接受訪問時說：「牛發虎是我的老祖父，他是牛家十五世，我是二十世。我的老祖父學拳後，自己在永安寺每天苦練功夫達到上乘，後人稱他為神拳牛發虎。我的老祖父不傳外人，只有我們家傳至今。我的老祖父原是沁陽千化村人，後移居趙堡村。」

5.李景顏：李景顏是趙堡陳新莊人，在當地有「鐵胳膊」之稱，他在陳清萍所傳的基礎上，結合自己多年的練習和切身體會，精心改編成一種獨特奇秀的太極拳。現在稱之為「忽雷架」，也有人稱「騰落架」、「閃電架」、「活步方圓架」等，練習「忽雷架」太極拳功成以後，其動作快，發勁大，講尺寸，用方圓之路，使翻轉之力，走架如春雷炸響，渾身抖擻，又似寒冬打顫。李景顏的功夫如何?有以下的一則記載可見一斑：

溫縣王圪擋村人張國棟，十五歲開始跟一位山東著名拳師學金鐘罩、鐵布衫等功夫，回鄉後沒有與人試過手，他很想找一位武林高手試試自己功夫的深淺。聽說陳新莊有一位武功超群名叫李景顏的太極拳師，便有心去找他試試。一天晚上，恰好李景顏乘月外出經過他家，他便說：「李老師太極功夫遠近聞名，我想請賜教幾招。」李景顏一聽笑哈哈的說：「你是不是想考考老叔的功夫，若真如此，你就隨便上吧。」他不再搭話，撲過去出拳向李景顏打去。只見李景顏微微側身，順手一帶，他已經被摔出一丈多遠。張國棟不服氣，第二次又上，照樣被李景顏輕而易舉地打了出去。他知道自己的功夫不如人，問：「我這麼年輕力壯，又發很大的勁，但是為什麼對你不起作用？」李景顏說：「純陰無陽不為手，純陽無陰為硬手，陰陽相合才為手。」他被折服了，經過多次考驗，李景顏收他為徒。他認真學藝，終於掌握了「忽雷架」太極拳的精髓。一九二八年他參加溫縣武術擂臺賽，名列榜首。同年，他在溫縣縣長王文修的陪同下，參加了在開封舉辦的河南武術比賽，打敗了眾多高手奪魁。後經河南省武術館副館長劉丕顯推薦，被河南大學聘請為武術教練。

李景顏的另一個有名的徒弟叫楊虎，他的三傳弟子徐紀是美國舊金山止戈武術館館長，在美國教授「忽雷架」太極拳，曾在參加少林武術節期間帶弟子專程到李景顏的家鄉訪問尋根。

6.李作智：不詳。

7.任長春：前面已說過。

8.張敬芝：張敬芝是陳清萍的七位傳人中一位重要的傳人，他生於一八二九年，卒於一九二三年。享年九十四歲。他的傳人之一侯春秀是趙堡人，十六歲開始跟張敬芝學拳，並得到真傳。據侯春秀次子侯戰國介紹說：

「我父親在抗日戰爭時來到西安，在西安教拳數十年。弟子上千人。遠有南京、山東等地，近有西安、藍田、咸陽、寶雞等地。他武德高尚，拳藝高超，誨人不倦，平易近人，為人正直，對求教者毫不保守。特別是對體弱多病練拳健身治病者，有求必應，熱心相助，濟世活人，並有很多患者恢復了健康。先父在世時曾多次參加省市舉辦的武術比賽。他還將自己的整套拳的錄像給日本朋友帶往日本，受到省市體委和武術界的高度評價。在年邁期間，他還一直關心趙堡太極拳的發展，為了使太極拳發揚光大，他積極參與組織『西安武當趙堡太極拳研究會』任名譽會長。」

侯春秀先生於一九八五年因病去世，享年八十一歲。

侯春秀的傳人劉會峙，一九九一年三月出版了《武當趙堡三合一太極拳》，這本書比較系統地反映了張彥、陳清萍、張敬芝所傳的趙堡太極拳的特點，特別是書中有一首「武當趙堡傳統三合一太極拳序歌」別具特點。現在引述如下：

「太極亦稱心意拳，因勢借力妙無邊。拳法施圈走螺旋，陰陽虛實掤貫穿。總之要求懂四明，四明不通藝難成。上節不明無依宗，中節不明身自空。下節不明吃栽跌，散手不明多則凶。精通太極非易事，師傳悟練功自修。上節須用意領勁，沉肩墜肘自坦然。中節含胸自拔背，通脊挺胸鼓蕩全。下節進退顧盼定，隨機變化要悟通。拳架推手散開用，哼哈二氣威無窮。武當太極三合一，承架傳授歷來稀。根節一動梢節發，中節整勁生妙法。有手摸手不見手，有肘摸肘不見肘。若還手到不能走，這樣方顯是高手。十三勢法三豐傳，內家拳技代代研。」

筆者之所以引述這首歌，是因為這首歌對趙堡太極拳的說明有一定的代表性。充分反映了趙堡太極拳另一路傳人所傳遞的太極拳的特點。

從上面所說看，趙堡太極拳的傳人陳清萍所傳的幾位傳人都很有成就，他們的後人和傳人現在都將自己的上代人所教有所繼承，並且能發揚光大。

從現在保存的資料、出版的趙堡太極拳書看，以任長春所傳的由杜元化整理的也是本文所考證的《太極拳正宗》為全面，而且所闡述的拳理拳法比較高深，而和兆元所傳的傳人在當時和後來直到現在影響最大，至於《太極拳正宗》中未列的武禹襄是太極拳界公認的大師級人物。

研究趙堡太極拳，要關注到陳清萍所傳的這些人，才能全面地認識趙堡太極拳。特別是對任長春所傳的這一路，集中表現在杜元化的《太極拳正宗》這本書中的理論和動作練習體系，應該引起太極拳愛好者和專家、學者的注意。

三、杜元化對張三豐的評述

杜元化在書中根據師傳，發表了自己對張三豐與趙堡太極拳的關係的看法。

1.他相信太極拳是張三豐所傳。他說：「三豐祖師所傳，余亦特相信。想當彼時，三豐祖師因世亂隱居武當，號曰丹士，將此拳練至神化之域，技冠當代，名著環球，朝野之人無不欽佩。在武術中不亞孔子在文學內集群聖之大成。所以斯術號為武當派，名曰三豐傳。然究其根，則此拳之發源不自此始。」

杜元化認為太極拳為張三豐所傳，但是不是他所創。根不在張三豐而在老子，這是他的老師任長春告訴他的。他認為他老師告訴他的那首歌（前面已經引述）中的一句「宓子真傳」就可以證明。「宓子」是宓喜，他是老子的高徒，叫尹文始。經過五世傳到張三豐。關於「宓子」，這裡敘說一下他的情況。

據《史記》第六十三卷《老子韓非列傳第三》中記載說：「老子修道德，其學以自隱。居周久之，見周之衰，乃遂去。至關，關令尹喜曰：『子將隱矣，強為我著書。』於是老子乃著書上下篇，言道德之意五千餘言而去，莫知其所終。」這段文字的意思是：老子講修道德，他的學說以自隱無名為主。在周國住了很久，看到周國日漸衰微，於是就離開周國，他經過函谷關時，關令尹喜對他說：「你就要隱居了，請盡力為我著書立說吧！」於是老子就寫了《道德經》上下篇，談「道」與「德」的內容共五千多字，然後離去，也就不知他終於何處。

關於尹喜，《列仙傳》上說他是周大夫，也是個精通「內學星宿」的高人，他隱蔽自己的德行，當時人對他不了解，傳說他望見紫氣浮關，果然遇老子騎青牛而來過關，他要求老子寫了《道德經》後與老子一起隱居去了。他有九篇著作，合名為《關令子》。歷代以他為老子的弟子。杜元化的老師任長春所傳的上面引述的歌訣中的「宓子」以及文中「尹文喜」就是尹喜。

杜元化說太極拳經過五世傳給張三豐，這是不可能的事情，不管張三豐是元朝人還是明朝人，由老子時代到元、明都不止五世。杜元化他自己也說這是他的師門歷代相傳的，他自己不過僅僅根據所聽聞的這樣說，因此他說：「也未敢確為決定。」這說明他有存疑。但是，接著他從現實來推斷，他說，現在的人都說是張三豐所傳，就像我這地方的人說是蔣發所傳，像我這地方的人說是陳清萍老師所傳的一樣，這些說法並非是無稽之談。由此可見，杜元化是堅持張三豐所傳觀點的。

2.他從道家的立場出發來分析太極拳的起源。他多次說過這樣的話：「余師嘗云，此拳術是修身練氣之術，長生不老之基，打人尤其餘事。」「此拳名世，不過藉此為練丹之術，使世人知練斯術者可以延年益壽，久之真能練至純陽，即可雲仙。」

雖然杜元化對老師所說的太極拳傳遞的時間上有些存疑，但是，他從道家的思想立場出發，從民間代代相傳的現實判斷，他相信太極拳是張三豐所傳下來的。最後他得出結論：「老子所傳方可謂之真源。」

我們回過頭來看看當時對太極拳的一些爭論，當時很多人主張太極拳是創造於張三豐，有一些記載，說張三豐在武當山，有一天在屋裡誦經，他聽到院中有喜鵲在叫，好像是和什麼東西爭吵一樣。張三豐從窗口往外看，只見有一個喜鵲在一棵柏樹上，像老鷹一樣往下注視著，而地上有一條長蛇，結成一個圓圈，頭往上，看著樹上的喜鵲。這一蛇、一鵲像在爭論什麼。爭著爭著，只見喜鵲叫著往下飛並展翅擊打地上的蛇，蛇的頭稍微一擺剛好躲過喜鵲的翅膀。喜鵲一擊不中，又飛回樹上。一鵲、一蛇又繼續在爭吵，吵得性起，喜鵲又飛下來用翅膀擊打蛇身，盤得圓圓的蛇身輕輕一閃，躲過後又繼續盤成圓圈。喜鵲連續這樣擊打了多次都未打到地上的蛇。後來，張三豐從屋裡走出來，喜鵲飛走了，蛇也爬走了。

張三豐由此得到啟發，他想，這蛇盤成一個圓圈，就像太極圓圈一樣，蛇對付喜鵲的方法是以柔克剛的方法。於是他按太極、陰陽變化的原理初創太極拳，通過練拳，養精氣神，而拳的動靜消長與易理相通。（筆者按：這則記載登刊於楊澄甫著的《太極拳使用法》中，一九三一年版。嚴格說，這則記載是唯物主義了，中國古代很多健身的功法和一些武術的動作的創編都是從動物的活動中得到啟發的，這則故事無論人們對它作什麼評價，它的確道出了太極拳的真諦。）

涉及張三豐創拳的還有《王征南墓志銘》中的記載：「少林以拳勇名天下，然主於搏人，人亦得以乘之。有所謂內家者以靜制動，犯者應手即仆，故別少林為外家，蓋起於宋之張三豐。三豐為武當丹士，徽宗召之，道梗不得進，夜夢元帝授拳法，厥明以單丁殺賊百餘。」有人以這為張三豐創拳的根據，也有人以這則記載而將張三豐創拳說斥之為「托神仙惑人」、「偽托仙真，自炫神奇」等。

相信杜元化對當時的這些爭論是了解的，在了解這些爭論的基礎上，他還是堅持他的師承說法：太極拳為張三豐所傳。

但是，杜元化有他自己的新的認識，就是他認為張三豐不是創造太極拳的真源，真源是「老子所傳」。這是作為研究學問的杜元化自己有價值的認識，他不是人云亦云，而是經過自己的認真思考，從道家的思想和太極拳練法實際出發，進行推斷，得出他自己的觀點。在這點上是難能可貴的，後來一些研究人員從杜元化的《太極拳正宗》得到了啟示，對張三豐與太極拳的關係進行了進一步的分析，得出張三豐是太極拳的中興者的新認識。

以上是杜元化對趙堡太極拳源流的記載和筆者對他的記載的考證和分析。在此，筆者再次說明，筆者由於缺乏王林楨和張三豐的資料，因此，沒有對這兩人作深入的說明。王林楨是不是王宗岳？杜元化的書中也沒有說明。但從現在發現的資料綜合分析看，應是王宗岳。至於張三豐是否與太極拳有關係，筆者當然不是人云亦云，有自己的看法。

筆者認為，從歷史唯物主義的觀點出發，某一項偉大的發明，都不是一個人的能力所能做到的。是一群人或歷代的代表人物的有效的實踐和總結而成的。產生像太極拳這樣具有深奧哲理的拳種，必須有深厚的文化土壤，有廣泛的社會需求。作為太極拳的發明者或集大成者必須是具備有與之相適應的廣泛的中國傳統文化方面的知識，也就是具有與太極拳有關的老莊、《周易》、道教等方面的超出常人的豐富的知識和適應當時社會的超人的武功、個人的修煉也有了相當的境界等等條件。

從學術的角度看「悶來時造拳」應是不可能的事。某一個仙人將拳送給人類代代傳下來，這也是不符合歷史唯物主義觀點的。

筆者認為杜元化在明確當時種種太極拳源流說的情況下，他把「真源」追溯到老子的思想上，而不是放在張三豐的身上，他是有眼光的。起碼他的認識符合了事物發展的規律，老子學說的博大精深可以承受的起作為拳技小道的太極拳。

事實上太極拳的很多要領和指導思想都是從老子那裡來的。當然不是說老子創造了太極拳。是後人根據老子的思想一代一代的努力發明、完善、豐富了太極拳。由於缺少可考證的資料，筆者只能認識到這一程度。

四、《太極拳正宗》所述的練法

杜元化根據任長春老師的傳授和到趙堡訪問師叔、師兄弟，加上自己的練拳用拳實踐的總結，提出了趙堡太極拳一系列的練法，其中有很多在現在的太極拳經典文獻中是絕無僅有的。他為太極拳的理論和實踐提供了許多有創見性的內容。這些內容至今還有它的現實意義。值得指出的是，他所提出的新理論和新的練法至今沒有受到太極拳界的重視。對於他的這些新的思想和練法，本節予以逐一分析。

1. 概述：

杜元化《太極拳啟蒙規則》記述了七條規則，這七條規則是：一是空圈。二是三直。三是四順。四是六合。五是四大節八小節。六是不撇不停。七是不流水。

這七條規則除了空圈和六合二條與現在流行的其他太極拳相類似之外，其餘的都是其他式的太極拳所沒有的或是沒有詳細論述的。從這點看，他給太極拳的寶庫增加了新的內容。就是空圈和六合也有他自己的新的說法。

杜元化這七條規則是根據傳統的天人合一的思想提出的。他說：「師述蔣老夫子所傳趙堡鎮太極拳，只太極之先，天地根源二語盡之。」他在《練法》一節中說：「當洪蒙之時，天地未分，無邊無際，渾圓而已。恍恍惚惚，其中含有三直、四順、六合、四大節、八小節。雖在恍惚之中，絕未見其氣有撇有停，毫無主宰而踏流水。此天地未分之現象也。」

杜元化這裡先講天地、恍惚。老子《道德經》第十四章說：「視之不見曰夷，聽之不聞曰希，搏之不得名曰微。此三者不可反詰，故混而為一。其上不徼，其下不昧，繩繩不可名，復歸於無物。是謂無狀之狀，無物之象，是謂恍惚。迎之不見其首，隨之不見其後。執古之道，以御今之有。能知古始，是謂道紀。」

老子這裡說的看它看不見的、聽它聽不見的、摸它摸不著的東西，是無法進一步去追究的。但它實在是混而為一的東西。它在上面並不顯得光亮，它的下面也不顯得陰暗。渺茫得難以形容，回復到無形無象的狀態；這就叫做沒有相狀的相狀，沒有形狀的形象，這就是恍惚。

老子在第二十一章中說：「孔德之容，惟道是從；道之為物，惟恍惟惚。恍兮惚兮，其中有象；恍兮惚兮，其中有物。窈兮冥兮，其中有精；其精甚真，其中有信。自古及今，其名不去，以閱眾甫。吾何以知眾甫之狀哉？以此。」

老子這段話的意思是：德達到了高境界時，一切都是遵從道行事的。道這個東西，恍恍惚惚，沒有固定的形體。但恍惚之中又好像有形象；恍惚之中又好像有實在的物體。它是那樣的深遠，深遠到看不清楚，但是這中間含有精氣，這些精氣十分具體，也很真實。從古到今，它的名字不能廢去，根據它，能認識萬物的開始。我如何知道萬物的開始情形呢？原因就在這裡。

老子這兩段話說明了恍惚的內容，杜元化所說的恍惚與老子所說的恍惚是一致的。

杜元化在無極圖《圖解》中是這樣寫的：「空圈之中天地未分，恍恍惚惚，陽中有陰。恍惚之際又覺不僅陽中有陰，還象陰中有陽。究竟辨其何為陰，何為陽？彷彿似按不實。若謂其無陰與陽，儼然實有此陰陽之現象，亦不得謂其為無。至於積久而陰陽自分，當未分之時，故曰無極。人身亦猶是也。當初練拳時亦不知何為陽、何為陰，縱有時，覺察亦在恍惚之中，故亦號曰無極。」杜元化這裡完全是承老子關於恍惚的這種認識來觀察太極拳的現象。處處扣緊老子「真源」這一源頭。

這裡說了那麼多，主要是說明杜元化根據天人合一的思想來分析太極拳，天地是渾圓恍惚的，人在練拳之初也是渾圓恍惚的。這是源於老子的思想。

他接著在練法中說：「人身亦然，如天地是渾圓，人身無處不是渾圓。天地有三直是上中下，人身亦有三直是頭身腿。天地有四順是寒溫暑涼，人身亦有四順是手身腿腳。天地有六合是上下四方（筆者按：四方是東西南北），人身亦有六合是手腳肘膝膀胯。天地有四大節是春夏秋冬，人身亦有四大節是兩膀兩胯。天地有八小節是四立（筆者按：四立是立春、立夏、立秋、立冬）、二分（筆者按：二分是春分、秋分）、二至（筆者按：二至是夏至、冬至）。人身也有八小節是兩手、兩肘、兩膝、兩胯。」

杜元化這種把人身比天地的說法在太極拳的經典著作中沒見過。這是從人的身體的若干個部分來闡述天人合一的觀點，從實際練拳中如果真的能時時想到自己處於天地中間，設想自己能與天地融為一體，應該說，這是有一定的境界的。我們研究藝術，重點是研究它的合理部分，從這點上說，杜元化說的是值得我們借鑒的，不要輕易否定杜元化的這種認識。

接著杜元化進一步從理與氣方面論述天人合一的思想。

他說：「天地旋轉，未見有撇有停是氣數。人身動作亦是不撇不停，亦是氣數。不過未免有時嫌滯。天地有主宰是理，而不流水是節候。人身亦是有主宰是心，而不流水是節制，不過未免有時稍混。」杜元化這裡提出了人可能出現的嫌滯和稍混的情況很符合實際。事實上現在的練拳人就是在這兩個方面出現的問題比較多，這裡不對這兩個方面進行分析，這裡主要是談杜元化關於天人合一思想的。

杜元化認為，先人是根據太極的原理來造拳的，練拳的人必須從三直、四順、六合、四大節、八小節、不撇、不停、不流水做起。他認為，太極拳這種與天地合一的情況，不是強為牽拉的。不經過修煉是無法體會到的。

從以上內容看，杜元化在自己的書中，運用天人合一的學說，第一次比較完整地敘說了人身太極與天地太極的關係，提出了一系列的練習太極拳的新的概念。這些新的概念，到六十多年後的今天，也還沒有人說過，同時，也沒有人認真重視和分析其中的合理的有助於太極拳發展的內容。

杜元化在《太極拳正宗》中還提出了一個新的概念：「背絲扣」。在《太極拳正宗》出版以前，沒有人使用過這一概念，《太極拳正宗》出版以後，也幾乎沒有人使用過這一概念，只是最近出版的個別版本的太極拳書中提到過這一概念。可以說，出現這一概念是趙堡太極拳的創新結果，也是杜元化為太極拳的發展增加了新的內容。杜元化所寫的《太極拳正宗》是運用這一概念來總結和剖析趙堡太極拳的，弄不清楚這個概念就無法理解《太極拳正宗》這部書。這裡試圖分析一下它的內涵，也是為以後考證和分析《太極拳正宗》這本書去掉主要的障礙。

杜元化在《太極拳正宗》中的《太極拳啟蒙序》中說：「今編述太極拳第一冊，名曰啟蒙，因其中動作著著渾圓，與天地之無極同，由著著混圓，歷三直、四順、六合等等，本從身之混圓而造為背絲扣，與天地根源同。既與天地之根源同，則人身之背絲扣非即為人身練太極之母乎？既為人身練太極之母，則太極拳之基實肇於此。太極拳之基既肇於此，則其中所練之兩儀、四象、八卦誠無不肇於此矣。然此冊本名曰聯，實為太極拳入門之初步，所以名之曰啟蒙，撮其要旨，則曰綱領，舉其全體則曰太極拳正宗。」

杜元化在這裡首先提出了背絲扣的概念，什麼樣的情形是背絲扣呢？從文中可以理解到，人在沒有練拳時，沒有做到三直、四順、六合等等這些要求時，人的身體沒有呈渾圓狀態，這裡還不成為背絲扣，一旦做到了三直、四順、六合等等就進入了渾圓狀態，這時人身已經變為背絲扣的狀態了。這種狀態就是人身練太極之母，兩儀、四象、八卦也是根於此。而太極之母是什麼呢？

杜元化在《練法》中說：「若將此數層練過，其中之渾圓一變，即是背絲扣，斯拳之聯備矣。再由背絲扣一變，即成太極。練至此，正氣機變化之幾也。然此是未變太極以前之事，故號曰無極，也名曰聯。」

杜元化回答了背絲扣是什麼？是無極。也就是人處於渾圓狀態，未變成太極之前為背絲扣。如果單是這樣的理解的話，背絲扣的內容意義是不大的。一個概念的提出，是由於它的有用才顯出它的價值，背絲扣還有它更重要的內容。

《太極拳正宗》在署名陳清萍的《太極拳總論》後面有這樣一段話：「背絲扣為太極拳之母，是此拳徹始徹終功夫，此論此歌是教人單做背絲扣順逆動作之法，故以總稱之。」這段話十分重要，它說明了背絲扣是太極拳徹始徹終的工夫，還說《太極拳總論》是背絲扣的指導理論，背絲扣有順逆的動作。對於這種順逆動作，杜元化附上兩個圖（後文有破譯），從這兩個圖中我們應該說是可以破譯了背絲扣的基本內容。這個基本內容是背絲扣是以手上的動作為主，當然手的動作是與身的動作有聯繫的，但是，著重從手上的動作說明背絲扣的順逆動作。

當動作著著渾圓時，一般來說，兩個手在做空圈的動作，每個手都不斷地從陰變陽，又由陽變陰；雙手在做動作時，是一個手如果處於陽，另一個手處於陰；一個手處於五陰時另一個手則處於一陽；一個手處於四陰時，另一個手處於二陽；一個手處於三陰時；另一個手處於三陽；一個手處於二陽時，另一個手處於四陰；一個手處於一陽時，另一個手處於五陰。反之，也一樣。

為了看懂這個圖，筆者和趙堡太極拳的名家王海洲先生一起研究了一定的時日，才看懂了。個別太極拳書在轉載和印刷這張圖時印刷錯了，主要錯在陰陽不分上。杜元化的這張圖看明白了，後面拳架的背絲扣圖就容易看得懂了。

杜元化在《背絲扣圖解》中說得更具體，他說：「背絲扣為太極拳徹始徹終工夫，其所以然者何哉？蓋以太極拳之動作姿勢彷彿若是也。試觀空圈之中，恍恍惚惚，其氣機發出一種現象，一向一背，分順分逆，非象夫背絲扣乎？非象太極中一明一暗之曲絲乎？故以背絲扣名之，實以背絲扣代之，切望練斯拳者要以斯圖為必有事，方能尋著太極拳之真門徑，準可造出太極拳之真鉛汞。由是循序漸進，則庶乎其不差矣。」

現在我們可以概括一下背絲扣的內涵，背絲扣是太極之母，是太極拳之母，是無極，表現為人的身體的渾圓動作，主要是從手上表現出來，更具體一點是從雙手的動作上表現出來。

在《太極拳正宗》的版權頁上，杜元化特別注明：「蔣老夫子傳太極拳正宗共八冊，余所編皆係余師任老夫子所傳。其一生所繪總圖及十三樣手法之圖僅兩見：在先與余師兄陳四典繪過一次，陳已沒世。其次余焉。此外，未聞再繪。因余如弟劉瀛仙囑余公開，公之同好……」《太極拳正宗》中的背絲扣圖和十三樣設手法圖是趙堡太極拳的秘傳，而由任長春親手繪製，傳給杜元化，從這段話中可以看得出來。從繪製整然有序的背絲扣圖以及《太極拳十三式手法起源之圖》，人們看出任長春的傳統文化知識的深厚和對趙堡太極拳研究的精深。但是，我們也要同時看到，只有在老子這個真源的博大精深的思想指導下，才能出現將趙堡太極拳這樣具體化的表述。

筆者用了不少筆墨來寫這些，是為了讓人對此予以重視，研究其中的有益之處，使《太極拳正宗》這本書能得到更廣泛的關注。

現在逐條分析《太極拳啟蒙規則》中的七條規則：

1.空圈。文中說：「一勢一勢都練成空圓圈，即是無極，即是聯。故每勢以轉圓為主，不須斷續，不須堆窪。如此做去，方為合格。」這一要求與現在的趙堡太極拳的要求是一致的，其他式的太極拳也有這樣的要求。但是空圈的提法是現在的太極拳書中所沒有的。一般都是說動作要圓，沒有說是空圈的。杜元化在這裡說一勢一勢都要練成空圈，不是一些動作的要求，而是所有的動作的要求。這點有別於其他的太極拳書。

這裡杜元化提出了一個要求是「合格」。合格，這是做每一項事情所必須思考和認識的。在練拳時，動作轉圓，在這一過程中不能有斷續、堆窪。這是練太極拳的、特別是練趙堡太極拳的合格要求，這點現在已為練太極拳的人所共識了。杜元化這裡說的新鮮之處是，他認為每勢得練成無極圈。這種提法似乎其他太極拳書中並沒有這樣說。前面他對他的書命名為《太極拳正宗》，並不是說自己的太極拳正宗，而別的太極拳不是正宗，只是說太極拳之母是背絲扣，是無極，所以，在這基礎上說，是太極拳正宗。他的書名沒有任何貶低別人的內容。

2.三直。書中說：「頭直、身直、小腿直，三者何以能直？細分之是不前俯，不後仰，不左歪，不右倒，不扭膀，不掉胯，自然上下成真。」

「三直」在以往的太極拳書中沒有這種提法，就是已經出版了的趙堡太極拳的書中也少見。這種說法的真理性是不容懷疑的。從逆思維來說，如果頭不直，身不直，小腿不直，是不能練好拳的。在此，杜元化進一步解釋說，要做到「三直」，要不左歪右倒，肩膀不扭，這是很形象的。

不掉胯則要說明一下，從字面上說，胯不要往下掉。怎樣的形態是「掉胯」呢？也就是一些太極拳書中所說的斂臀，臀部不斂，肯定是上下不能成直。「小腿直」這名話有點費解，小腿應該是直的，這是正常人的身體的自然現象，這裡說的直應該是當做某個動作時，要與相連的大腿和腳部成直。否則就會造成身體整體的散亂，所以說小腿要直。從《太極拳正宗》中的圖像看，就不難理解這一點。

3.四順。書中說：「順腿、順腳、順手、順身，四者何以能順？細分之是手向左去身順之去，腿向左去，腳亦順之去。惟順腳時，先將腳尖撩起，隨勢而動，切記不可抬高稱動身之重點。向右順亦然。」

這裡杜元化提出了練太極拳一個十分重要的原則是順，這四個方面順了，人體可以說是處處順了，順了，人體的內容暢通無阻，所做的動作以及所發出的力量就完整。無論於鍛鍊身體、於推手技擊都是十分必需的。現在一些練太極拳的人之所以出現問題，是因為動作不順。如何做到順，杜元化也講得十分明白。做每個動作，手向左去，身體要順手而去，不能手是手、身是身，互不聯繫。腿向左去，腳也順之而去，同時，腳先將腳尖撩起，隨身體的整個動作的需要而動，需求腳不能抬得過高，以免牽動自己的重心。

杜元化的這些認識非常符合練太極拳的實際情況。可以說，將「順」這樣突出地提出來作為練太極拳的要求，在現在的太極拳的書中是很少見的。一般的太極拳書只是提及，或在某些章節中談談。杜元化這樣重視在太極拳中順的要求，這是與他的天人合一的思想是有聯繫的。

4.六合。書中說：「手與腳合，肘與膝合，膀與胯合，心與意合，氣與力合，筋與骨合。」這條要求是趙堡太極拳傳人對練拳和推手的一般的要求，其他太極拳也有這種要求，一些內家拳也有這種要求。有些太極拳書將「膀與胯合」寫成「肩與胯合」，其實肩與膀還是有差別的，字典裡說：「脖子旁邊胳膊上邊的部分為肩。」而膀「是胳膊上部靠肩的部分」。從概念的內涵上說，應該說「膀與胯合」更為準確一些。杜元化在當時是一個為數不多的研究太極拳的文化人，他在寫書時，對文字的表達要求很高，因此，他的文字用得比較準確。

5.四大節八小節。書中說：「兩膀兩胯為四大節，膀為梢節之根，胯為根節之根，周身活潑全賴乎此。八小節：兩肘、兩膝、兩手、兩腳。節節隨膀隨胯運動，勿令死滯，自能順隨，與膀胯為一。」

這裡先解釋一下「膀為梢節之根」和「胯為根節之根」這兩句。按趙堡太極拳的傳統理論，將人身分為三節，三節之中又分三節，這樣從手臂來分，手為梢節，肘為中節，膀為根節。所以，杜元化說「膀為梢節之根節」。以人體的大三節分，頭為上節，身為中節，腰以下為下節。那麼，下節再分為三節是：腳為梢節，膝為中節，胯為根節。所以杜元化說，「胯為根節（下節）之根」。

在杜元化出書的那個年代所出版的太極拳書裡尚未發現這樣對太極拳提出練法要求的。在現在出版的太極拳書中，也沒有看到過這樣「四大節八小節」這樣的內容，就是趙堡太極拳傳人寫的書也沒有詳細的說明。

一種思想或理論的提出不在於它的標新立異，而在於它能指導實踐，並能給實踐帶來效果。杜元化把人的身體分為四大節八小節，已經把人體的主要大的關節都說了，並對這些關節的活動提出了原則的要求，就是四小節要節節隨兩大節運動，使全身關節順隨，合一。這種說法非常符合練拳的實際，如果做不到這點，就會出現死滯，當然死滯是練太極拳的大忌。

試想，人身這些主要關節得順隨了，人的全身氣血肯定是暢通無阻了。杜元化提出的這點要求，系統地說明了人的關節與練好太極拳的關係，這種提法對練太極拳是有重要指導意義的，這是趙堡太極拳的特點所在。

6.不撇不停。書中說：「每動一著，左手動右手不動為撇，右手動左手不動亦為撇。腳之作用與手同。不到成勢時止住是為將勁打斷，名曰停。犯此無論如何鍛鍊，勁不連接，終無效用。」

在這裡杜元化提出了太極拳的兩個新的概念，即「撇」、「停」。字面上「停」是容易解釋的，「撇」是費解一點。杜元化認為，做每個動作時，左手和右手要同時動，如果一手動另一手不動，是為「撇」。「撇」的本意是丟開，應該說杜元化用詞用得是很準確的，如果在練拳時一手動而另一手不動，不動的這個手是丟開了，也就是說，兩個手沒有配合。腳也是一樣，一個腳動，另一個腳不動，這不動的腳是丟開了，這也是「撇」。很明顯，在練拳時，或者在推手、技擊時，這種「撇」情況是不利的，特別是推手時，兩手沒有聯繫，怎麼來與別人抗衡？而這種「撇」的情況在現在練習太極拳的人中是很普遍的。

至於「停」，這一弊病的出現是一個動作沒有到成勢就停止了下來，它的結果是將自己的勁打斷了。也就是說，練拳時，每一個動作都要練到位，只有練到位了，勁才能在到位時完整地發出來，沒有到位，勁在中途斷了，這樣無論練拳的人如何鍛鍊，到時，因為勁不連接，臨敵時是無法使用的。杜元化提出的這點也是非常符合練拳人的實際的。

「撇」和「停」的提法，在現在出版的太極拳書中幾乎沒有提及，就是趙堡太極拳的傳人寫的書中也是極少提到。

7.不流水。書中說：「每一著到成時一頓，意貫下著，是為勢斷意不斷。如不停，一混做去，謂之流水。犯此，到發勁時，因勢無節制，無定位，必致無從發勁，此宜深戒。」杜元化在這裡又提出了一個練太極拳的新的概念，即是「不流水」，他已經解釋得很清楚，意思是練拳時，雖然動作不斷地轉圓，但是必須有節制、有定位，這種節制、定位是在練到一個動作的程式時要有一頓，但是，這一頓要有意貫下面的動作，雖然這一頓好像是勢斷了，可是勢斷而意不斷。這種到程勢時一頓的練法的效果是能將自己的勁發出來，能發到位。如果不是這樣，在練拳時，從頭到尾，一混做完，到時勁無從發出。

杜元化的這種認識完全符合太極拳的實際，特別是符合趙堡太極拳的實際，這是真正的真傳和實踐經驗的總結。我們從眾多的太極拳書中，很少見到對太極拳的練習有這樣完整的提法的。

杜元化在敘述完這七條啟蒙規則後，對自己的前面所述來個《總括》，《總括》是：「四梢：每一動作行於四梢，此為練拳之必要。有歌為證。歌曰：牙齒為骨梢，舌頭為肉梢，指甲為筋梢，毛孔為氣梢。」

杜元化這裡提出了一個總的要求是，「每一個動作行於四梢，此為練拳之必要」，並列出了「四梢」的內容。一般內家拳講的「四梢」與杜元化這裡說的「四梢」稍有不同，即前三梢是一樣的，後一梢有異，在著名的《九要論》中說：「四梢維何？髮其一也……髮為血之餘，血為氣之海，縱不必本論發，以論氣，要不能離乎血而生，氣不離乎血及不得不兼乎發。果能如此，欲衝冠血梢自然足也。」

這裡說的是髮為血梢。著名武術學者康戈武先生在《怎樣理解「齊四梢」》中說：「四梢指舌為肉梢，牙為骨梢，甲（指甲和趾甲）為筋梢，髮（頭髮）為血梢。」而杜元化這裡說「毛孔為氣梢」，這是一種新的提法。這種說法應該說是杜元化的師傳和他自己的實踐印證以後才這樣寫的。

事實上「毛孔為氣梢」的說法是比「髮為血梢」有所發展，「髮為血梢」主要是指頭髮，而練拳練到全身的毛孔有感覺，這是相當高的層次才能做到。從杜元化將「髮為血梢」換為「毛孔為氣梢」這點看，他對練拳和對拳的理解有很高深的程度才能這樣寫的。

拳訣中說：「氣遍身軀不稍滯。」這其中的意思應該是氣練到每一個毛孔。但是，這種高度只有從個人的修煉中才能體會到。對於「每一個動作行於四梢」，這種練法，在趙堡太極拳中是有具體內容的。

這裡再引用康戈武先生的對「四梢」的解釋，他說：「齊四梢，指發勁時，四梢要同時用勁。具體方法是，上下牙扣合咬緊，意欲咬斷筋皮，舌尖壓上頂牙齦，舌前部向前抵牙，意欲向前催牙，手指甲和足趾甲要向下扣，使身體力量透達手指和足趾梢端。齊四梢是能促使聚集一身力量的整勁，傳到肢體的梢端。如此，周身氣血暢通，經絡無滯，全神貫注，催動血梢，知道有『髮欲衝冠』之勢。」這段引文對「四梢」的作用已經說得比較明白。

這是形意拳的練法，趙堡太極拳的「四梢」練法與這種練法有差別。其中舌頭和牙齒的練法就不大相同，因為這屬於技術的範疇，請允許迴避這個問題。上面講了杜元化書中關於趙堡太極拳的啟蒙練法的規則。這些規則經過這樣的分析，應該說有所明了，人們去掉了其中的一些語言上的障礙，可以進一步對其中的內容作深入的理解。

現在我們再概括一下，按照杜元化提出的七條要求和總括，我們可以完整地看到杜元化所傳的趙堡太極拳的練法體系是很清楚明白的，對於太極拳的實際練法也是可操作的。他從人體各個部位以及內外結合上講得十分透徹，作為太極拳的啟蒙教育，如果掌握了這些規則，並能結合動作做到，應該說是初步掌握了趙堡太極拳的練法。

我們前面分析過，杜元化是根據天人合一的思想來闡述他提出的這些規則的，除了「四梢」這個要求以外，其餘的都是從天地根源這一點出發來論述的。從天人合一的思想出發來論述太極拳的練法規則，並說得如此詳細，可以指導具體的太極拳練習，杜元化是第一個。

至於從現代科學的角度看，他的這種認識是否合理，因為這是屬於傳統文化的研究範疇，有待有識之士來評判，筆者這裡先將杜元化的思想立場方法揭示出來，讓人們對他的著作有一定認識，將他的這些認識與其他流行的太極拳進行對比研究，以進一步豐富太極拳的理論寶庫。

以上還不是杜元化著作的難點，杜元化著作的難點是他提出的七層功夫的觀點和《太極拳十三式手法起源之圖》的破譯。

五、《總歌兼體用連聯解》及十三式手法起源之圖的初步破譯

研究杜元化的《太極拳正宗》，筆者感到最困難的是對《總歌體用連聯解》和十三式手法起源之圖的理解。經過長時間的研讀和與王海洲先生的研討，筆者現在感到對這兩篇類似天書之類的文、圖有了一些認識，他涉及到傳統文化中的太極、兩儀、四象、八卦的方方面面的知識，涉及到整個趙堡太極拳的由淺入深的認識。

一、杜元化自己對《總歌兼體用連聯解》和太極拳十三式手法起源之圖的認識。從杜元化這兩篇文、圖以及書中的其他文字中，我們可以看出他對自己寫的趙堡太極拳有以下一些認識。

1.他認為太極拳的學習和傳授是有秘訣的。他在敘述了《總歌兼體用連聯解》後說：「此是真秘訣，萬萬勿輕施。」還說「秘莫秘於此」。他又引用他的老師任長春的話說：「練太極拳者若不知此中秘訣與各層圖解，雖朝夕用功或整年累月練至數十年之久，在彼意謂只要有功夫，就能造成高手妙手。吾謂徒妄想耳！可為之下一斷語：比如愚人妄想升仙路，瞎漢夜走入深山。不惟無益，甚且有損。」接著他說：「余謂此云確是有閱之言，學者甚勿視為平淡之語。」從杜元化這些話來看，學太

極拳必須得到其中秘訣的傳授，不得到秘訣的傳授是不能練成高深的功夫的。在中國的傳統文化中，只要是成為一門藝術的，其中都有一些原則的要求，也可以說是一些秘訣，這些原則的要求如果不知道，或者老師不傳授，是難以練到一定的層次的。而武術是所有的藝術中屬於最保守的藝術，長期以來，某一門派的人，得到真傳的人都是極少數，所以有「代不數人」的說法。

太極拳的練法，往往秘訣的東西是那些實際操作的方法，這些屬於技術的範疇，整個太極拳屬於科學的東西，而科學的東西一般不屬於保密的範圍，只有技術的東西才是保密的。這些保密的東西就是能使人練上功夫的，如果得不到這些技術上的傳授，靠自己摸索，成功率是很低的。

一個練拳的人，這裡說的是實實在在的練拳的人，當他回過頭來看自己練拳走過的道路，如果他得到了真正傳授的話，他的老師是個正宗的傳人的話，那麼他可以看得出來他得到了那些別人得不到的屬於原則、秘訣的東西。杜元化他得到了這些稱為秘訣的東西，所以他才這樣反覆的說他的老師傳授的東西是秘訣。

這不是故弄玄虛，只有認識了這點，人們才自學地去探求書的內容所表達的意思，從而從中領悟一些真諦。常見到有這種情況，有的人一看到一些與自己意趣不合的東西，不滿之意便浮於臉上，對這些原來是好的東西也不去認識了。

2.他認為太極拳的練習是分層次的，這種層次是由淺人深的。杜元化在他的書中多次說到必須逐層的練去。在他的《自序》中說，他的好朋友的弟弟才練了一聯，所以與他交手輸給了他這個沒有學過太極拳的人。他寫的《總歌兼體用連聯解》就把趙堡太極拳的功夫分成了七層，而一層一層怎麼練怎麼用，他說得很清楚。將武術的練習分出層次來，這是正確的做法。武術是一門藝術，當然是由淺入深的，像一個人讀書一樣，小學、初中、高中、大學……這就是分出層次。

這種層次性可以分為兩方面，一是老師教人教到多少層。二是練拳的人自己練到了多少層。往往是有這種情況，老師說了不少，但是學的人練不出來。當然也有老師不懂層次一混教去的，這不屬於我們說的範圍。

認識這種層次性，對我們理解杜元化提出的趙堡太極拳的七層功夫會有幫助。我們能平心靜氣地去探討杜元化的這些認識，看看它所說的是否有道理，對當前太極拳的練習是否有指導意義。

二、杜元化獨樹一幟，提出了太極拳十三式的新概念。

從現存的全部的太極拳資料看（我們現在所看到的太極拳書，有的人們還沒有見到的不算），杜元化在他的《太極拳正宗》中說到太極拳傳授中常見的一個概念：「十三式（勢）」，杜元化的十三式的內容是：圓、上、下、進、退、開、合、出、入、領、落、迎、抵。他說：「命名十三式。總而合之，為十三，因各有效用，故不得不別之為十三。」他又說：「其中所包一圓、兩儀、四象、八卦，各有秘訣，一絲不亂。一太極圖之中而十三式俱現，秘莫秘於此矣。」杜元化提出的十三式是在一個太極圖中全部表現出來。

在杜元化《太極拳十三式手法起源之圖》中說：「本太極拳十三式手法，始由天道起，中包六十四勢，每勢要練夠十三字，即一圓、兩儀、四象、八卦是也，末以天道終。余師云：苟非其人，道不虛傳。」杜元化在這裡進一步說明了每練一個動作要練夠十三字的要求。

從杜元化這些論說看，杜元化的十三式與現在流行的太極拳「十三勢」不一樣。文字表達不一樣，內容不一樣，作用不一樣。即使其中有些內容相同，但是體系不一樣。現在對此進行分析。

現在流行的太極拳十三式的基本內容是：掤、攦、擠、按、採、挒、肘、靠、進、退、顧、盼、定。對於這十三式的內容，杜元化的《太極拳正宗》沒有這樣的稱謂。

從現存最古的可以考證的太極拳書看，我們選李亦畬編的《廉讓堂太極拳譜》，其中是如何說的。《廉讓堂太極拳譜》中《太極拳釋名》是這樣寫的：「太極拳，一名長拳，又名十三勢。長拳者，如長江大海，滔滔不絕也；十三勢者，分掤、攌、擠、按、採、挒、肘、靠、進、退、顧、盼、定也。掤、攌、擠、按，即坎、離、震、兌四正方也。採、挒、肘、靠，即乾、坤、艮、巽四斜角也。此八卦也。進步、退步、左顧、右盼、中定，即金、木、水、火、土也。此五行也。合而言之曰十三勢。是技也，一著一勢，均不外乎陰陽，故又名太極拳。」

眾所周知，《廉讓堂太極拳譜》是武禹襄、李亦畬所傳，內容與杜元化所說的有差別，在這裡我們了解武禹襄和李亦畬說的十三勢的內容就行了，這兩位太極拳宗師認為，十三勢是太極拳的別名，十三勢是現在流行的掤、攌、擠、按、採、挒、肘、靠、進、退、顧、盼、定。

我們再看陳式太極拳的可考證的資料即陳鑫著的《陳氏太極拳圖說》中的情況，筆者手中有陳鑫寫於「光緒三十四年歲次戊申冬十一月上浣」，即一九〇八年農歷十一月上旬的《太極拳圖畫講義》，書中沒有十三勢的說法。陳鑫「民國八年歲次乙未九月九日書於木欒店訓蒙舍」（一九一九年農曆九月九日）由開明印刷局一九三三年出版的《陳氏太極拳圖說》中有《十三勢分節》這樣的題目，意思是將陳式太極拳分為十三節，也就是分為十三勢。比如：第一勢：金剛搗碓。第四勢：初收、斜行拗步等等。

唐豪於一九三一年赴溫縣考證陳式太極拳時，寫了一本名為《太極拳之根源》的書於一九三五年出版。書中說：「陳溝至今還是一個封建農業社會，所以村人的保守性特別強，陳溝村人至今只肯學習祖先傳下來的十三勢，——太極拳的一套——不肯學習外來的拳法……」唐豪說這十三勢「又分作頭、二、三、四、五套。這五套勢法，彼此大同小異，村人只習頭套，餘僅存譜……」從唐豪的考證以及陳鑫的著作看，陳家溝的太極拳的「十三勢」是拳的名稱或拳的分節稱謂。

現在我們再來看中國最有代表性的楊式太極拳對「十三勢」是怎麼說的。由楊露禪、楊班侯、楊健侯傳下的由楊振基先生公開的楊家家傳的手抄本《太極拳老拳譜三十二目》中有《八門五步》一章：「掤（南），擺（西），擠（東），按（北），採（西北），挒（東南），肘（東北），靠（西南），方位。坎，離，兌，震，巽，乾，坤，艮，八門。方位八門，為陰陽顛倒之理，周而復始，隨其所行也。總之，四正四隅，不可不知也。夫掤擺擠按是四正之手，採挒肘靠是四隅之手。合隅正之手，得門位之卦。以身分步，五行在意，支撐八面。五行：進步（火），退步（水），左顧（木），右盼（金），定之方中土也。夫進退為水火之步，顧盼為金木之步，以中土為樞機之軸。懷藏八卦，腳此？五行，手步八五，其數十三，出於自然，十三勢也。名之曰：八門五步。」

從這段文字看，楊式太極拳對「十三勢」的傳統說法與武式太極拳的說法基本一致。從以上的引述看，杜元化所傳的趙堡太極拳的十三式在中國的太極拳歷史上是獨樹一幟的，他在「十三式」中提出的那些概念，如出入、領落、迎抵等等是現在流行的其他太極拳中沒有的，就是現在出版的趙堡太極拳的書中也很少見，有些書中提到，也是轉錄杜元化的，轉錄了也沒有作為專題來說明。

那麼，杜元化提出的這些新的太極拳概念在練習太極拳時是否有用，是否是古代傳下來的東西，還是他自己創造的？這些我們將一一予以分析。

三、杜元化提出趙堡太極拳的七層功夫是運用傳統的太極、陰陽、八卦的理論結合太極拳的實踐總結出來的。

我們知道，中國傳統文化中的無極、太極、陰陽、八卦這些理論，原則上可以適用於對事物的分析，關鍵是能否結合事物的實際，而不牽強附會，應用了這些理論、原則進行指導自己的研究，研究出來的結果是否通俗易懂，讓人能夠接受並有用，這是一個很困難的問題。杜元化在這個問題上基本做到了讓人對他的研究成果能有認識，如果理解了能指導自己對太極拳的進一步修煉。

從這兩個圖中我們可以看出杜元化所提出的十三式是根據太極、兩儀、四象和八卦來配上圓、上、下、進、退、開、合、出、入、領、落、迎、抵這十三個字的，七

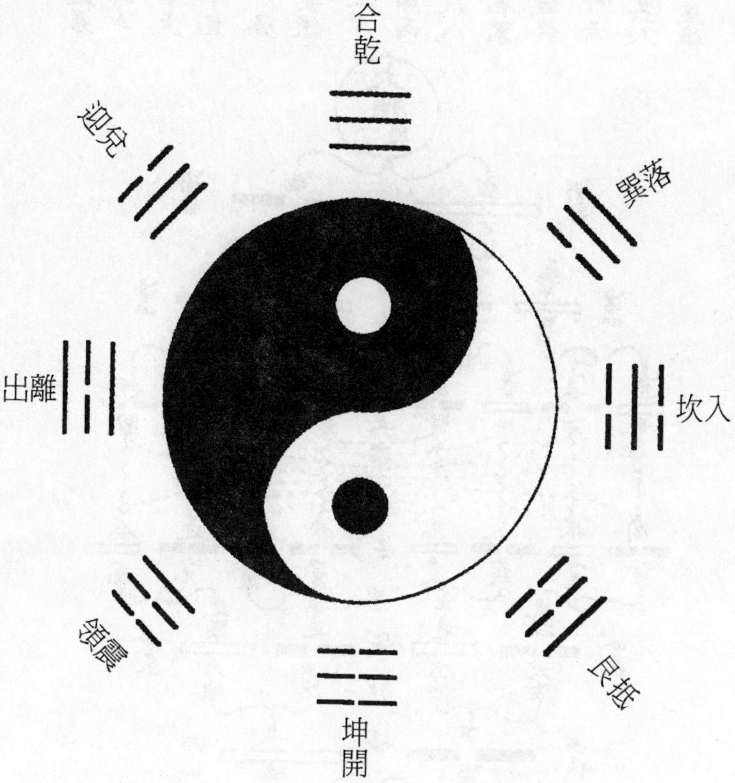

太極圖

太極拳十三式手法起源之圖

本太極拳十三式手法始由天道起中包六十四勢每勢要練够十三字即一圓兩儀四象八卦是也末以天道終余師云若非其人道不虛傳

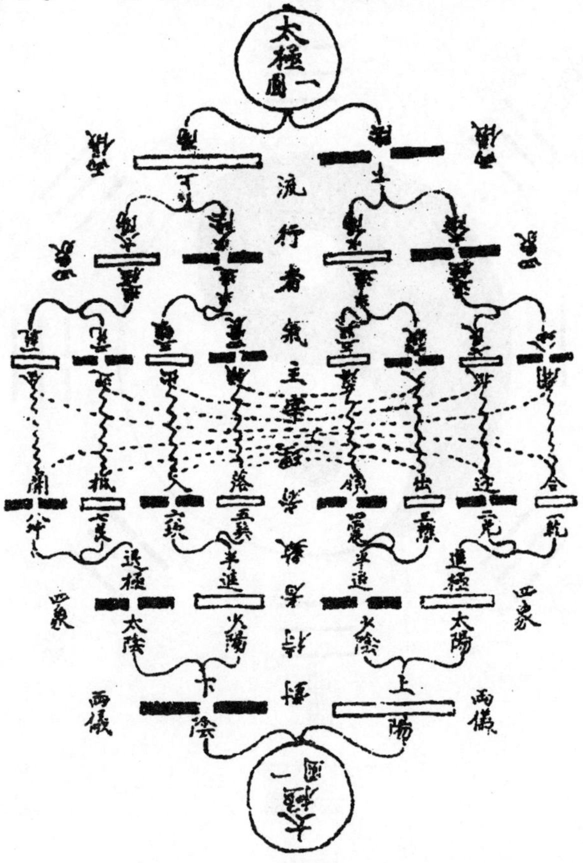

太極拳十三式手法起源之圖

層功夫從這圖上表示了出來，以後我們將一層一層的進行分析。

這裡先介紹一下涉及到與杜元化所述七層功夫有關的中國傳統文化中《易經》的一些基本知識。《繫辭上傳》中說：「是故《易》有太極，是生兩儀，兩儀生四象，四象生八卦，八卦定吉凶。」這段話的意思是：所以《易經》有這樣的內容，原始時有太極，太極是陰陽未生混茫廣大之氣，太極一變而產生天地，兩儀一變而成四象，四象是金木水火，四象一變而產生八卦，八卦是乾、坤、坎、離、巽、震、艮、兌，與之對應的是天、地、水、火、風、雷、山、澤。八卦是用來測定凶和吉的，能測定凶和吉，就能避凶趨吉，能做偉大的事業。

《說卦傳》中對八卦之間的關係有這樣一段話：「天地定位，山澤通氣，雷風相薄，水火不相射，八卦相錯。」這段話的意思是：乾為天，天在上，坤為地，地在下，天地是各有一定的位置的。艮為山，兌為澤，兩者是互相通氣的。震為雷，巽為風，風雷是互相對立又互相適應的。坎為水，離為火，水火是相生相滅、相反相成、而不互相厭惡的。從卦象看，乾與坤、艮與兌、震與巽、坎與離這八個卦象是陰陽相互交錯。

這裡簡單介紹一下太極、八卦的基本知識，是為了在後文中分析杜元化提出的趙堡太極拳的七層功夫有一個基礎。因為杜元化在他的書中恰到好處地運用了這些原理來解說趙堡太極拳。

四、逐層分析杜元化說的七層功夫練法、用法的內容。

第一層：「一圓即太極。」

書中說：「此層從背絲纏絲分出陰陽，其練是纏法，其用是捆法。此層圖解歌訣列在此卷之首。」先從文字上解釋一下，這第一層是將動作練圓，動作中有背絲和纏絲這兩種方式。練太極拳的人應該知道，從手上說，兩手是在不斷地做背絲、纏絲的動作的。做這兩種動作時，知道分出動作的陰陽。

以王海洲先生演述的《秘傳趙堡太極拳》中的「雲手」為例，在身法的帶動下，兩手同時畫空圓圈，左手畫的是逆圈，右手畫的是順圈，這樣是做背絲的動作。在做這種背絲的動作時，只要知道一般的陰手、陽手就算達到這一層次的要求了。或者說在一手畫的圈中知道手往上畫是陽，往下畫是陰就可以了。又如：在做「攬插衣」這一式時，右手畫順圈時，這是纏絲的練法（這種纏絲的方法是一圈一圈的纏繞，與現在流行的纏絲勁的方法有異）。此時，要清楚手上的陰陽，往上為陽，往下為陰。這種練法主要是練纏法，這種練法在使用時用的是捆法。

什麼是捆法，在推手中要懂得用畫圓的方法去對付別人。趙堡有「王屠捆豬」的打法，就是第一層的練法的實際應用。

這第一層功夫的內容大概是這樣。杜元化在《自序》中說，當時他還不會太極拳，只會村中的外家拳，那位學過趙堡太極拳一層功夫的張全打不過他，可見，這第一層功夫，是很淺的，不足以與一般的外家拳對抗。

這一層功夫杜元化在《太極拳十三式手法起源之圖》中是用一個圓圈來表示。

第二層：上下分兩儀。

書中說：「此層陽升陰降，陽輕陰重，其練是波瀾法，其用是就法，此層圖解歌訣列在此卷之首。」這段文字不難理解，意思是說，第二層的功夫是練拳時，陽升陰降，即是以人身而言，陽氣向上升，陰氣往下落。這樣解釋一般還是抽象了點，在身體上說是身體的上部是陽，下部是陰，這種是意識上要有引導。重要的是下一句「陽輕陰重」，在身體的陽氣上升、陰氣下降時，人體出現的情況是人體的上部是相對輕的、鬆的，下部是相對重的、緊的。這樣在人體上進一步分出陰陽，這對功夫的練習，是進步了。

開始練拳時，一味的做動作，只知道畫圓圈，身體上並沒有多少的感覺，如果得到正宗的傳授，練了一段時間，按照過去學拳的規律，一般要一兩年，慢慢地身體上有了一些體會，知道人體上下有不同感覺了，上部較為放鬆，下部較為穩固，這是逐漸向第二層功夫過渡了。

杜元化說這一層練的是「波瀾法」是什麼意思呢？在涉及到一些具體的名詞解釋時筆者也感到困難，因為作為當時杜元化的意思，後人是很難完整地理解的。像現在的人很難完整理解中國傳統文化中的一些經典著作一樣，對一些費解的內容我們只能通過揣摩它的基本意思了。這裡說的「波瀾法」是用比喻的方法來說明問題，與第一層對比，我們知道，這一層的練法是人體的意識和感覺上是有升降的，一上一下，就像江河海洋的波浪一樣。但是，這不是指動作運轉上的外形的升降，是一種內容感覺的升降。這樣說還是很抽象，但是，練拳有一定時日的人會明白。那麼「波瀾法」這種練法對拳的使用上有什麼效果呢？

杜元化說，「其用是就法」，到了這第二層功夫時，就能用「就」法應用於與人對抗。這裡的「就」是隨、乘、趁的意思。從功夫的深淺上說，第二層的功夫應該能剋第一層的功夫，那麼如何剋呢？

我們分析一下，第一層的功夫用的是捆法，第二層的功夫用的是就法，這就法如何剋捆法呢？上面說，「就」是隨、乘、趁等意思，如果對方是只具有第一層功夫，當他用捆法時，具有第二層功夫的人可以在對方施捆法時，即鬆開就對方的勢而去，可以反捆對方或者就勢借力將對方擊打。

「就法」，在實施時要知道隨別人的動而動，單有這點還不行，因為隨著別人動只是消化掉對方的力，還沒有達到打擊、打倒對方的目的。應該還有後援的動作，也就是要有在隨的基礎上乘勢打擊對方。由於對方只有一層功夫在身，還沒有在另一方變換時自己如何應變的能力，故有第二層功夫的人就這樣將對方打敗。「就法」比捆法高就高在它能夠隨和乘勢、乘機而動。

第二層的功夫的圖在《太極拳十三式手法起源之圖》中排第二列，即圖中的「兩儀」這一行。這一行上是陽，用⚊來表示，下是陰用⚋來表示，在十三字中佔兩個字：上、下。

第三層：進退呈四象。

書中說：「此層半陰半陽，純陰純陽，互為往來，其練是蠆法，其用是伏貼法。此層圖解歌訣列在此卷之首。」

這裡先解釋一個字「蠆」，蠆是節肢動物，蠍屬，古書上說是類似蠍子一類的毒蟲。《詩經》上有「彼君子兮，卷髮如蠆」的句子，據《通俗文》上記載：「蠆長尾為之蠍。」蠆的尾部有毒刺叫蠆芒，尾部的毒刺上還有鉤。從這些介紹看，蠆是一種節肢的軟體動物，是卷曲形的，古人常將蠆比作女人的頭髮。

為了弄清這一層的內容，我們先看《太極拳十三式手法起源之圖》，圖中標明，四象：從右看起，進極，太陽；半退，少陰；半進，少陽；退極，太陰。

太陽包含有兩陽即兩個⚊，少陰是一陽一陰，用卦象表示是一個⚊，一個⚋。這屬於全進和半退。少陽是一陰一陽，用一個⚋和一個⚊來表示，太陰是兩個陰，用兩個⚋來表示，這屬於半進和退極。

這一層功夫是進退，它出現四種情況。一種是進極，一種是半退，一種是半進，一種是退極。這四種情況，是人在練拳或者兩人在對抗中常出現的。進極了是處於全陽狀態，半退是屬於半陰狀態，這半陰狀態是由進極開始的。退極了是屬於全陰狀態，半進是處於半陽狀態，半進是從全陰開始的。對於練拳者來說，他一般是處於這四種狀態的，所以說這一層的練拳是「半陰半陽，純陰純陽，互為往來」。

這還算好理解，費解的是杜元化這裡說：「練的是蠆法，用的是伏貼法。」「蠆法」是指什麼樣情況呢？蠆這種毒蟲是卷曲形，會蜇人的，它在遇到敵人時就利用尾部的刺來攻擊對方，運動的方法是貼住對方然後蜇，這兩名話的意思從字面上是這樣理解。而運用到太極拳上，是否可以這樣認識，首先這是第三層功夫了，一般人能達到第三層功夫已經是很少的了。它是在第二層功夫的基礎上說的，當自己與別人對抗時，假設對方是用第二層功夫，是使用就法來與我周旋，我在他就我轉動時，我要能在就法的基礎上主動地貼住對方，順他而去。假設在他用就法時我貼不住對方，順不了對方的轉動，可能就破不了對方的就法。

其次，對方用就法時我用貼法，這當中我是在覺察對方的動向的基礎上使用貼法的，我是主動的，對方是被動的。所以我能管住對方。因為在對方用就法時，如果覺察不到對方的意向，就會貼不住對方，這樣的話可能就被對方的就法有機可乘，實現對方使用就法的目的。這種覺察的過程是聽勁的準確和應變及時，到了第三層功夫，人的身上的懂勁已有了相當火候所以能貼得住對方，乘機而擊。

再次，在貼住對方順對方時，要有「蠆」的方法，也就是要像「蠆」那樣發動攻擊，破了對方的就法，對方失去先機了我要像「蠆」一樣蜇他一口，要在得到機勢時，將對方打倒或採用其他方法將對方擊打得喪失抵抗能力。

第四，關於「伏」字的用法，顧名思義這是靜靜地埋伏、潛伏，不先動，就是自己在與對方互動的過程中時時有靜的要求，有意識地將自己的意向隱蔽起來，表現在動作上是與對方相連在一起而不動聲色，等待時機使用貼法。

第五，伏貼法還有一種意義，是對方在與自己相接觸時，感到無機可乘了，想逃脫走掉，我用伏貼法貼住對方還可以用就法將對方打擊。

以上是指身體上部的動作，身體下部的動作要配合好才能實施伏貼法的。上面說的四種下部動作是隨機而用的。一般來說，如果對方是進極的，對方是全陽，我應該用退極的步法，也就是用全陰的步法相對。相反，如果在運動中對方後坐退極，全陰了，我必須跟上用進極，用全陽的步法來對付。對方與我在變動中用半進的步法，我則以半陰的步法相對。對方用半退的步法與我周旋，我即用半進的步法與對方相持。這樣在互相接觸當中，才能施用伏貼法將對方管住，一得到機勢就將對方打擊，使對方失敗。

可以說，這第三層功夫相對於第一、二層功夫是高手了，因為在一般的交手中，能在接觸後始終貼住別人，這不是一件簡單的事情，要有較高的功夫才能做到。但是它只是半陰半陽、全陰全陽這階段，變化不是很多，與以後的幾層功夫相比，還是一般化的。

第四層：開合是乾坤。

書中說：「此層天地相合，陰陽交合，其練是抽扯法，其用是撐法，此層圖解歌訣列在此卷之首。」

從這層起，進入了用八卦的思想與太極拳的後四層功夫結合來說明。前面我們說過，八卦的這種思想方法是可以結合萬事萬物來進行分析的，就看這種分析是否切合事物的實際，能說明得科學、合情合理，不算是牽強附會，實實在在的讓人看得明白，能指導人們對事物的認識和正確處理好事情。這裡重複幾句，主要是想讓看到以下這些觀點的人有耐心的慢慢看下去，與我們一起去了解古人的思想。

先解釋「開合是乾坤」的字面意思。「開合」現在是太極拳界最流行的說法，筆者曾撰文專題闡述過（見第三屆河北永年國際太極拳聯誼會的論文集），從杜元化《太極拳正宗》的《太極拳十三式手法起源之圖》中可以看到，杜元化這裡說的「開合」的意義是：乾是合，屬陽；坤是開，屬陰。古代和當代的一些太極拳大師和專家對開合的說法有所不同。就是趙堡太極拳的一些傳人對這個概念的認識也不相同，可能是受一些流行的認識影響所致，這裡不一一分析了。

「開」是陰，是引，是走，是化，是柔等等。可以這樣說，「開」是將自己的門戶打開，這種打開自己的門戶是有意識的，不是被動的。「合」是陽，是進是攻，是打，是剛等等。可以這樣說，如果對方將自己的門戶打開了，我要用合的方法進擊。以上是杜元化關於「開合」的這一詞組的基本意思。

「乾」，在八卦中是用三個⚊來表示它的卦象，關於「乾」這一概念的內容是很多的，《繫辭下傳》中說：「夫乾，天下之至健也，德行恆易以知險。」意思是乾象是天下最剛健的，表現出它的剛健之處是在於他的恆久而平易，故可以明照出天下危險的事情。我們知道乾是代表剛這種事物群就行了。

「坤」，在八卦中用三個⚋表示它的卦象，關於「坤」這一概念的內容也是很多的。《繫辭下傳》中說：「夫坤，天下之至順也，德行恆簡以知阻。」意思是坤象是最為柔順的。表現出他的柔順之處在於它的恆久的簡靜，故可以明察天下煩難阻隔的原因。我們知道坤是代表柔順這種事物群就行了。

「開合」和「乾坤」的基本意思我們已經清楚了，現在我們來分析杜元化提出的第四層功夫的具體內容。

書中說：「此層天地相合，陰陽交合。」我們從《太極拳十三式手法起源之圖》中看這一層功夫在這圖中的位置。

開合、乾坤分別在圖中的邊上，先看右邊，合代表乾，是三個陽爻，而左邊開是三個陰爻。我們把平面圖的下一半看作是一個人體的陰陽，把上一半看成是另一個人的人體陰陽。剛才說的左右邊是指下圖。

當下圖一方的右邊是三個陽時，下圖的左邊應該對應用三個陰，而另一方即上圖的左邊（平面圖右邊）必須以三個陰兩相應。聯繫上面說的陰陽八卦的學說，作為下圖一方自己本身是陰陽相合的，而與上圖一方也是陰陽相合。這種情況在練拳時可以體會到，在與人推手時也可以體會到的。如果兩人的功夫相當，在推手時常常是互相吞吐、化解，這種情況就形成了所謂的天地相合與陰陽交合的狀態。

如何理解「其練是抽扯法，其用是撐法」這兩句話呢？可以說，理解這兩句話才是關鍵的，這是結合太極拳實踐的實質性問題，如果不能說明太極拳的實踐問題，上面所說的就沒有任何意義了。

我們看，對抗的雙方在水平相當的情況下，雙方的往來是相合的，一方以三個陽來進擊，另一方即以三個陰來應付，在這種情況下，就會出現抽扯的狀況。「抽」是引出、拔出的意思，扯是拉的意思。雙方都處於相合狀態，就是互相抽扯，你剛來，我柔化。我剛去，你柔化。不斷的互變剛柔，由於運動的幅度大，在外形上就可以看出兩個人在不斷的抽扯。這應該是可以理解的。

關鍵是「撐法」不太好理解，撐的本意是抵住、支持的意思，可引申為使張開的意思。在雙方剛柔相合的情況下，當然需要有撐的支持，如果一方沒有撐住，那麼後果是可以設想的。這種撐法有前面的三層功夫的支持才行。

這種撐法的實施能否打擊別人？當然能。相對第三層功夫而言，對方用伏貼法管住我了，我有良好的聽勁功夫，順其伏貼時全身順勢一撐，可以將對方擊出。這種撐法的實際使用，筆者曾見趙堡太極拳的代表人物王海洲先生用得很純熟，為了研究七層功夫，筆者較長時間的與王海洲先生推手，一點一點的體會其中的意思。應該指出，到了第四層功夫時，人已經有了很好的下盤功夫，勁也相對集中，可以在一撐時將自己的勁發到對方的身上。從這一層功夫起，一般文字是難以表述得很準確的，因為武術中的太極拳是人體的鍛鍊產生出身上的功能，這種功能往往是很難用文字表述出來，只能是大致的說明。

第五層：出入綜坎離。

書中說：「此層火降水升，水火沸騰，其練是催法，其用是回合法，此層圖解歌訣列在此拳之首。」

這裡先解釋文字上的意思。「出入」在字面上的意思是明白的。坎、離以前說過是八卦中兩個卦，一般坎代表水，離代表火。難點是「綜」字的解釋，「綜」的意思在《易經》上有它的特定含意，《易經》有錯卦、綜卦的說法。「出入綜坎離」可以肯定是與綜卦的說法有關。「綜卦」是兩卦之間，六爻呈上下顛倒形態的卦。明來之德《周易集注・易經字義》中說：「綜者，上下相倒也。」《易經》所列的六十四卦中有二十八對是綜卦。杜元化在這裡借用了綜的意思，將坎和離這八卦中的兩卦視為綜卦來用，因為坎和離上下是陰陽相反的。

嚴格地說八卦中的坎和離不屬於綜卦，上面引述過「八卦相錯」的話，八卦中每對應的兩卦是相錯的，關於錯卦後文再說。這裡要說明，以免有人誤會了坎和離兩卦是綜卦。「出入綜坎離」的意思是，一出一入象坎、離兩卦上下陰陽顛倒一樣。

「此層火降水升，水火沸騰。」這句話是傳統解釋八卦中坎卦和離卦的說法，這種解釋法在傳統醫學上用得較多，這裡不一一概述。

這一層所講的水與火更多的是指人身體內部的鍛鍊層次。以前的四層功夫更多的是指人的身體的外部的功夫，這層主要是從人體內部來說的。

「火降水升」中的「火」和「水」是什麼意思？這裡的「火」在傳統的內容中是指人體的五臟中的「心」。著名的《九要論》中第五要論中說：「心為火而有炎上之象。」「兩乳之中為心……心為君，心火動而相隨（指五臟中其他四臟），無不奉命也。」杜元化說的「火」是指心火，心是人體全身的指揮者，「心如猛虎」，這些是《九要論》中關於心火的說法。

「水」，《九要論》中說：「腎為水而有潤下之功」，「至於腰，則兩腎之本，而為先天之第一，尤為諸臟之根源，故腎水足，而金木水火土莫不各顯機焉。」「腎氣一動快如風」。杜元化說的「水」是指腎水。

火降水升，是練拳到了一定的層次，能將身體調整到心火下降，腎水上升，心腎相交，水火既濟，人的身體就能協調平衡。

「水火沸騰」，在字面上解釋是火與水的關係，在人體上的反應是心和腎的關係，這「沸騰」二字表示了達到了這一層次後，人體這兩方面的關係較快地融合，還有一個重要的內容是能練精化氣，火與水通過人體這個鼎，使水沸騰，水由此化為氣，這是傳統道家學說所說的內容。

弄清了「水火沸騰」的基本內容，下面的「其練是催法」就容易理解了。「催」的意思是催促，使趕快行動，或使事物的產生、發展變化加快。火在鼎下燃燒，是不斷的催水沸騰。這個「催法」是可以理解的。但是，用在太極拳的練習和應用上如何理解呢？太極拳講究以靜待動，這是說「練是催法」，催促別人的行為，是不是違反太極拳的基本技法呢？這裡說「催法」更多的是指練法，是將自己的身體儘快地練到內氣鼓蕩，這是一種主觀的要求。到了這一層功夫，身體協調基本平衡，應變也比較自如，能做到「用是回合法」了。

至於「回合」，是指兩將交鋒時，一方攻擊一次，另一方招架一次，稱為一個回合。後來指雙方較量一次為一個回合。杜元化在這裡說的「回合法」的意思很明顯是說一方攻擊一次，另一方招架一次。

到了這第五層功夫，如果雙方功夫差不多，肯定是你來我往，互相化解，不斷往覆。「用是回合法」，一方可以用回合法來對待與自己功夫差不多的人，可以用回合法來對待前四層功夫的人。如果用回合法來對待第四層次功夫的人，會出現什麼情況呢？對方在某種情況下用了撐法，我如何破呢？我可以在對方一撐時用上伏貼法並要在撐法的基礎上一鬆，讓過對方順勢的撐勁，對方的勁落空，就成了一個回合。此時我伏貼住對方，伺機而動。在這個過程中，對方的一撐是出，我的一鬆是入，一出一入是一個回合。

我們再從《太極拳十三式手法起源之圖》看這層功夫的特點，從下圖看，從右邊數起三為離，與左邊的六坎相連，與上圖的坎相連。當下方的右邊是出，即是向前運動，同時下方的左邊要入，而對方的左邊（平面圖右邊）也得相應的以入相對。對方的右邊（平面圖左邊）便出也與下方左邊入相合。這樣雙方處於一種平衡的狀態，互相往來，周而復始。

到了第五層功夫，練拳者已經完成了由外到內、由內到外的練習過程，身體上已經達到筋絡暢通，聽勁比較靈敏，內功外功均可列為高手行列。

但是，這一層功夫還沒有達到妙手，我們從太極拳圖中看，出在左邊正東，入在右邊正西，這兩點離開合的位置較遠，也就是說離打人的點還比較遠，趙堡太極拳是利用一個圓圈的方法來打人的。一般情況下，是在開合的位置容易發勁擊打對方，這種認識應該是對太極拳有了相當功夫後得到共識的。

從《太極拳十三式手法起源之圖》中看，離、出是中間一陰上下兩陽，坎、入是中間一陽上下兩陰，表面上雙方是一陽對一陰，但是，支撐這一陽一陰的分別是一陽一陰（離）和一陰一陽（坎）。

就是說，此時拳手的身體還有滯的時候，雖然可以在與人接觸處以一陰一陽同別人周旋，但是，畢竟下部的功夫支持還達不到妙手的要求。

那麼，剩下第六、七層功夫就是研究在一個圓圈上離開、合處更近的地方的運動方式。下面試圖詮釋一下最後這兩層功夫，在敘述之前，筆者再次說明，這兩層功夫是很難說得清楚的，單從理論上說是有欠缺的，筆者練趙堡太極拳時間不長，主要是與趙堡太極拳的代表人物王海洲先生一起研究的多，對趙堡太極拳的體會很多都是從他那裡得到的。在我的敘述中有不足的地方，萬望趙堡太極拳的前輩和行家指正，同時也希望那些功夫達到六、七層的太極拳專家不吝賜教，並對筆者的不太完整的表述抱諒解的胸襟。

第六層：領落錯震巽。

書中說：「此層雷風鼓動，有起有伏，其練是抑揚法，其用是激法，此層圖解歌訣列在此卷之首。」

先從文字上解釋，「雷」代表八卦中的「震卦」，是一陽之上有兩陰，「風」代表八卦中的「巽卦」，一陰之上有兩陽。在太極拳圖上震在東北，巽在西南。《說卦傳》中說：「雷以動之，風以散之。」這兩句話的意思是震為雷，雷是用以鼓動和振動萬物的，巽是風，風是用以吹散和疏通事物的。所以說，「風雷鼓動」，「有起有伏」比較容易理解，既然是風雷鼓動，其結果是「有起有伏」了。

這段話的難點是「其練是抑揚法，其用是激法」。「抑」的意思是按、壓制、遏止等，「揚」的意思是舉起、掀起等，「抑揚」連用一般是指聲音起伏的意思。杜元化這裡說「其練是抑揚法」，是在某種狀態下有「抑」、有「揚」。比如說，雙方推手練習，如果具有第六層功夫的人，他運用此法時，可以有意識的按、壓對方，這是主動的引對方的勁出來，然後自己採用引進落空的方法來還擊。如果對方用這種「抑」法來按壓我，我可以順對方的力使用「揚法」，即順勢引進後將對方掀起，這種說法在《太極拳正宗》中的《太極拳總論》中有論述，待後再分析。

這種「抑揚法」與已說過的五層功夫比，使用上比較激烈。在實際應用上，如果對方具備有相當的功夫，他的聽勁很好，在一直等待你的勁，而你也在等他的勁，雙方基本處於靜止狀態，怎麼辦？這時可以用「激法」，所謂的「激法」是設法激怒他，給他適當的力，讓他錯誤地認為你先出力了，他感到有機可乘了，他馬上出勁，這時你可以乘勢借到他的力，順勢將他擊倒，這就是「其用是激法」的基本內容。

一般的太極拳打法是借力打人，功夫層次低的人一接手就想用力，這種拳手比較容易應付。而那種一接手根本不給你勁，在等你出勁，這種拳手就很難應付。在互相接手的過程中，碰到這種情況，你馬上意識到要用「激法」，如果用「激法」有效，證明你的功夫可以與他一較，如果用「激法」無效，就證明對方的功夫高於你，你可能為他所取。

我們再從太極圖上分析這第六層功夫的情況，在太極拳圖上，震為東北，它離坤、開的距離是最短的一卦，巽為西南，它離乾、合的距離也是最短的一卦，但是它們都是反時針方向向乾、合，向坤、開靠近的。這裡的逆時針方向也可以理解為「激」，因為它不順。一般行家認為，乾、合點，坤、開點是擊人的地方，離這兩點較近能擊人，這是功夫高的人才能做到。從太極圖上看，在不順的情況下能創造條件以最短的距離、最快的速度將別人擊倒，這只有棋高一著才能做到。

這一層功夫中的「領」、「落」，我們現在看看它的基本意思是什麼，「領」的本意是頸，它有多種引申義，其中一種是帶、引的意思，杜元化這裡用的是這個意思，也就是說，我與對方接手，對方有勁於我，我將對方引、帶，使對方的勁不能按照他的原意實現而落空。「落」的本意是由上往下降，掉下來的意思，杜元化這裡用它的意思是，兩人接手，一方的勁落到另一方的身上，這要與「激法」聯繫起來理解。

我們在太極圖上看，這巽、落是一陰之上有兩個陽，而震、領是一陽之上有兩個陰，下面一陰、一陽是雙方下部通透，勢均力敵。而上部有兩陰、兩陽的活動餘地，也就是說，它們的活動餘地比較大，從這點上說，到了這層功夫，基本上是算妙手了，但是由於還有較大範圍的領、落，故離第七層功夫還有距離。現在我們來探討第七層功夫。

第七層：迎抵推艮兌。

書中說：「此層為口為耳，能聽能問，彼此通氣，其練是稱法，其用虛靈法，此層圖解歌訣列在此卷之首。」

我們先從文字上弄清這一層功夫的基本意思。「迎」是平常說「迎接」、「迎合」，這「迎」是「接」的意思。「抵」在古時是獸類用角頂刺的意思。《淮南子》中有：「兕牛之動以抵觸」的記敘。杜元化說的「抵」是觸，是有一定意識的頂的意思，當然這裡說的頂不是「不丟不頂」的頂，是在兩人接觸處，要有一定的相對抗的力與對方相持。

「艮」是八卦中的一卦，在西北，兩陰上面有一陽，一般以「山」為代表；「兌」是八卦中的一卦，在東南，兩陽上面有一陰，一般以「澤」為代表。上面說過，「山澤通氣」是《周易》的《說卦傳》對這一組對應卦的說明。

「此層為口為耳，能聽能問」，這裡的口，在《易經》的《說卦傳》有「兌為口」、「兌為澤……為口舌……」的說法，杜元化這裡是用了這個意思。這裡的耳，在《易經》中是屬「坎」，從對應關係上，杜元化這裡用得有誤。《易經》說艮是：「艮為手。」杜元化這裡說「為口為耳」，應該說是「為口為手」，《易經》中說：「艮為手。」杜元化為什麼寫「為口為耳」？有兩種可能，一是為了與「能聽能問」相配合。因為口是問，耳是聽。但是為了配合而這樣寫，作為準確性來考察就不合適了。二是借用說明。即他明知《易經》的「坎為耳」，但是為了說明聽與問就將它借用過來，這樣理解也未嘗不可。

其實，在太極拳中的聽、問有人體器官的口和耳的聽、問，但是實際上，兩相接觸後，主要是人體互相接觸處的聽、問了。太極拳相對抗或訓練推手，一般是手上的聽、問。所以直接說：「此層為口為手」也可，不會使人誤會的。

「彼此通氣」是從《易經》《說卦傳》中的「山澤通氣」來的。「彼此通氣」，杜元化將它界定為是趙堡太極拳最高層功夫的表現。

杜元化的這種說法，在太極拳歷史上是獨創，也是他的獨到的見解。首先，這裡涉及到一個有爭論的「氣」的問題，「氣」在中國傳統文化中是一個重要的概念，特別是中醫學，古代養生學，道、釋、儒諸家學說中都認可這一古老的說法，但是現代的科學並沒有用科學的手段來對它進行過質和量的測定，故一些對「氣」持否定意見的人提出了詰問。本文不是解決「氣」的真實性的，故不在這個問題上作過多的分析。但是在分析「彼此通氣」這話時，沿用古代的說法，即中國傳統的說法。拳手的功夫到了第七層，他們能在與對方相接觸時，可以與對方的氣相通，感受到對方氣的情況。這是杜元化這句話的基本意思。

這方面的體會陳清萍的另一個弟子武禹襄曾有精闢論述。武禹襄在他的《敷、蓋、對、吞四字不傳秘訣》中是這樣寫的：

「敷：敷者，運氣於己身，敷在彼勁之上，使不得動也。蓋：蓋者，以氣蓋彼來處也。對：對者，以氣對彼來處，認定準頭而去也。吞：吞者，以氣全吞而入於化也。

此四字無形無聲，非懂勁後，練到極精地位者不能全知。是以氣言，能直養其氣而無害，始能施於四體。四體不言而喻矣。」

現在太極拳界都公認這「秘訣」是太極拳練習的高境界，其中全是說「氣」的。可以說，達到這種境界，就能知道對手的「氣」，如果對手也達到這種境界，那麼就能彼此通氣。

筆者在採訪當代太極拳名家中碰到過這樣的太極拳家，他認為，在接手後，一旦與對方接通「氣」，就能將對方的「氣」借過來，打回到對方的身上。這種近乎金庸武俠小說中的說法，他能在一些人的身上表現出來。筆者認為「通氣」的情況是存在的，杜元化的這種認識不是他故弄玄虛，而是實實在在的事。當然用過去的語言表達是這樣，用現代的科學的語言表達應該如何說呢？這留待以後的智者來做了。

「其練是稱法」，這句話是很好理解的。現在很多拳師都說，「你來一寸，我給你一寸，你來一分我給你一分」，這就是稱法的簡單說法。當然如果「稱法」這麼簡單就不能稱其為第七層功夫了。

「稱」的本意是稱量的意思，一般指稱物體的輕重。「稱法」是個形象的比喻，在與對方交手時，由於自己已經是周身通靈，身體反映高度敏感，對方有什麼動向自己在與對方接觸處即能全部了解清楚，能知道對方來力的大小、方向、長短等等，這樣就能應付自如。武禹襄、李亦畬這兩位大師對這方面有精確的認識，可以作為杜元化這些認識的佐證。李亦畬在他著名的《五字訣》中有這樣的一段話：「能從人，手上便有分寸，秤彼勁之大小，分厘不錯；權彼來之長短，毫髮無差。前進後退，處處恰合，功彌久而技彌精矣。」李亦畬這裡說的「秤」是名詞作動詞用，是「稱」的意思，他說得十分明確，可以作為杜元化提出「稱法」的注解。李亦畬與杜元化按趙堡太極拳的排輩，他兩人是同一輩人，陳清萍——武禹襄——李亦畬；陳清萍——任長春——杜元化。他兩人都用不同的語言表達了趙堡太極拳高層次的練法，並且從兩個方面走到同一點上。

如果對「稱法」有了明確的認識，那麼「其用是虛靈法」就容易理解了。「虛」

的意思有很多，在這裡是「空虛」、「虛若無物」的意思。「靈」在古時的意思也很多，這裡是指靈活、機敏，有如神助那樣。「虛靈法」的意思是，在與對方接手時，由於已經做到與對方通氣，能高度準確地把握住對方的動向，要打擊對方是隨心所欲的事情了，在交手中我有如神助一樣。

進一步說，我的全身透空，在與對方觸處虛若無物，對方根本摸不到我的任何勁、力，對方有力無處可用，只要對方一有意向，我已經乘勢而擊。這裡再引用李亦畬的話來佐證：「彼之力方礙我皮毛，我之意已入彼骨內。」「又要提起全副精神，於彼勁將發未發之際，我勁已接入彼勁，恰好不先不後，如皮燃火，如泉湧出，前進後退，無絲毫散亂。」這些論述可以作為「虛靈法」的說明。

從太極圖上看，艮卦是兩陰之上有一陽，兌卦是兩陽之上有一陰，它們離乾、合、坤、開最近，上面說過，一般來說，乾、合處，坤、開處是打人之處，艮、兌是順轉離開、合處最近，故在七層功夫中這層為最高。從卦象看，這兩卦是兩個陰、兩個陽分別在下面支撐，一個陰、一個陽在上面相接，下面通透穩固，上面活動範圍小，也表現出雙方容易相通。一方接通另一方，而另一方反應不過來就會勝負立判。如果雙方相接通後互有反應，那就是雙方處於相持階段。

到了最高層的功夫，很難用文字來說明，這裡只是揭示一下杜元化所說內容的基本意思，筆者不敢說已經對趙堡太極拳的最高層功夫了解了，或者說掌握了趙堡太極拳的第七層功夫了。

在中國太極拳歷史上，杜元化是第一個將太極拳功夫分成七層來表述的太極拳專家，他的分法和詳細的內容是他的老師任長春傳授的，《太極拳十三式手法起源圖》是任長春畫給他的。從中我們可以看出：一、趙堡太極拳的七層功夫的認識是一代一代的趙堡太極拳師練拳和傳拳實踐經驗的總結。雖然由任長春、杜元化傳授和表達出來，但是它的淵源是流長的。二、七層功夫的認識將古人的混沌說、一般拳人的模糊認識上升到了科學的、理性的認識，這種科學的、理性的認識將拳分出層次，由淺入深的研究並將它界定出來，這是太極拳在認識上的一次歷史性的飛躍。三、七層功夫的認識使太極拳的教學、訓練更科學、更符合實際，使太極拳的體系更完備、更具體，克服了一般傳統太極拳傳授練十年八年不知自己練到什麼程度的現象。四、七層功夫的認識為後代拳人運用古代傳統文化研究太極拳並獲取一定的成果作出了榜樣，也啟示了其他行業的人對中國傳統文化的運用。

五、「此是真秘訣，萬萬勿輕施。」

《總歌兼體用連聯解》中還有三句歌訣：「命名十三式。此是真秘訣，萬萬勿輕施。」「命名十三式」的內容在前面已經分析過，這裡不再說了，這裡重點分析後兩句。

書中說：「其中所包一圓、兩儀、四象、八卦，各有秘訣，一絲不紊。一太極圖之中而十三式俱現，秘莫秘於此矣。」

這段話的意思前面部分已經解釋過，即一圓、兩儀、四象、八卦，與趙堡太極拳的各層功夫的關係已經在上面分析過了。難點的問題是對「一太極圖之中而十三式俱現」這句話如何認識，杜元化稱：「秘莫秘於此」，說明他認為趙堡太極拳最秘密的是在於理解這一項內容。他在《太極拳十三式手法起源圖》中也說到：「每勢要練夠十三字。」既然杜元化如此重視這「一太極圖之中而十三式俱現」，「每勢要練夠十三字」，這就值得我們好好地研究和分析。

筆者第一次接觸趙堡太極拳是在一九九〇年六月，後來與王海洲先生相約一起寫書。一九九〇年底，我與他一起寫完了《秘傳趙堡太極拳》一書初稿，他要回趙堡了，當天凌晨四點半他叫我起來，給我說：「現在我把趙堡太極拳的一個關鍵的內容講給你聽。」當時他就說了趙堡太極拳的「十三式」，並且與我一起推手來說明這「十三式」的效用。當時我第一次聽到他說「十三式」要一氣做到的話時，我感到很新鮮。王海洲先生說的「十三式」的內容是「掤、攦、擠、按、採、挒、肘、靠、進、退、顧、盼、定」。我在感到新鮮之餘，覺得這是不可能的事，在一個圓中，實施掤、攦、擠、按、採、挒、進、退、顧、盼、定，還勉強說得過去，肘、靠就難以理解，我當時半信半疑。但是，我按照我寫書的原則，是整理，不是我的創造，當然有些內容在整理中是有加工的，主要的還是尊重他的意見。後來我將他的意見寫進了《秘傳趙堡太極拳》中《趙堡太極拳推手簡述》一節中。書中是這樣寫的：

「趙堡太極拳在推手中要求發放時『掤、攦、擠、按、採、挒、肘、靠、進、退、顧、盼、定』十三法在得機得勢時一剎那間全部實施。這種要求表面上看來是不可思議的，但趙堡太極拳傳人就是這樣傳習的。這種連環式的發放要得到老師的口授身傳，被發放者瞬間拋出丈餘，仆倒在地。」

現在回過頭來看，我們這樣寫是與杜元化所說的十三式的內容有出入。雖然有出入，但它可以說明幾個問題：

1.經由王海洲先生的傳授，我看到了在趙堡確實有十三式的傳授，儘管當時他們還沒有完整的整理他們祖傳的十三式的全部內容。他們一代一代相傳往往是分散的傳授，一個人不容易得到全部的東西，這是武術傳授的一種現象，一個老師往往將自己的技藝分散傳授給自己的徒弟和學生，各人各得其中的一技，得到全部的傳授的人是極少的。上面說的陳敬柏傳了八百餘人得他一技的只有十六人，得到大概的有八人，得到全部技藝的只有張宗禹一人。從趙堡太極拳的歷史看，得到「十三式」完整傳授的可能是任長春，所以杜元化在得到任長春傳授後完整地繼承了下來。

2.王海洲先生看到了趙堡太極拳在傳授上的弊病，他多次對我說，他從年輕時起，就下決心走訪所有活著的趙堡太極拳的前輩傳人，力求將分散傳授的趙堡太極拳的技法收集，故據他說，他的家境十分困難的情況下，先後到了不少有趙堡太極拳前輩傳人的地方去訪問。也實實在在地收集了不少趙堡太極拳前輩傳人得到的東西。因此，他在沒有看到杜元化《太極拳正宗》這本書之前，他將自己得到的「十三式」的傳授較早地在《秘傳趙堡太極拳》一書中披露。據查證，在一九九一年前出版的關於趙堡太極拳的書中，除了杜元化的《太極拳正宗》外，還沒有在書中說到過趙堡太極拳的「十三法一氣做到」這樣的內容。在這方面王海洲向社會公佈趙堡太極拳這一秘訣是最早的。在他看來，這在趙堡太極拳的傳授是核心的部分，故他在離開我處時才將這秘密的東西講給我聽。

3.當代其他趙堡太極拳傳人出版的趙堡太極拳的書中沒有這「十三式」的內容，與此相連的也沒有趙堡太極拳的七層功夫的內容，包括王海洲先生和我合作寫的兩本書中雖然提及這些內容，但是沒有展開基本的闡述，主要是過去趙堡太極拳內部沒有很好地組織力量對自家門派的精華進行整理。與此相反，被現在流行的太極拳同化了其中一些獨特的內容，如上面所說的十三式的內容被理解為現在流行的「掤、攌、擠、按、採、挒、肘、靠、進、退、顧、盼、定」，這是太極拳界的一個教訓。

4.至今，趙堡太極拳內部也還沒有對這「十三式」以及七層功夫進行系統的研究和闡述。筆者認為這是太極拳界的一件遺憾的事情。

現在我們對「秘莫秘於此」即「每勢要練夠十三字」進行分析，分析它是不是符合太極拳的練習實際，是不是對太極拳練習有現實的指導意義，也就是說，杜元化的這種說法是不是可操作，是否像他所說的那樣「秘莫秘於此」。

1.杜元化的這種認識具有較嚴密的內部邏輯體系。在他說明自己結論前，他用了很多篇幅來闡明趙堡太極拳的練法和各層功夫，他的結論是在前面深入論述的基礎自然而得出的，不是憑空而來的。對於杜元化前面的論述在前面筆者已經作了分析，從以上的分析看，杜元化所說的「每勢要練夠十三字」可以從他所說一步一步地了解到其中的基本意思。

2.杜元化抓住趙堡太極拳的根本特徵即「一圓即太極」去展開自己的論述，逐層深入地說明趙堡太極拳的七層功夫，這符合太極拳的源和理，這一思路人們還是可以有共識的。從這點上說，杜元化《太極拳正宗》的基本內容不算艱深，慢慢看還可以有所理解。

3.在實際操作中，杜元化所說的要「一勢一勢都練成空圈」，這不是很難做到的。他說練成空圈就算「合格」，這是大眾化的要求，是每一個普通的健全的人都可以練習的。它不是少數人所獨有的東西，從這點上說，杜元化將趙堡太極拳簡單化了，只要你有晝一個「空圈」的技能就可以練趙堡太極拳。

以上三點說明杜元化《太極拳正宗》所說的並不神秘，是人人可以練習的大眾化的老百姓可以練的太極拳。

4.杜元化的七層功夫說以及《太極拳十三式手法起源圖》、背絲扣、《背絲扣圖解》等不那麼容易理解，這些核心的東西作為一門拳的藝術，有它的神秘性和秘傳的範圍。他多次說到這樣的話：「秘戒學者慎重傳人，切勿濫授。」

筆者的交往範圍內有一些朋友，這些朋友有相當的太極拳方面的修養，但是，他們看了杜元化《太極拳正宗》的部分內容，感到其中所說很難看懂，這就是杜元化所說的秘傳的內容。作為一門拳的藝術，它有簡單化的一面，也有複雜化的一面，簡單化的一面是它的普及性，複雜化的一面是它的層次性。

正因為如此，所以千百年來，在太極拳的修煉上，練習的人很多，真正達到頂峰的人不多，這也是符合學拳的規律的。一般來說，只有那些各方面條件有所具備的人，掌握了一些學拳規律的人，才能在太極拳的修煉上有所成就。這不是故作高深，從太極拳的歷史上看就可以得到共識。

5.杜元化所說的這些人們一時還看不懂的內容，根據筆者的體會，只要有老師傳授趙堡太極拳，老師是實實在在練拳的、是得到正宗趙堡太極拳傳授的人。自己慢慢的結合老師所傳的拳架與推手的練習內容，有一定的文化基礎，假以時日是可以逐步理解到的。這裡有一個常識性的認識是要不斷地實踐體會，不在口頭上，而是在實踐中認識，在實踐中理解，相信是會有成功的一天。

六、《太極拳總論（附歌）》考

杜元化的《太極拳正宗》一書中專有一章，即《太極拳總論（附歌）》並署名是「河南懷郡溫邑趙堡陳清平」的。關於這篇《太極拳總論》和歌，現在已有一些文章對它進行了考證，特別是在九〇年代初期，一些考證文章有一定的水平。因為篇幅的原因，筆者不再一一引述。這裡就杜元化的《太極拳正宗》所涉及的內容說說自己的看法。《太極拳總論》和歌，現在出版的一些書中已經有了全文，為了敘述方便，這裡先全部引錄如下：

太極拳總論（附歌）

河南懷郡溫邑趙堡　陳清平

歌云：

舉步輕靈神內斂，莫教斷續一氣研。

左宜右有虛實處，意上寓下後天還。

一舉動周身俱要輕靈，尤需貫串，氣宜鼓蕩，神宜內斂。

背絲扣圖

歌云：

舉步輕靈神內斂。

勿使有凸凹處，勿使有斷續處。其根在腳，發於腿，主宰於腰，形於手指。由腳而腿而腰，總須完整一氣，向前退後，乃得機得勢。有不得機不得勢，其病於腰腿求之。

歌云：

莫教斷續一氣研。

虛實宜分清楚，一處自有一虛實，處處總此一虛實，上下前後皆然。

歌云：

左宜右有虛實處。

凡此皆意，不在外面。有上即有下，有前即有後，有左即有右。如意要向上，即寓下意，若將物掀起而加以挫之之力，斯其根自斷，乃壞之速無疑。總須周身節節貫串，勿令絲毫間斷耳。

歌云：

意上寓下後天還。

背絲扣為太極拳之母，是此拳徹始徹終功夫，此論此歌是教人單做背絲扣順逆動作之法，故以總稱之（見下圖）。

背絲扣圖

以上是《太極拳總論》和附歌及圖。

現在我們分析這篇《太極拳總論》和歌與趙堡太極拳的關係。

通觀杜元化《太極拳正宗》一書，我們發現杜元化手中還有沒有安排進《太極拳正宗》這本書的其他太極拳論。杜元化把這篇《太極拳總論》放進自己的書中，說明他看中了這篇論文。他手中還有其他什麼太極拳的古論呢？我們看一下《太極拳正宗》中的一段文字，在《太極拳溯源》中說：「如就此拳統論之，全是以人身比天地，細分之，又是以人身之動作仿太極。太極分動靜、屈伸、虛實、剛柔，包藏至道，略舉數端以明，並非無稽之言。怎見得？如說動靜、屈伸，歌云：靜分動合（註：其他書中是說動分靜合）屈伸就；說虛實，歌云：左宜右有虛實處；說剛柔，歌云：極柔極剛極虛靈；說至道，歌云：一羽不加至道藏。這都是按人身之動作與太極合，確確有據，世皆謂是。」從這段文字中我們可以知道杜元化得到現在看到的一些其他的古典太極拳論的傳遞，但是他並沒有讓這些拳論入書，只選擇了這篇《太極拳總論》和歌，將它們收進自己的《太極拳正宗》中。

對於這篇《太極拳總論》和歌，他署名為陳清平，這裡應該理解為陳清萍傳，為什麼？在此之前，他參與補訂陳鑫的《太極拳圖說》時，書的最後有《杜育萬述蔣發受山西師傅歌訣》一文，其中的第二篇與《太極拳正宗》中這篇《太極拳總論》和歌是一樣的。從題目上看，就明白地說明了此論此歌是蔣發從山西的師傅那裡得到的。所以說，這篇《太極拳總論》和歌是陳清萍所傳。

一九九一年，我到趙堡鎮訪問趙堡太極拳，陳清萍的另一個傳人和兆元的後人和學儉也出示過陳清萍所傳的一些古典太極拳論給我看。說明趙堡太極拳的傳人中有現在流行的那些古老的太極拳論流傳，杜元化得到這些古老的太極拳論的傳遞，所以他在出版太極拳書時，有選擇性的將他認為重要的拳論收進他的書中。

1.杜元化認為《太極拳總論》和歌是教人做背絲扣用的，而背絲扣的練法是趙堡太極拳的主要特徵，這篇拳論和歌是舉足輕重的了。這篇拳論和歌是怎樣教人做背絲扣呢？這得分析一下。杜元化認為，背絲扣有順逆的動作，這是指從外形上看的。做背絲扣的動作有練成空圈，不能有斷續和堆窪。這些《太極拳總論》都有要求，總論要求動作「勿使有凸凹處，勿使有斷續處」，練成空圈要完整一氣，要分清虛實。特別是「左宜右有虛實處」，要求「有上即有下，有前即有後，有左即有右。如意向上，即寓下意」等等，在這種理論指導下，背絲扣才能練出來。

從人體的內部說，做背絲扣的動作要求「氣宜鼓蕩，神宜內斂」，「凡此皆意，不在外面」等等，這些都是在練太極拳時必須運用的。但是，要做到這些要求談何容易。

2.這篇總論是指導趙堡太極拳技擊的綱領，它的內涵廣，不是三言兩語所能說完。撿重要的說，有高度概括的腰為主宰的太極拳支柱理論，有太極拳的圓運動的原理「將物掀起而加以挫之」的實用操作理論和方法等等。杜元化將這篇短論作為太極拳的總論是有他的道理的。

這裡只從這篇總論與趙堡太極拳的關係方面說明問題，所以不再作深入的分析。

3.現在解釋這篇總論後面所附的兩個圖。

現在有書轉載了這兩個圖，但是不知是轉載者不了解這圖的內容，還是其他原因，將這兩個圖搞成分不清層次了。這兩個圖是有著深刻含意的，看懂了這兩個圖就可以說基本能理解了趙堡太極拳的很多內容。

先看第一圖，第一圖下面有右手陽、左手陰、左手陽、右手陰四行字，圖是半個太極圖，圖中有陽變陰三個字，S形的彎內有陰變陽三個字。一般人開始看這個圖時，不知道是什麼東西，主要是沒有看到半圓和S形的圖是由表示陰陽的線段組成的，這些線段一共分為七組。我們從左邊看起，半圓的第一組是六條白線，表示陽，也表示右手從全陽開始。第二組是五條白線在上，下面是黑線，但是這黑線中間斷開了，這組表示五陽一陰，也表示右手由全陽變成五陽一陰了。第三組上面是四條白線，表示四個陽，下面二條是黑線，中間斷開表示二個陰，也表示右手由五陽一陰變成四陽二陰。依此類推，第四組是表示右手有四陽二陰變成三陽三陰。第五組是表示右手由三陽三陰變成二陽四陰。第六組是表示右手由二陽四陰變成一陽五陰，第七組是表示右手由一陽五陰變成全陰，所以半圓內的字是陽變陰。

我們再看S形圖中的線段。此圖也是從左邊看起，第一組是由六條中間斷開的黑線組成，表示左手從全陰開始。第二組上面是五條中間斷開黑線，下面是一條白線，表示五陰一陽，也表示左手由全陰變成五陰一陽。第三組是上面四條中間斷開的黑線，下面是二條白線，表示左手由五陰一陽變成四陰二陽。依此類推，第四組表示左手由四陰二陽變成三陰三陽。第五組表示左手由三陰三陽變成二陰四陽。第六組表示左手由二陰四陽變成一陰五陽。第七組表示左手由一陰五陽變成全陽，所以，在S形的彎中的字是陰變陽。

我們已經破譯了上圖的圖像和文字的內容。單此還不夠，此圖表示的意思是什麼必須進一步弄清它。

我們以具體的拳式為例說明這個圖的實際操作意義，比如「雲手」，設右手在右上是實，是全陽，左手在下是全陰，此時，右手是半圓圖中的六條白線，是六個陽。左手是S形圖中的六條斷開的黑線，是六個陰。當動作向左運轉時，雙手均向左畫圈，右手往下，左手往上，此時兩手的陰陽就互變，實際操練時，左右手各畫半個圈，我們將這半個圈分成六等份，當右手往下畫半圓的弧的六分之一和左手往上畫半圓的弧的六分之一時，那麼右手是五陽一陰，左手是五陰一陽，右手是處於半圓圖中的第二組，左手處於S形圖中的第二組。

依此類推，當左手畫圓弧到左上定位時剛好是全陽，是S形圖中的第七組。同時，右手也畫圓弧到胯前定位，剛好是全陰，是半圓圖中的第七組。

這樣，我們破譯了這個圖與拳的動作相聯繫的基本內容。但是這還不夠，這個圖還應該能指導推手技擊，否則它的意義是不大的。現在我們再來看這個圖是如何指導推手、技擊的。

當兩人互相接手時，一般來說兩人的兩個手分別是一前一後的，四手相接成了一個太極圖的形狀。一方弓右腿向前，一方坐左腿相應。弓腿一方以雙手按對方的左腕肘，坐腿一方以左腕肘接對方雙手，右手管住對方的左肘。在攻防變換時，弓腿一方逐漸向後坐腿，前手也逐漸由全陽慢慢變為全陰，後手也由全陰慢慢變成全陽。而原來坐腿一方逐漸變成弓腿，前手慢慢由陽變陰，後手慢慢由陰變陽。身與雙手互變時，無論快慢，都是由全陰或全陽變成全陽和全陰，這樣就能實現一般的攻防目的。

以上所說的，是按照第一圖在半圓和S形圖中運行的。

現在我們再看第二圖，第二圖有一個錯字，圖下豎的四行字，從右邊讀起是：左手陽，右手陽的「陽」字應該是「陰」字。

這個圖是第一圖的繼續，第一圖是從右手全陽、左手全陰開始，運動到右手全陰、左手全陽止。第二圖是接著從左手全陽、右手全陰開始，左手慢慢的由陽變陰，右手慢慢的由陰變陽。

這兩個圖合起來就是一個太極圖，是一個圓。

無論是練拳還是推手技擊只要是運用太極拳的方法，都離不開這兩個圖，看明白這兩個圖了，自覺地運用這兩個圖所揭示的原理來應用於練拳和推手、技擊的實際，就會在思想和實踐上獲得一定的效果。如果沒有這些原理來指導，可能會懵懵懂懂的一混練去，效果可能會不太理想。

現在我們看到，杜元化在說明趙堡太極拳的種種拳理時，他創造性運用了無極、太極、陰陽、八卦的原理，恰到好處地結合太極拳的練法和技擊來進行分析和說明，讓人感到沒有牽強附會，只是學者必須具有一定的傳統文化的知識才能更好地理解它。這也是杜元化的《太極拳正宗》讓人讀起來感到困難的地方。

七、對《太極拳十三式手法起源之圖》中三句話的解釋

前面我們已經對《太極拳十三式手法起源之圖》作了詳細的分析，但是有三句常見的話沒有作解釋，現在對它們進行解釋。

我們看太極拳十三式手法起源圖，在圖的中間有一行字，這行字的中間部分是：「主宰者理」，上是「流行者氣」，下是「對待者數」。現在逐一進行解釋。

一、主宰者理

「主宰」是什麼意思？「主宰」是掌握、支配，也指處於掌握、支配地位的人或事物。這裡指太極拳受什麼東西來支配？是「理」。「理」是指一種道理。這種道理就是前面解說過杜元化在書中所說的那些原理，在這裡集中一點是指「天地根源」之理，是無極、太極、陰陽、八卦這些傳統文化與作為太極拳的指導思想之理。學習太極拳要明白這些「理」，才能從根本上掌握太極拳。

從宏觀上說，世界上有一種藝術，它總是有一定的原理來指導，這些原理是受實踐證明是正確的，它才能成為一種藝術的指導原理。一旦這種指導原理成為了真理性的認識，能指導人們去理解和實踐這種藝術。這種「理」是有用的，是能引導人們走進這種藝術的殿堂的。

「理」是處於支配地位的，它是不以人們的意志為轉移的。練太極拳的人，必須懂得太極拳的「理」，將這種「理論」運用到太極拳的實際練習中去，才能收到自己預想的效果。沒有聽說過，不懂得太極拳的「理」，盲目地練去，能將太極拳的功夫練成的。

在現實中人們常常碰到這樣的事，很多人練太極拳練有一定的時日，功夫老是上不去，自己很苦惱，但是找不到門道。這種人往往是對太極拳的「理」不理解，沒能實實在在地在太極「理」上下功夫去理解、去體會，掌握它的基本原理，讓這些基本原理與自己的實際練習結合起來，檢查自己哪些練習是符合太極拳「理」的要求，哪些與太極拳「理」的要求有距離。找出來了，按照一定的「理」來練拳了，可能功夫會慢慢上了。

二、流行者氣

關於「氣」上面已經說過，筆者在這裡不去分析「氣」的存在與否，只是沿用傳統文化中關於「氣」的認識來分析，杜元化說的「氣」也是傳統文化中所說的「氣」。筆者反覆說過，本文只分析杜元化的《太極拳正宗》的內容，不重裡面的一些有爭議的傳統文化中的一些概念的分析。

在傳統的太極拳中，共識的是人們在練太極拳時，是使「氣遍身軀不稍滯」（《十三勢歌》），讓人體中的「氣」周流全身，氣血流行，筋絡暢通，在自身能身體健康，在與人對抗時，能以最快的速度與別人「通氣」，借別人的力來打擊別人。

從筆者接觸的功夫高的太極拳家身上看，他們的身體反應十分靈敏，他們在與人推手時，瞬間可以接通對方的「氣」，借到別人的力，在這種情況下，對方已經沒有還手之力。

知道練拳是練自己身體中的「氣」，使自己通過練拳，練通了自己身體的通道，這些通道包括「毛孔為血梢」的毛孔，如果像杜元化所說的氣練到了毛孔，那麼「流行者氣」就達到了高的層次。

三、對待者數

對待的字面意思是明瞭的，這裡指太極拳的推手和技擊，一方「對」人，一方如何「待」人。「對待」不是單指一方，而是指雙方。「對待者數」，關鍵是「數」。「數」的本意是數目、數量，這裡也是這個意思。在太極拳的功夫方面，已經懂得一定的太極拳的「理」，身體中的「氣」也暢通，可以與人「對待」了，那麼就得掌握「數」。

這裡先用《太極拳十三式手法起源之圖》以及杜元化所畫的兩個半圓圖中的語言作說明，與人「對待」，自己是用二個陽還是三個陽，是用五陽一陰還是用三陽三陰，這就是「數」。用少了，是不及，用多了是過。這個「數」掌握不好，談不上有太極拳的功夫，是盲目的亂打。用現代的科學的語言來說，是要有一個量的概念。與人對抗，自身具備有一定的功夫後，就得在身體的反應上，有量的分析，也就是一些古典太極拳論中說的手上要有分寸，分寸就是「數」。

《太極拳論》中說：「無過不及，隨曲就伸。」這點說起來容易，做起來何其難。這裡只解釋「對待者數」的意思，明白了與人對抗，有一個量的觀念即可，如何去做才能掌握這「數」不是本文的任務。

八、分解《太極拳正宗》前六個動作及背絲扣圖再破譯

這裡分析解說《太極拳正宗》的前六個動作，目的是因為書中的背絲扣圖比較難理解，筆者試圖分解這六個動作，想為研究《太極拳正宗》這本書的人提供一些基礎的認識。分解工作是較難的工作，所說的不一定符合杜元化寫作的原意，只是就自己的認識來作一些探索。本書在後面附有《太極拳正宗》原書，這裡依照背絲扣的圖和動作一起作分解。

杜元化寫動作圖時在書中議定了《太極拳啟蒙練法四則》：「一、動作。上下前後左右往來為動作；二、變化。自無而有，自有而無為變化；三、姿勢。動作變化擺成架勢為姿勢；四、方向。立足位置不復挪移為方向。」這是他寫趙堡太極拳動作圖的四條要求。

寫這些分解的內容是將背絲扣的圖和動作的圖文一起結合來寫。閱讀時請將所寫的文字對照《太極拳正宗》書中的背絲扣圖和動作圖文一起閱讀。

第一式：金剛搗碓

書中說：「總解：開始站時如齊，必須兩腳寬窄與兩膀相等，猶須中正不偏不倚，穩如山固。立如杆直。左腳不動，其距離以右腳規定之。至於兩手從大腿外微向後側面一去，虎口朝前，一齊合於兩大腿之前側面。其動作要直，要順，要合，要大小節俱活，要切忌不犯撇、停、流水為上為貴，方為合格。其要旨以敬靜為主。」這段話筆者在引述時加上了標點，由於杜元化是用半文言文寫的，現在用現代語言解釋一遍：

練拳開始時，兩腳站立平行，面向南，兩腳的距離與兩（肩）膀相等。兩腳如何站成這樣呢？是左腳不動右腳向右開步，右腳落步時注意落到與兩膀相等的寬度。身體要中正，像杆子一樣直立，不要偏歪，站立像山一樣穩固。

兩手原是在兩大腿外側，做動作時兩手向後側轉動，轉至虎口朝前，再轉至兩大腿前側面。所有的動作要做到「三直」、「四順」，各大小關節要活，不要犯撇、停、流水這些毛病。做這動作時要緊的是做到自然、鬆靜。做到這些，就合格了。

其他內容可參看《太極拳正宗》中本節「姿勢」中的內容。

以上與一些派別的太極拳起勢大致相同。

「金剛搗碓」(1)：書中標為(2)是有誤。以後的敘述不再引述原文。現在解釋「動作」原文，並解說「金剛搗碓」的背絲扣圖(1)：接上式，兩手掌展開，經腿外稍向下向前抬起，虎口向上，再向上向前畫圓弧至胸前與心口平，兩手手指結住（「結住」是原文，從圖上看兩手指相距一二寸左右），兩手臂結成一個空圈，兩手是不貼身的。至於兩手與身體的距離看自己結成空圈的情況，一般在一市尺左右。

以上的敘述已經包含有解說背絲扣圖的內容。為了更清楚地說明背絲扣是手的運行線軌，現在再根據背絲扣圖解說。我們看背絲扣圖中的左手動作，圖中文字是：「左起——下——折上——折前——平——左止。」表示左手稍向下再往上抬起，往前再往胸前與右手相合。左手運行的是順圈，右手與左手是同步運轉的，左手運行的是逆圈。雙手是相向運行。看明白了這個背絲扣圈，基本上等於破譯了全部的背絲扣圖，以後的背絲扣圖有的手上的動作複雜，在文字表達上可能有困難的地方，但是作為背絲扣的基本內容已經破譯了。

「金剛搗碓」(2)：「動作」，左手向右上抬起，同時左腳也抬起，左手左腳向左斜（東南）下畫圓弧，左腳腳跟著地，左膝自然伸直，腳尖翹起，左手在左膝外。

右手向上畫圓弧至眼高，面向西南，右腳尖轉向西南。其他內容可參照「姿勢」的內容（由於原書解釋動作和姿勢的文字有一定的跳躍性，請閱讀時注意參照看原文。——作者）。

背絲扣圖(2)：「左起——折下——左止」，表示左手向下運轉。「右起——折上——右止」，表示右手向上運轉。

「金剛搗碓」(3)：「動作」，右手向下畫圓弧至右膝上方時右手、右腳一起向前，右腳向左腳旁上步，右手置大腿外側，左手向上畫圓弧至胸前。面轉向南。其餘參照「姿勢」中的文字。

背絲扣圖(3)：「右起——折下——右止」，是表示右手向下向前運轉。「左起——折上——左止」，是表示左手向上向胸前運轉。

「金剛搗碓」(4)：「動作」，右手握拳向前向上向裡畫一立圈至胸前，右腳也隨著抬起落在左腳旁，兩腳距離與兩膀同寬。同時左手向下向前向裡畫一立圈至於胸前與右手相合，抱住右拳。其餘參照「姿勢」文字。

背絲扣圖(4)：「右起——右上——折下——右止」，是表示右手向上向裡向下至胸前停止。「左起——左下——折上——左止」，是表示左手向下向前向裡運轉至胸前停止。

第二式：懶擦衣

「動作」，接上式，兩手（右拳變掌）稍往右隨即向左向下畫圓弧，左腳也同時向左移動一步，右腳隨左腳往左移動，左手在左膝上，右手在襠前。

右手向右畫圓弧至眼高，手掌朝前，右腳同時向右邁一步，右手與右腳上下相對齊，左手畫圓弧至左肋處貼住左肋，面向南不變。

背絲扣圖：「左起——左下——折回——左止」，是表示左手稍向右再向左接著折回到左肋處。「右起——右下——折上——右止」，表示右手稍向右隨即往下再折向上至定式處。

第三式：單鞭

單鞭(1)：「動作」接上式，兩手稍向上隨即向左向下再轉向右上畫圓弧，右手與眼同高，左手略低，同時左腳抬起往右腳旁上步，腳尖點地。面向南。其餘參照「姿勢」文字。

背絲扣圖(1)：「左起——上——下——折上——左止」，表示左手稍向上後往下再轉向上向右。「右起——上——下——折上——右止」，表示右手先向上後向下再轉向上向右。圖中有兩個「外」字是表示兩手均在身前運轉。

單鞭(2)：「動作」，兩手向右下方按下，左手在右膝左側，右手在右側，身下蹲，胯與大腿平，左腳變實。其餘參照「姿勢」文字。

背絲扣圖(2)：「左起——平——折上——折下——左止」，表示左手稍向前然後向上再轉向下至膝左側止。右手運轉的路線與左手成平行的弧線。

單鞭(3)：「動作」，兩手向上與肩膀同高時兩手向左右拉開，左手畫圓弧至左前方，右手畫圓弧向右後方與右腳上下相對，手掌變勾手。其餘參照「姿勢」。

背絲扣圖(3)：「左起——折上——左止」，表示左手向上向前畫一圓弧。「右起——折下——右止」，表示右手稍向下後向上畫一圓弧。

「單鞭」的動作分解成三個分動作，但是將它們聯起來手的動作是連成空圈的，所以在動作與動作的連接過程中注意使動作構成空圈，不是一個分動作與另一個分動作互相分離。在前面兩個動作和今後的動作分析中也一樣貫穿這種認識。

第四式：變金剛搗碓

變金剛搗碓(1)：「動作」，接上式，兩手稍向上後往後轉隨即往前，兩腳在手轉換時，重心移至右腳，兩手與兩腳上下相合。面向南。其餘參照「姿勢」文字。

背絲扣圖(1)：「左起——上——折下——左止」，表示左手先向上後轉向下。「右起——上——折下——右止」，表示右手先向上後轉向下。因為是平面圖，圖中未標明向後的文字，實際上有兩手向後的動作。

變金剛搗碓(2)：「動作」，左腳向前上步，右腳移至左腳旁。同時左手向下向前向裡畫圓弧至胸前，右手向下畫弧至右腿外側。這個動作與「金剛搗碓」的第三個動作大同小異。

背絲扣圖(2)：「左起——下——上——左止」，表示左手先向下再向上畫一圓弧。「右起——上——下——右止」，表示右手向上向下畫圓弧。

變金剛搗碓(3)與「金剛搗碓」(4)相同。

第五式：白鵝亮翅

「動作」，此式定式面向正東，根據定式要求，動作的過程是這樣：左腳退一步，右腳移至左腳旁，腳尖點地。兩手向下畫圓弧，左手置左膝外，右手置襠前。身轉向東，右腳向東進一步，左腳移至右腳旁，腳尖點地。兩手同時轉向上向前畫弧置身右前，右手與眼同高，左手略低。其餘參照「姿勢」文字。

背絲扣圖：「左起——左下——折上——左止」，表示左手向下再轉向上。「右起——右下——折上——右止」，表示右手向下再轉向上。

第六式：摟膝拗步

摟膝拗步(1)：「動作」，兩手向外分開再以手腕相交叉下按至膝蓋，左手在右手上。左腳向左邁出一大步，右腳踏實，左腳虛，面向東。其餘見「姿勢」文字。

背絲扣圖(1)：「左起——上——下——折上——（左止）」，表示左手向上再稍向下、轉向上然後向下與右手相合（此背絲扣與文字表達稍異）。右手動作為左手的反方向。

摟膝拗步(2)：「動作」，重心移至左腳，兩手向左右膝分開至兩膝外，左手繼續繞左膝摟向背後（貼住左腰脊），右手繼續向上畫圓弧至身前，手心上左，手尖與鼻同高。

背絲扣圖(2)：「左起——折後——後——左止」，表示左手向左向後畫圓弧。「右起——折上——前——右止」，表示右手向右向上向前畫圓弧。

摟膝拗步(3)：「動作」，右腳提回襠前再往後退半步踏實，身轉向東南，右手隨身轉至右肋前；左腳往回提半步，腳尖點地，左手隨身轉至左膝上。

背絲扣圖(3)：「左起——折上——左止」表示左手向上向前。「右起——折下——右止」，表示右手向下向身前畫圓弧。

摟膝拗步(4)：「動作」，左腳向左前邁一步踏實，右腳跟上一步，兩腳前後併立（書中原話，右腳是虛步）。同時，左手下按至左腿外側，右手上提至右眼前。其餘參照「姿勢」文字。

背絲如圖(4)：「左起——折下——左止」，表示左手向下畫弧。「右起——折上——右止」，表示右手向上畫弧。

以上分析了《太極拳正宗》一書中的前六個動作和背絲扣的圖，筆者認為，這些動作和現在趙堡太極拳傳人所傳授的趙堡太極拳大同小異。但是從所描繪的圖來看，杜元化所傳的趙堡太極拳是很有特點的。特別是身法、步法、胯等的要求很嚴格，練拳坐、蹲得很低，現在很難看到有這樣的練法。可以想見當時或者更古的趙堡太極拳是一種很難練的拳種，是一種很上功力的拳種。

從這六個動作看，《太極拳正宗》的難點背絲扣已經基本破譯了，背絲扣是手運轉的線路軌跡，這種軌跡有向有背，有順有逆，變化複雜，但是，認真去研究體會還是可以摸到它門徑的。

現在有一個重要問題是杜元化對背絲扣是十分重視的，上面這樣分析只是破譯背絲扣的圖，對背絲扣的作用還沒有破譯，雖然上面分析過背絲扣的一些內涵，但是它的作用沒有說清楚，在解說了這些動作後再著重破譯背絲扣的作用。

杜元化認為背絲扣是太極拳徹始徹終的功夫，他「切望練斯拳者要以斯圖為必有事」，意思是要練拳的人一定要重視對背絲扣圖的認識，不可一般看待。他認為背絲扣有兩方面的重要作用：

一、由背絲扣去「尋著太極拳之真門徑」。這句話的意思是如果不懂背絲扣，就找不到太極拳的入門途徑。這樣說背絲扣的重要性已經說到盡頭了。如何證實背絲扣在趙堡太極拳中如此重要，我們只得從前面解說過的動作去尋找。

背絲扣的表現形式是一向一背、分順分逆，像太極圖中一明一暗的曲線一樣，這種背絲扣要在動作中練出來，在使用上能發揮效能，否則就顯不出它的作用。那麼背絲扣是否在動作中能產生作用呢？我們進入具體動作中的背絲扣使用分析看看。

從上面所分析的六個動作我們看到，「金剛搗碓」的背絲扣第一圖是手畫一個順空圈、一個逆空圈。第二圖是兩手一左、一右的背向畫圓弧。第三圖是兩手一上、一下畫圓弧。第四圖是兩手一裡一外也是一上一下的畫兩個立圈。背絲扣的表現方式在這一式中是很豐富的，這種背絲扣的練習除了讓人熟悉轉圓之外，在用法上有它的多種效果。

第一圖是對付對方向自己胸前擊來的手的，第二圖可以用來對付對方擊來的手並轉為順勢擸對方使對方往自己的右側跌出，第三、第四圖是上下捆對方擊的手的。如

果對這些背絲扣的作用認識清楚了，在對敵中就可以隨意使用，有時一個背絲扣圖中可以變化為若干種用法。當然背絲扣的運用要與練拳者的身法及拳涉及的各方面的要素配合在一起才能用得上，是整體上操作，這是要明白的。

背絲扣這種在技擊上的認識可以結合上面分析的七層功夫來說明，從第一層「捆法」看，背絲扣的運用是很形象和很明白的。要捆一樣東西，兩手是要背向拉動並要求兩手的動作互相扣緊，在交手中將人捆住也一樣。我的手與對方的手接觸，我通過得到機會後將對方的兩手連同身體一起捆住，配合身法，對方就無法反抗而失敗。

為什麼叫背絲扣而不叫順絲扣或什麼扣呢？杜元化認為太極拳的動作姿勢像背絲扣，他說：「試觀空圈之中恍恍惚惚其氣機發出一種現象，一向一背，分順分逆，非像夫背絲扣乎？非像夫太極中一明一暗之曲絲乎？故以背絲扣名之，實以背絲扣代之。」杜元化在這裡講得很清楚，他認為所有的太極拳動作都是由向、背、順、逆的動作組合起來的，這些動作是一明、一暗的，所以以背絲扣的名稱來代替。這樣背絲扣這一概念又得到了進一步的破譯。

二、由背絲扣「準可造出太極拳之真鉛汞」。這點是趙堡太極拳修煉的主要目標。先解釋什麼是「鉛汞」。「鉛汞」原是指煉外丹的兩種主藥，又泛指外丹之術。「鉛汞」也是內丹的術語，指元神元氣，是煉內丹的「藥物」。

《重陽真人授丹陽二十四訣》中說：「丹陽又問，何者為鉛汞？祖師答曰：鉛者是元神，汞者是元氣也，名曰鉛汞。」「鉛汞」還有指「元精元神」的。《鐘呂傳道集・論鉛汞第十》中說：「腎中之水，伏藏於受胎之初，父母之真氣，真氣隱於人之內腎，所謂鉛者此也。」「心氣太極而生液，液中有正陽之氣，所謂朱砂者心液也。所謂汞者，心液之中，正陽之氣是也。」

以上引述的這些說明「鉛汞」是道家外丹和內丹修煉的「藥物」。杜元化這裡說的「太極拳之真鉛汞」是指太極拳背絲扣能煉出人的內丹，使心腎相交，水火既濟，以神意運煉精氣，使元神、元氣和合成丹，達到人的身體的強健壯實。

杜元化提出了背絲扣具有這種煉丹的功能，並沒有具體說明其原理和練習過程。現在對這一問題進行解說。杜元化在他的書中說過：「每一動作行於四梢，此為練拳之必要。」他沒有說明什麼行於四梢，由哪裡開始行到「四梢」，也沒有說明行到「四梢」後接著如何回來，又回到哪裡。過去人寫書，特別是寫一些屬於秘術的書，往往是有一些保留。從整體上看，杜元化應該有將這點寫清楚的表述能力，但是他沒有寫明，是不是他也有一些保留呢？因為要造出「太極拳之真鉛汞」這點不寫清楚就無法進行練習，就無法去造「鉛汞」。

現在我將自己了解到的趙堡太極拳在這方面的練法要求補上，就是：每一動作氣由丹田行至四梢，再由四梢回到丹田。那麼這種要求和練法與背絲扣有什麼關係呢？關係太重大了。趙堡太極拳要求手轉動的方向與丹田的轉動方向一致，手上背絲扣的動作與丹田的轉動方向是相同的。同樣，腳的動作與手上的動作轉動方向也是一致的，手腳與丹田是一致轉動的。在趙堡太極拳練習中，能做到這樣可不是一件容易的事，如果做到了，全身的大周天就基本打通了。打通了大周天，可以說能造出了太極拳的「真鉛汞」了。

現在回到背絲扣與丹田的關係上來，背絲扣主要是手上的動作，手的動作不斷的做背絲扣，丹田相應的轉動，丹田的轉動又催動手上背絲扣的動作的轉動，這點是趙堡太極拳秘傳的練法。開始練拳時，手上的背絲扣的動作是難以與丹田相聯繫一起轉動的，慢慢的練拳多了，手的背絲扣的動作能帶動丹田的轉動了，以後練到高級的階段，是由丹田帶動手上的背絲扣動作的轉動，到了這時，趙堡太極拳的功夫算是練成了，而太極拳的「鉛汞」也煉成了。

從上面杜元化說的這兩點背絲扣的作用看，背絲扣確實是趙堡太極拳的「必有事」，研究杜元化的《太極拳正宗》一定要徹底弄清楚杜元化說的背絲扣的內容，這樣才能從《太極拳正宗》中得到真正的收穫。

是否可以說，到此背絲扣的基本內容已經得到了大部分的破譯了。

杜元化《太極拳正宗》和陳鑫《太極拳圖畫講義》的對比研究

筆者手中有一本陳鑫的手抄本，書名為《太極拳圖畫講義》。《序》後署「大清光緒三十四年歲次戊申冬十一月上浣溫邑陳鑫序」，書前面有「中華民國十八年五月杜敬嚴識」，即杜敬嚴寫的《太極拳圖畫講義》敘，七十五歲舉人鄭濟川於中華民國九年庚申中秋寫了序言，中州汲邑翰林文獻李修燦寫於中華民國十年小陽月的序言，武陟進士王士杰寫於中華民國九年庚申的序言，署「愚甥拔貢舉人萬卿徐文藻」寫於中華民國十年八月的序言，署名溫如郭玉山寫於中華民國十七年三月三日的序言，署武陟木欒店舉人佩珊任延瑚寫的序言等。「大清光緒三十四年」為一九〇八年，也就是此手抄本是陳鑫最早的關於陳式太極拳的著作，沒有人修訂過的原始著作。他與後來開明印刷局於一九三三年出版的《太極拳圖說》有很大的差別。筆者以它的內容與杜元化的《太極拳正宗》相比較，看看其中的異同。

下面從成書的背景及作者、源流、結構、架式、理論及概念、練習要求、功夫層次等方面進行對比分析。

一、《太極拳正宗》和《太極拳圖畫講義》的寫作背景

陳鑫一九〇八年決定寫作他家傳的太極拳書，其時，正處於帝國主義列強瓜分中國、中國政局動蕩不安的時期，也是辛亥革命的前夕。在這種情況下，他開始寫作的動因從一九〇八年的《序》中可以看出有這麼幾點：

一、擔心「失我家傳」。他說：「今者幾既恐日月?矣，歲不我與，又恐門戶分別，失我家傳，敢自秘哉。所以養蒙之暇，急為顯微闡幽，繕寫成書。」

二、從社會作用上，陳鑫說：「上可為國家禦盜賊，下可為身體強精神，遠可紹先人之遺業，近可啟後進之新機。」「是書家傳則可，至於售世，非愚所敢望也夫。」從這些話看，陳鑫是想將自己的家傳的太極拳整理出來，流傳下去讓後人掌握，對強身對社會起一定的作用。

陳鑫在這篇序言中沒有談及社會上的太極拳的問題，可見當時當地及河南的太極拳界沒有這方面的問題。他只是談他家傳的太極拳是「明洪武五年，始祖諱卜耕讀之暇以陰陽開合運轉周身者，教子孫以消磨飲食之法，理根太極，即名曰太極拳。」說明太極拳是他陳家的家傳拳。

從陳鑫去世後出版的《太極拳圖說》中的《自序》一文中我們看到他寫《太極拳圖說》的時間是「自光緒戊申以至民國乙未，十有二年，其書始成。」他前後寫了十二年才寫成，接著是「繕寫簡冊，雖六月盛暑不敢懈也。」從前後這兩篇序言看，文字上沒有原則性的改動，特別是沒有涉及社會上的太極拳問題。

杜元化的《太極拳正宗》出版於一九三五年，他寫書時間從他的《自序》中可以分析到。他在「民國二十年本省立國術館考取武士餘叨列評判。老畢即設班訓練，又充教授。至第二期學員親自積資邀余將余所學編輯成冊，以備摹仿，那知冊成未印……」關於《太極拳正宗》出版的情況，上面已說過。杜元化寫書時間應該是在一九三一年至一九三五年之間。此時的中國，內戰烽火連接，日本入侵東北，華北危急。在這種情況下，杜元化寫《太極拳正宗》主要是將趙堡太極拳代代相傳的情況以及一種拳的完整的體系寫出來，書中也沒有涉及社會上太極拳的問題。從現在掌握的資料看，當時的河南省也沒有能說明在太極拳方面有紛爭的情況。

從以上看，陳鑫和杜元化兩個人在寫自己的書時，當時兩種太極拳是並存的。從當時河南國術館長和副館長所寫的序言和題詞看，河南省的太極拳氣氛很濃，很平和。

陳鑫和杜元化兩人相差二十歲，杜元化是一個較為活躍的文化人，他也曾以教書為業，與陳鑫相同。他倆是否有接觸？這是一個值得關注的問題。從民間傳說，他倆有過接觸。從文字記載看，他倆也有過接觸。在處理陳鑫遺著的出版上，杜元化也作為「訂補者」列入「新刊訂補陳氏太極拳圖說姓氏」之中。

關於民間說的杜元化和陳鑫相接觸的情況，現在沒法有準確的說法，而在文字記載上可以找到一則。被稱為「中國武術太極拳科學化、實用化的奠基人」、「是中國當代首位太極拳家，譽滿中國和全世界」（前北京市武術運動協會主席李光語）的吳圖南先生著的《太極拳之研究》一書中記載有他在訪問陳鑫時見到杜元化的情況，可見杜元化和陳鑫是有接觸和交往的，兩人有一定的聯繫。

後來河南國術館安排他與「南陽王諦樞圜白」一起訂補陳鑫的《太極拳圖說》，據說杜元化為陳鑫的《太極拳圖說》訂補了《任脈督脈論》、《重要穴位並歌》、《杜育萬述蔣發受山西師傳歌訣》三篇文章（河南張杰：《太極拳家杜元化》）。

為什麼河南國術館的領導安排他做增補工作，當時的編輯者陳鑫的胞侄陳雪元、陳春元，參訂者孫女陳淑貞、孫男陳金鰲、孫男陳紹棟這些陳鑫的後人是否同意這樣增補，現在不得而知，但是可以推想，當時應該是沒有什麼意見的，大家認可才能那樣做的。從以上也可看出在沒有什麼社會外來影響的背景下，當時的太極拳的氣氛是平和的，同時也可以推想到，杜元化與陳鑫是有一定的交往的，由此對陳式太極拳也有一定的認識，他的增補的工作才得到大家的認可。儘量還原當時的情況，是不是這樣，有待了解情況的人來證實。

由於當時河南的太極拳界學術上以民間為主，自由競爭、自由發展，陳鑫的《太極拳圖畫講義》和杜元化《太極拳正宗》這兩本太極拳書代表了當時河南太極拳界的最高水平，給後人留下了寶貴的遺產。

從現在掌握的資料看，在陳鑫的《太極拳圖畫講義》之前，陳式太極拳沒有書面的可考證的完整的太極拳系統的拳書，陳鑫的手抄本《太極拳圖畫講義》出現後，陳式太極拳才有了可考證的、完整的沒有爭議的原始資料。

同樣，從現在掌握的資料看，趙堡太極拳也沒有發現完整的早於杜元化《太極拳正宗》的拳書，也沒有發現可考證其他完整的文字資料，趙堡太極拳門人傳遞的《九要論》，其他門派也認為是自己門派的古典拳論。

由此看來，陳鑫的《太極拳圖畫講義》和杜元化《太極拳正宗》是太極拳畫時代的著作，是陳式太極拳和趙堡太極拳畫時代的總結。

由於這兩本書是這樣產生的，所以書中的內容較為原始可靠，可作為提供給今人研究的客觀資料。

二、源流

關於杜元化《太極拳正宗》中所說的趙堡太極拳源流問題，上面已經說得很清楚了。這裡要說的是杜元化是在參加訂補陳鑫的《太極拳圖畫講義》以後寫完自己的《太極拳正宗》一書的，此間，他經過了長時間的調查和研究，也學習了趙堡太極拳多年，從他一九〇五年開始學習趙堡太極拳到他寫作《太極拳正宗》，經歷了二十年的時間。他在對陳式太極拳有一定的認識的基礎上來寫趙堡太極拳的，當然也對陳式太極拳的源流有認識的基礎，來寫趙堡太極拳的源流的。他寫趙堡太極拳的源流是不受任何社會的政治、經濟、文化，或其他人文的因素影響的情況下寫的，是一種客觀的師傳記錄。

陳鑫在他的《太極拳圖畫講義》中寫陳式太極拳的源流，上面說的是寫於一九〇八年的《序》中說的陳式太極拳是「明洪武五年始祖諱卜耕讀之暇而以陰陽開合運轉周身者，教子孫以消磨飲食之法，理根太極，即名曰太極拳。」從這段話理解，陳鑫認為，陳卜以前就有太極拳。在《著》一節中，陳鑫說：「我陳氏山西遷溫，帶有此藝，雖傳有譜，亦第圖畫，義理亦未之及。」這裡陳鑫再次說明陳家在山西居住時就有太極拳傳遞，有拳譜，有圖畫，但沒有理論傳下來。如果陳鑫可以作為陳式太極拳的代表的話，他說的陳式太極拳的源流是很清楚的。

到陳鑫將自己的書寫完後，已經過了十二年，他對序言作了一些修改，但是沒有大的修改。源流上將「洪武五年」改為「洪武七年」，其他沒有什麼改動，其時已是一九一九年。從陳鑫和杜元化提供給我們現在可考證的這兩派太極拳兩本書中提及的關於太極拳的源流方面的說法，現在看來，是他們各自門派的實際情況的記載。他們是平衡發展的民間太極拳派自己談談自己門派的事情，這是很自然正常的。

現在可以概括地說：陳鑫說，陳式太極拳是在山西就有的，遷徙到溫縣時是陳卜帶著太極拳來的。杜元化說，趙堡太極拳是師承蔣發，天地根源，追溯到老子。

三、結構

從《太極拳正宗》和《太極拳圖畫講義》提供的兩種太極拳的拳譜名稱排列看它們的異同，現在將它們分列如下：

《太極拳正宗》	《太極拳圖畫講義》
杜元化	陳鑫

太極拳目錄

（第一節）

1.金剛搗碓

2.懶擦衣

3.單鞭

4.變金剛搗碓

（第二節）

5.白鵝亮翅

6.摟膝拗步

7.斜行拗步

8.建前堂

（第三節）

9.披身捶

10.合手

11.出手

12.肘底看捶

品三陳鑫訂目，太極拳拳著目錄

（無分節）

金剛搗碓，大有（卦）

覽擦衣，晉

單鞭，訟

金剛搗碓，無妄

（無分節）

白鵝亮翅，兌

摟膝拗步，困

初收，屯

斜行拗步，需

（無分節）

再收，比

前堂拗步，蒙

演手捶，謙

金剛搗碓，否

13.倒卷肱　　披身捶，明夷
14.白鵝亮翅　　演手
15.摟膝拗步　　背折靠（與「演手」合為「恆卦」）
（第四節）　　（無分節）
16.閃通背　　肘底看拳，漸
17.單鞭　　倒卷紅，坤
18.雲手　　白鵝亮翅，萃
19.高探馬　　摟膝拗步，家人
（第五節）　　（無分節）
20.右側腳　　閃通背，後？
21.左側腳　　演手，賁
22.抱月蹬根　　單鞭，坎
（第六節）　　（無分節）
23.青龍擊水　　左右雲手，離
24.二起　　高探馬，革
25.懷中抱膝　　右插腳，隨

26.踢一腳	左插腳，益
27.蹬一根	中單鞭
28.掩手捶	雙風貫耳（與「中單鞭」合為噬？·蠱、同人卦）
29.抱頭推山	下演手，艮
30.單鞭	回頭二起，震
（第七節）	（無分節）
31.前照	獸頭勢，旅
32.後照	踢一腳，剝
33.勒馬式	磴一跟，大過？
34.野馬分鬃	演手，小過
35.探馬式	小擒拿，中孚
36.玉女穿梭	抱頭推山，小畜
（第八節）	（無分節）
37.背折靠	單鞭，解
38.單鞭	前昭，
39.雲手	後昭，升

（第九節）	（無分節）
40.跌叉	野馬分鬃
41.更雞獨立	單鞭，（與「野馬分鬃」合為乾卦）
42.朝天蹬	玉女攢梭，巽
43.倒捻後	覽擦衣
44.白鵝亮翅	單鞭，（與覽擦衣合為坎卦）
（第十節）	（無分節）
45.摟膝拗步	左右雲手，睽
46.閃通背	擺腳，臨
47.單鞭	一堂蛇，泰
48.雲手	金雞獨立，
（第十一節）	（無分節）
49.變高探馬	朝天磴，（與「金雞獨立」合為頤卦）
50.十字腳	真珠倒卷簾，豫
51.單擺腳	白鵝亮翅，歸妹
52.指襠捶	摟膝拗步，渙

（第十二節）	（無分節）
53.金剛搗碓	閃通背，履
54.懶擦衣	演手，豚？
55.鋪地錦	單鞭，澤
56.挽刺形	雲手，鼎
57.回頭探花	高探馬，？
（第十三節）	（無分節）
58.折花聞香	十字腳，咸
59.單鞭	指襠捶，蹇
60.鋪地錦	青龍出水，大畜
61.上步刺行	單鞭，井
62.卸步挎弧	鋪地雞，復
63.轉臉擺腳	上步七星，大壯
64.當頭炮	下步跨虎，損
還原	回頭擺腳，觀
	當頭炮，師

共六十四勢終。

以上按照兩本書的拳譜詳細排列，從名稱上看，有二十多個動作的名稱是相同的。有十多個動作的名稱基本相同。只有少數名稱不同，但是在動作上是大同小異。在先後的排列上有所不同。陳鑫多了將六十四卦套在每個動作後面的內容。可以看得出，這兩種拳的拳譜是大致相同的。

四、理論體系

在理論體系上杜元化和陳鑫建立了各有特點的理論結構體系，他們有相同的地方也有不同的地方。

1.在理論的源頭上，杜元化的《太極拳正宗》的全部理論基石建築在老子的道家思想的基礎之上。他的空圈混沌、恍惚說，聯、無極、太極、天道、背絲扣、十三式手法起原之說等等，均與老子的道家思想學說有關，並且與太極拳的練法與功夫的進境聯繫得比較合適、自然。這些在上面已經分析過，或者分析到了。

陳鑫的《太極拳圖畫講義》的理論基礎是易經學說，但是其中有正統的儒家思想，並且這種思想占主要地位，從中可以看出陳鑫個人受到儒家思想較深的影響。

對於陳鑫《太極拳圖畫講義》的理論源頭，可以從以下幾方面適當分析：

(1)易經的思想是《太極拳圖畫講義》的源頭之一。書中有一句話全部概括了陳鑫寫書的指導思想，陳鑫開始進入《太極拳圖畫講義》的具體寫作的第一句話是：「是書或理論、或論氣、或取全卦之義、或取一爻之象悉本於易。」這句話的意思是他所寫的書中涉及的理論、氣、卦和爻等等全部都是根據易經中的思想來的。

(2)《太極拳圖畫講義》中有濃厚的儒家出世思想，我們可以引用一些書中的話來說明。在《序》中他說，如果對他寫的書「採而習之，身體力行，漸臻堂奧，上可為國家禦盜賊，下可為身體強精神，遠可紹先人之遺業……」這完全是正統的儒家治國齊家平天下的思想。陳鑫在書中多處引用或採用孔子和孟子的話或思想來說明太極拳的原理。在《心》篇中有「孟子曰：出入無時，莫知其鄉者惟心之謂……」「雖高遠難至之境，莫非即眼前中庸之境。」在《氣》篇中說：「功夫即是乾坤之正氣，亦即孟子所謂浩然之氣。」太極拳的心、氣應該是一種與孟子在戰國時期說的心、氣是不同的，太極拳的境界也與孔孟所說的中庸之境是不同的。陳鑫這裡運用孟子的話來說明太極拳，他是以儒家思想來解釋太極拳的。

在《化》篇中說：「夫子七十從心所欲不逾矩是也，打拳熟而又熟，形跡可擬……」這裡陳鑫把太極拳的從心所欲的這種高境界與孔子對人生的幾個階段的認識聯繫起來，是否符合太極拳的境界的實際，也值得思考。在《恆》篇中說：「孔子曰，人而無恆，不可以作巫醫。」陳鑫用孔子的話，來教育學拳的人，要有恆心。為陳鑫書寫跋的「舉人」李春溪從陳鑫的書中看出了其中的儒家思想，他在跋中說：「今觀太極拳溯源河洛，援引內經，多本先儒成說……吾因以知太極拳其發於忠義。」這裡評說是看對了陳鑫寫拳的指導思想，而理解是不準確的。「太極拳其發於忠義」是以儒家思想來看待太極拳的結果，但是，太極拳與「忠義」是沒有關係的。因為拳是一種技術，一種技藝，作為技術上的東西並不發源於「忠義」。

總之，陳鑫寫《太極拳圖畫講義》除了以易經的內容來說明太極拳的理外，儒家的思想從總體上佔主要地位。他在《太極拳精言》中說「三教合一，亦此理。」陳鑫認為儒道佛是合一的，但是他寫的《太極拳圖畫講義》在主導思想上是以儒家正統思想為主。

(3) 釋家思想在《太極拳圖畫講義》也有表現。在「金剛搗碓」一節中有一首七言絕句：「外保君王內保身，全憑太極運精神，寂然不同歸無極，色色空空盡天真。」這裡不但有絕對的孔孟儒家的思想，也有佛教的「色色空空」思想。

概括起來，杜元化的《太極拳正宗》是以純粹的道家思想為其理論的依據，陳鑫的《太極拳圖畫講義》運用的思想比較雜。這裡透過研究指出這點，並沒有評說誰優劣的意思。

2.太極拳的練法理論。

杜元化的《太極拳正宗》認為趙堡太極拳最秘密的東西是太極拳十三式手法，要求每一個動作要做夠這十三個字，最有特點的是背絲扣的理論。這兩個方面構築了杜元化《太極拳正宗》的趙堡太極拳的練法核心。

陳鑫的《太極拳圖畫講義》中所反覆說的太極拳的練法的核心是「纏絲精」，他說：「太極拳，纏絲法也。進纏、退纏、左纏、右纏、上纏、下纏、裡纏、外纏、大纏、小纏、順纏、逆纏，而要莫非即引即纏，不能各行其是。」這裡順便對「纏絲精」分析一下。陳鑫所說的「纏絲精」到底是什麼?現在有人把陳鑫的「纏絲精」說成是「纏絲勁」，在《太極拳圖畫講義》中，沒有找到有「纏絲勁」的字眼。「纏絲勁」是後人演繹的說法。

其實，從《太極拳圖畫講義》中仔細看陳鑫的說的「纏絲精」的意思是一種看不見摸不著的東西，作為勁是不能從手上或從腳上繞無數個圈到某個部位的。有人曾經分析說是指氣，但是「精、氣、神」這是普通常用的又是傳統的用語，陳鑫用「精」這不是他誤用，應該說這是他精心挑選的，「精」字有它的特殊內容的。可以肯定地說，「精」不是勁，是一種意念之類的東西，或者是「精氣神」的「精」。

從以上看，杜元化和陳鑫的太極拳的練法要求上是有差別的。

在練法上相同的，他們兩人都要求把太極拳練圓。在圓的基礎上又有差別，陳鑫有外方內圓的要求，如「攬插衣」一式，左肘要外方內圓，杜元化沒有這些要求。

杜元化在練法上要求要做到「三直」、「四順」，陳鑫沒有這麼明確的說法。杜元化說「身直」，陳鑫在《身》篇中說「此身必以端正為本，身一端正，則作事無不端正矣。」陳鑫不像杜元化那樣集中說拳，他總是連帶說一些拳之外的事，又說回拳來。這也是他們兩人一些寫法上的差別。

杜元化明確地提出太極拳的動作要做到「六合」，陳鑫在他的《太極拳圖畫講義》沒有這些要求，在動作的說明中也不講究「六合」。但是，陳鑫也用了合的說法，比如「單鞭」式，陳鑫說：「……此著以右手為陰，左手為陽，左手抬起至臍中，往裡合（一處），右手亦往裡合（二處）……然後左右手從合（三處）處自下而上，轉向西邊，漸漸展開，理法精勢與上著右手展法相同。但合（四處）時腳在左者，先收到右腳邊，點住地。是為虛步。兩腳隨著兩手一齊合（五處）住，神氣與官骸設有一處合（六處）不住，即為不合（七處）式……右手自合（八處）之後，右腕微嫌往後背一二分，神氣仍然往前合（九處）住，……兩手稱住，兩膝合（十處）住。兩腳不丁不八，踏地要實落，腳心窪住地，要合（十一處）住……」

從陳鑫這段話看，陳鑫使用的「合」字頻率很高，很講內外相合。但是在表現形式上，他沒有明確地說明要「手與腳合」、「肘與膝合」、「膀與胯合」的要求。陳鑫在這裡提出的「合」的內容是手與手合，兩膝自合，兩腳自合，神氣與肢體相合等等，這在「懶擦衣」中說得更清楚，他說：「……迨其精走到指頭肚，然後手與手合，肘與肘合，足與足合，膝與膝合……」這是杜元化和陳鑫在「合」上的差異。

杜元化有關於「四大節八小節」的說法，杜元化將人身比天地，將人身分為四大節八小節，並認為，「周身活潑全賴乎此」。陳鑫沒有這種分法。杜元化要求「兩手、兩腳節節隨膀隨胯挨次運動」，這與陳鑫說的運動方式也有差別。陳鑫在說到這方面的內容時是這樣寫的：「打拳以鼻為中界，左手管左半個身，右手管右半個身，心身不可使氣。以手領肘，以肘領肩，著實肩領肘手，外形先以手領之……」這裡可以知道，陳鑫說的太極拳上部的運動模式是手先領肘動，後肘領肩動，這一動作完成後，反過來，肩先領肘動，後肘領手動，層次說得很清楚。這種運動方式與杜元化說的不同，杜元化說「兩手、兩腳節節隨膀隨胯挨次運動」，這話的意思是說，手腳的出去和收回都節節隨膀隨胯運動，他的依據是人身的三節理論，運動根節帶動梢節。

杜元化的這種說法與陳鑫的說法，哪一種在實際操作中更合適呢？這由拳家在實踐中加以體會選擇了。

杜元化關於「不撇、不停」的說法，上面分析過，這在其他拳書中沒有這種說法，陳鑫的《太極拳圖畫講義》中也沒有這樣的說法，但是陳鑫從另一個角度說到了這樣的內容：「一開一合，有變有常，虛實兼到，有現有藏。」在具體的拳式中，陳鑫也說過類似的內容。如在《著》中說到「懶擦衣」的動作時這樣寫的：「……右手從左腋前起，端手背朝上，手指從下斜而上行，先繞一小圈，中間手從深神廷前過去，徐徐落下，胳膊只許展九分，手與肩平，停止。手背仍朝上，微向前合……上面手如此運行，底下右足亦照此意，與手一齊運行。手行到地頭，然後足也放得穩當……」從這段話看，陳鑫所寫的太極拳也是要求手腳要配合運動的，只是他把這些內容分散放在各處。

杜元化關於「不流水」的說法，陳鑫在《太極拳圖畫講義》中有提到。陳鑫不是像杜元化那樣作為練拳的總體要求說的，是在說「懶擦衣」這個式子的後面議論練法說的。他說：「何言神氣要足？嘗見人之打拳，上一著未完，欲打下一著，及打一下著，更欲打下著之下著，停留不住。打成流水著。」這裡陳鑫要求練拳不能練成「流水著」，並且將這一要求歸到神氣方面去。對於「不流水」的要求，杜元化把它的重點放在發勁上，勁的定位上。陳鑫在論述這「流水著」時，他說：「此性躁欲速者，故犯此病。上著之終下著之始，其接骨斗筍處，乃是過脈，逢過脈要細心揣摩，不可輕易放過。此處一糊塗，下著轉關不靈動矣。……所謂得勢爭來脈，出奇在轉關。」這段話說的很有道理，有實踐意義。

陳鑫說的不能打成「流水著」的目的在「爭來脈」，「轉關靈動」。沒有涉及勁的問題，這是杜元化和陳鑫在這個問題的差異。

杜元化的「四梢」說，是《太極拳正宗》內修的重要內容。上面說過，杜元化有非常明確的要求是：「每一動作行於四梢，此為練拳者之必要。」陳鑫在《太極拳圖畫講義》沒有明確四梢的內容和要求。只是在書中零散說到與四梢有關的內容，並且內容也不多。在「懶擦衣」中陳鑫說：「至今四肢運轉，非四肢運轉，乃先中氣貫以四肢骨節之中運轉之，而四肢因隨之而運轉也。究其本源是即吾心之正氣。脊骨有定，中氣貫注亦有定。四肢無定，中氣運行亦無定。」這是講中氣與四肢的動作關係。至於動作，陳鑫說：「此著右手……右手胳膊肚其精由肩而至於指肚是陽精。手背其精由指甲越胳膊背面引而至於肩下窩是陰精。是謂陽中之陰，是即陰陽纏絲精也。」這裡說的是右手的纏絲精的運行情況，左手的運行也依此類推，不再引述。關於兩腿的運行，陳鑫說：「至今兩腿精，皆是由腳面外往裡纏，上繞而至於大腿根，是陰精。且弦之精由後繞前，下纏而至於腳心，是陽精。腿之上下皆是纏絲精，皆是陰陽互為其根。」陳鑫接著強調說：「以後著著裹精，大同小異，皆如是耳。」

從陳鑫這些話中可以知道，每一動作，他要求「精」上行到指肚，回流是從指甲開始。下行至腳心，由腳面外往回走。他說以後每一著都要這樣運行，他沒有提出「四梢」的要求。

在「下步跨虎」一式中有這樣很經典的話：「所謂中氣上下貫串，無所不至，說上至頭頂、手指頭，說下至即至足底腳趾。說行，四梢一齊俱到，說歸氣海、丹田即一齊歸氣海丹田。」這裡說到「四梢」，是《太極拳圖畫講義》唯一提到的一次。這裡說的「四梢」和杜元化說的「四梢」的內容是不同的。

由上看來，《太極拳正宗》和《太極拳圖畫講義》在「四梢」的說法上與實踐上有差別，《太極拳圖畫講義》一書中沒有完整的「四梢」的要求。

3. 關於功夫的層次。

杜元化《太極拳正宗》中明確地說明了趙堡太極拳有七層功夫，陳鑫在《太極拳圖畫講義》中說他家傳的太極拳有五層功夫。《陰陽總別》中：「純陰無陽是軟手，純陽無陰是硬手。一陰九陽根頭棍，二陰八陽是散手。三陰七陽猶覺硬，四陰六陽類好手。惟有五陰合五陽，陰陽參半稱妙手。妙手一著一太極，太極色空歸烏有。」這裡似乎也說了七個方面的標準，但是「純陰」、「純陽」應是沒有練拳的人，所以軟手和硬手不算上層次。只有開始練拳並有了陰陽差別以後才算進入層次。這五層功夫是以陰陽數量的掌握來分的，最高的「妙手」是「五陰五陽」、「陰陽參半」。

陳鑫的「五陰五陽」的說法，在普通人的口頭語上可以說得通，也就是說可以理解得到。但是如果深入探究，感到這種說法不知源於何處，易經上是沒有這種「五陰五陽」的說法的。陳鑫用《易經》及六十四卦套進太極拳中，很多用得很貼切，但是有的用得值得商議。比如把某一卦象套在某一個式子上，套了以後沒有解釋。這裡的「五陰五陽」，是陳鑫自己設想的。易經中在陰陽對立和相統一的卦象中。有陰陽、太陽、少陽、太陰、少陰，八卦是由三個陰爻和陽爻組合而成的，六十四卦是各由六個陰爻和陽爻來組成的，沒有「五陰五陽」的說法。

在這點上，杜元化也涉及到，他以陰陽的消長來說明背絲扣時用的是六個陰陽互相轉換的圖來說明，他嚴格按照《易經》的規則來闡述自己的認識。

我們再來進一步分析杜元化和陳鑫兩人在功夫層次上認識的差別。陳鑫認為「陰陽參半」是最高的功夫層次，在杜元化的《太極拳十三式手法起源之圖》中以及杜元化關於七層次功夫的闡述中，半陰半陽互為往來是屬於第四層功夫，還有五、六、七層功夫在後面。

在功夫的層次分析上，杜元化和陳鑫的分法是不同的。杜元化運用太極、陰陽、八卦的原理與太極拳的練拳實際結合起來，提出了七層功夫的認識。陳鑫設立十個陰陽，然後是按照1、9，2、8，3、7，4、6，5、5畫分得出五層次功夫的分法。

五、杜元化和陳鑫的比較

杜元化從小學拳，學過外家拳，最後學太極拳，通過考試進入河南省國術館，當過武術教授，教過省一級的太極拳班的學員，與國術館的領導有良好的關係，與河南武術界及全國的武術界有一定的聯繫，他曾經是個靠武術、靠太極拳吃飯的拳人，同時是個文化人。他在寫《太極拳正宗》時，根據師傳，按照寫書的規範要求，把握住趙堡太極拳的思想理論體系，系統地將趙堡太極拳的源流、練法、功夫的層次，以及動作的演練圖文等比較有條理地完整地寫出來，是一本既有理論、又有實踐，是理論和實踐能夠相結合的達到一定水準的太極拳書。

這本書是杜元化當教授時應學員的要求而編寫的，沒有受到政治、經濟或其他因素的影響，真實地反映了趙堡太極拳的客觀情況。更難能可貴的是《太極拳正宗》是一本純粹的反映道家思想的太極拳書，沒有夾進其他儒家、佛家的思想。從中可以看到杜元化的老師及其上輩老師口授身傳的很有價值的史料。它給人們研究太極拳的歷史、發展提供了一個門派的完整的資料，它的內容也是後人探索、繼承太極拳必須要認真研究的，特別是七層功夫的說法，指出了修煉太極拳的一條途徑。

杜元化的《太極拳正宗》是運用傳統文化的原理研究太極拳，過去，也有不少有志之士將傳統文化的基本原理與太極拳結合起來進行研究，出版了一些有特點有水平的太極拳書和其他武術書籍，但是像杜元化這樣運用傳統的道家思想、太極、陰陽、八卦的原理與一門太極拳結合起來研究，得出較為合理的成果，這在杜元化所處時代是罕見的，就是在經過了半個多世紀的今天，也是少見的。杜元化是一個奇才，是中國武術界、太極拳界的一個奇才。

陳鑫是陳式太極拳的後人，是舊中國有志氣的一代文化人的典範，也是筆者崇敬的太極拳研究者。令人感動的是他在清貧的環境中以十二年的時間手寫他的著作，以後繼續繕寫四本，他的意志和毅力是罕見的。他死後，他的靈柩多年不埋，直到他的侄子陳椿元出賣他的手稿得錢才安葬他。像陳鑫這樣的文化人，繼承了中國文化人的優秀傳統，應該受到後人的崇敬。

從他的《太極拳圖畫講義》一書中，人們看到陳鑫將自己畢生的才華貫注到了裡面。太極拳名家顧留馨先生在《太極拳術》一書中對他有高度的評價：「其書逐勢詳其著法、運勁和周身規矩，以易理說拳理，貫穿於纏絲勁（筆者註：陳鑫在《太極拳圖畫講義》中沒有說自己的『纏絲精』是纏絲勁）的核心作用，而以內勁為統篤。這是陳鑫一生心血的結晶，也是陳家太極拳的一次全面的總結。」筆者認為，顧留馨先生的評價是中肯的。現在要研究的問題是他和杜元化兩人有什麼相異之處，以及他們的著作有什麼不同之處。

由於陳鑫長期生活在鄉村，他接受的是傳統的儒家教育，他教書也是傳授傳統的反映儒家思想的教本，因此他所寫進《太極拳圖畫講義》中的思想主要是儒家的出世思想，他的書中也有「三教合一」的說法，但是在具體寫作中，道家的思想沒有說到。傳統的《易經》的思想經孔子解說以後，已經與儒家的思想不可分了。無論是太極圖的動用以及書中說到的以柔剋剛一類的說法，都是源於儒家的認識。從他的《序》到以後的內容，貫穿了儒家思想這一主線。在寫第一個動作「金剛搗碓」時他的那首《七言絕句其四》「外保君王內保身，全憑太極運精神。寂然不動歸無極，色色空空盡天真。」將他的儒家思想表露得很完全。

在談及氣時，陳鑫說：「其為氣也，至大至剛，直養無害，充塞天地，配義與道，端由集義，渾灝流行，自然一氣。」這一類的語言也充分反映陳鑫的儒家思想。這與杜元化《太極拳正宗》中所表現的老子、道家的思想有明顯的差別。

六、從杜元化的《太極拳正宗》和陳鑫的《太極拳圖畫講義》的基本思想和基本內容看杜元化所傳的趙堡太極拳和陳鑫所傳的陳式太極拳的關係

現在太極拳界，有兩種有代表性的意見，一是認為，趙堡太極拳是陳式太極拳的「趙堡架」，也就是說，不存在趙堡太極拳的流派，是陳式太極拳的一個分支。一種觀點認為趙堡太極拳源於老子的思想，屬於武當派，尊王宗岳、蔣發為先師。

在這兩種觀點的基礎上進行分析。

1.假設陳鑫所傳的陳式太極拳是「源」，杜元化所傳的趙堡太極拳是「流」，由對比分析看得出的結果如何？

杜元化所傳趙堡太極拳是完全以道家思想為指導思想的太極拳，這點上面已經詳細地分析過了，《太極拳正宗》中沒有夾雜儒佛家的思想。古代和現代、當代的大多數太極拳家，或者說太極拳界認可了太極拳是屬於道家思想範疇的拳術。我們可以引用一些權威人士的說法來說明。

據唐豪考證王宗岳這位歷史上公認的太極拳家時說：「……陰符槍譜佚名氏的敘

告訴我們：王宗岳是山西人。他的治學、自經史而外，黃帝、老子之書及兵家言，無書不讀。」他又說：「他的武藝著作理論，受黃老思想的影響這也是佚名氏在敘中明白告訴我們的。」從唐豪這些話中，他也認定王宗岳的思想是源於黃老的思想。現在相對一致認可的是王宗岳著的《太極拳論》中的思想是以黃老的思想為指導的。趙堡太極拳尊王宗岳、蔣發為先師，所以一脈相傳下來，杜元化嚴格按照師傳的思想來寫《太極拳正宗》這本書。

上面說過，陳鑫的《太極拳圖畫講義》中反映出來的思想是儒家的思想，在書中反映道家的思想極少，書中主要是儒家正統的思想。《太極拳圖畫講義》是「源」的話，它涵蓋不了《太極拳正宗》的思想。如果《太極拳圖畫講義》是「源」，為什麼從指導思想、理論體系、練法等等一系列構成一個門派的特徵性的東西《太極拳圖畫講義》都沒有？按理說，《太極拳圖畫講義》所載的拳是母拳，《太極拳正宗》所載的拳是子拳，起碼在母拳中應該是可以考證到能夠包含子拳的思想內容，但是，兩人的書除了拳譜相類似之外，其他相類似的內容不多。這個問題值得太極拳研究者研究和思考。

同時，從《太極拳正宗》中所寫的功夫上認識，特別是七層功夫的認識應該比《太極拳圖畫講義》所寫的深入一些。

由上看來，《太極拳正宗》的「源」難以成立。

2.假設《太極拳圖畫講義》是《太極拳正宗》和《太極拳圖畫講義》是沒有什麼關係的兩種太極拳。

從這兩本書具體的內容上看，書中的一些內容相類似，比如，兩本書都強調「圓」的原理。陳鑫說：「打拳著著皆是一個圈。」「打拳之道，一圈而已。」這與杜元化說的是差不多的。上面說過的兩種拳譜大同小異，特別是拳譜的這種大同小異的情況，讓人感到這兩種拳一定有關係，要麼為什麼會這樣？僅從上面這些關鍵的部分足可以看到這兩本書有著難以說清的關係。所以，假設《太極拳正宗》和《太極拳圖畫講義》是沒有什麼關係的兩種太極拳的看法是難以成立的。

3.可否是同源而異流？

這兩本書都各自說了自己的源流，書中並沒有涉及對方的拳的來源。我們撇開這兩本書說一些其他人的意見。杜元化的師叔武禹襄學了趙堡太極拳後，肯定從他的老師陳清萍處得到自己所學的拳的來源，那麼武禹襄所創的武式太極拳是怎麼說的呢？武禹襄的外甥李亦畬在他的《五字訣附序》中說：「太極拳不知始自何人，其精微巧妙，王宗岳論且盡矣。後傳至河南陳家溝陳姓，神而明者，代不數人。」

從班輩上說，杜元化和李亦畬是師兄弟，李亦畬說王宗岳對太極拳論述已經很詳細並且「盡」了，肯定王宗岳為太極拳的先師。後來太極拳傳到陳家溝姓陳的人，這種說法雖然沒有直接說王宗岳的傳遞系統將太極拳傳給陳家溝姓陳的人，但其實是這個意思，武禹襄的老師陳清萍是從陳家溝出來的人。從過去的師承關係上說，這是很嚴格的，老師不是這樣說，學生是不敢說的，否則是欺師滅祖。武禹襄是一位懂得這些規矩的文化人也是一代宗師，他不可能隨意說自己的太極拳來源的。

從陳家溝學拳成名的楊式太極拳師祖楊露禪，他的傳遞系統也尊蔣發為先師。據楊家後人說，到楊家第三代楊澄甫，無論他到哪裡教拳，一直供奉張三豐的牌位，也尊蔣發為先師。如果不是楊露禪傳下來，後代不會是這樣的。如果楊露禪不得到老師關於師門的說法，他是萬萬不敢這樣傳的。

由上看來，楊露禪和武禹襄這兩個中國太極拳歷史上最權威、最有影響的人物對自己所學的太極拳的源流的說法是基本一致的，這兩個人的學拳、傳拳的年代都比陳鑫和杜元化早數十年。

楊露禪在陳家溝學拳時陳鑫沒有出生，武禹襄到趙堡學拳時，陳鑫才二三歲。如果武禹襄、楊露禪這兩個人說法可靠的話，趙堡太極拳和陳式太極拳是同源而異流，這個源就是李亦畬說的王宗岳的源，蔣發的源。對太極拳歷史考證有很大影響的徐震先生在他的《太極拳考信錄》中有這樣的記載：「前三年，在都中，陳君子明（筆者註：陳家溝一位太極拳代表人物）嘗言，王宗岳之太極拳學自陳家溝，予問何以知之。子明謂唐豪處有王宗岳學於陳氏之證。時吾已見唐豪太極拳源流考，其中有云，言張（謂張三豐）之發明太極拳者，始於乾嘉間人王宗岳，因急問子明，唐豪所據者何書，其說云何。陳君云書未得見，其說也未詳。」

這是徐震一九三三年與陳子明的對話。這對話中陳子明沒有肯定是陳王廷創拳，因為其時是以陳鑫的說法為準的。一九九六年，當代太極拳大師馮志強先生在第三屆河北永年國際太極拳聯誼會上有一段話，他的原話是這樣的：

「剛才，王海洲先生問我對源流問題的看法，現在給大家講一下我的看法。解放初，我在一次學拳後問我的老師陳發科關於陳王廷創拳的問題，陳發科老師說，誰創拳，連我也不知道，你知道？」

馮志強這段話引起了在場的國內外太極拳專家和與會者的鼓掌，在馮先生的話中看出了他坦蕩的胸懷和實事求是的精神，也看到了陳發科這位大師對自己家傳的太極拳的認識。陳發科大師有他自己對家傳拳的認識。至於他的認識是什麼，我們不得而知。但是他並不肯定自己的學生的說法，並不肯定「陳王廷創拳」的說法。

作為考證者，我們傾向於《太極拳正宗》和《太極拳圖畫講義》是同源而異流，這個源是李亦畬說的王宗岳這個源。

杜元化《太極拳正宗》和陳照丕《太極拳學入門總解運動目次》對比研究

陳照丕是陳式太極拳歷史上一個重要的不可替代的人物，他一生為陳式太極拳的傳播、推廣做出了傑出的貢獻。他一生有兩件事對陳式太極拳的繼承和發展起到了舉足輕重的作用。一是他策動了陳式太極拳的名師陳發科到北京教拳；一件是他使陳家溝村的太極拳起死回生。《武林》一九八七年第七期上載文說：「舊社會，由於封建制度和宗教觀念，陳氏太極拳有嚴格的清規戒律，因此練拳者多，得道者少，加上政治腐敗，兵荒馬亂，到解放前夕，陳家溝陳氏太極拳已經瀕臨中斷的邊緣。多虧老拳師陳照丕，才使太極拳中興起來。」陳式太極拳後人、傳人為了紀念他的歷史功績，在村中專為他建造了一座陵園。

陳照丕作為陳式太極拳的代表人物，把他寫的書與其他陳式太極拳的傳人寫的書合在一起，出版了《陳氏太極拳滙宗》一書，此書在一九三五年出版。

現在分析《陳氏太極拳滙宗》這本書中，陳照丕寫的部分與杜元化《太極拳正宗》的異同。

一、在源流方面

陳照丕在《自序》中說：「明洪武七年，余始祖卜，由山西洪洞縣大槐樹遷居河南溫縣常陽村。茲因我族生嗣繁衍，遂以陳家溝易名。西距城十里。背負一嶺，名為清風嶺。當時內匿匪類甚伙，擾劫村民，官兵未敢捕。余始祖以夙精太極拳，慨然奮起，率子弟及村中少壯數百人，攻入匪穴，殲之後一方得安。」這裡說的是始祖陳卜，素來精通太極拳。表明在陳卜以前可能陳氏就有太極拳相傳了。這與陳鑫說的基本一致。

《自序》說：「先世奏庭公，系武舉，曾降服登封縣玉岱山巨寇李積玉，隻身入山，眾不能敵，一寨驚拜投焉。後在山收孝子蔣發為弟子，授以真傳，負名當世，奏庭公老年，繪一肖像，以蔣待立，用示後人。至今像存祠中。」

這裡涉及了中國太極拳歷史上兩個重要人物，一個是陳王廷，一個是蔣發。這裡沒有說到陳王廷創拳的問題。在陳長興所傳的陳氏後人中，陳照丕是最早將家傳的拳寫成書的。陳長興與陳王廷是在陳氏第五世分支開的陳氏後人，而陳鑫的先人是在陳氏第四世與陳王廷、陳長興這一路分支開。

陳長興與陳王廷、陳鑫是同祖但在第四、第五代分支開了。陳長興所傳的拳據陳氏後人說屬於「坡下」的拳，從陳照丕傳的拳中人們明顯地看出與「坡上」的陳鑫傳的拳有很大的不同之處。陳照丕在一九三五年寫這篇《序言》時，他並不認為創拳的人是陳王廷，這應該是十分明確的。

至於蔣發，《序言》中明白地寫是陳王廷的弟子。在分析了陳照丕寫的拳架的內容後，我們再試圖分析，現在暫時按下。

在源流方面，杜元化和陳照丕兩人都是各說自己的拳，不說別人。

二、陳照丕寫書的動因

陳照丕在《序言》的最後說：「余少習拳術，稍窺門徑，嗣以遠遊經商，未得專純研練。民十歸里，復續前業。經延熙公（陳長興的孫、陳照丕的叔祖父）品三公（陳鑫）福生季叔（陳發科、陳延熙之子）指示，略有進境。愧鮮心得。邇年國術振興，館校增設，余同福生季叔先在縣立國術社任教，並助剿槍匪，保衛桑梓。戊辰秋旅平，諸鄉先生友好，謬採虛聲，邀余及福生季叔先後至平授教。十九年供職京市府，承各界同人垂愛，備荷獎助，曾手編拳學入門總解取便初學。若欲要造及高深，非有拳書不足以發其蘊。至今春返里，將長興公品三公遺著，攜之來京，刊印供世，俾陳氏數百年拳學，免致淹沒失傳耳。」

這段話說了他自己學拳的經過，與陳發科來北京教拳的經過，然後說自己寫書的原因。寫書是原因有三：一是方便初學；二是造就高深拳藝的需要；三是不使家傳的拳術失傳。

這些寫書的動因是正常的，在這些動因的指導下，陳照丕認真地將自己所得的家傳的太極拳寫進自己的書中。

當時陳照丕出版自己的書時，他似乎還不知道陳鑫的書已經出版，因為他在《序言》中有這樣的話：「余從祖品三公，係清貢生，得英義先生（陳鑫之父）親傳，造詣精邃，匯集先世歷傳拳學真詮，詳加稽考，益以己意，編真詮四卷，並武術雜技附本，數十年心血畢彈此中。見者賞贊，惜未梓也。」這裡陳照丕說明了陳鑫寫書的簡況。其時陳鑫的書他應該十分熟悉，因為他還把陳鑫的書的部分內容收進了他的《陳氏太極拳匯宗》一書中。

現在研究陳照丕的《太極拳學入門總解運動目次》和杜元化《太極拳正宗》在動作和一些理論、練法上的異同。

從陳照丕的《太極拳學入門總解運動目次》所載的內容看，此書的體系是將每一

一、手運（27）

二、手運

個動作的演練過程敘述完了就結束了。他沒有像杜元化、陳鑫那樣也寫練拳的要求。現在先引述書中所寫動作的內容，然後進行分析。

現在引述書中的「運手」一節，「運手」的上一節是「丹變」（與杜元化、陳鑫寫「單鞭」的定式動作基本相同）。

陳照丕寫的「運手」在書中是動作27：「左手向內，合於胸前，由上向左轉出。左足亦隨左手由內而外，隨手轉出，左手左足向左轉時，右手與右足亦往左跟。右手轉到胸前，亦由上而下往右轉，左右手輪流旋轉，往裡轉。手到胸前往外轉，只進八分，上不能過鼻，下不過臍，左右足輪流往左沿，兩足皆與地踏實，左手往左轉，眼看左手，右手往右轉，眼看右手，沉肘，束脇，鬆肩，活潑身體，循環不息，此謂欲抑先揚，欲揚先抑之意。」」

現在再看杜元化所寫的「雲手」一節：「『動作要旨』。左腳跟左手往左去，左腳邁寬，左手低，右手收回丹田。注解：『左腳跟左手往左去』，從單鞭收回丹田，由丹田向上往左去。『左腳邁寬』：左腳邁一寬步向左去，步寬身低手自然低，左手因步邁寬做成低身。『右手收回丹田』：左手向左出去，左手收回，右手必然出去，是左右互行法。」其餘參照書後附錄的《太極拳正宗》。

從陳照丕和杜元化兩人所寫的這節，名稱上有一個字不同，杜元化寫的是「雲」，陳照丕寫的是「運」，在圖和照片上看，外形上有點差別，手的位置，步的位置有些差別，但是文字上所表述的內容基本意思是一樣的。

從練法上，兩個人都不說纏絲精，只是實實在在的將身體所需做的動作講完。上面引述了一個有代表性的動作「運手」、「雲手」的全文，說了它們的相同的地方。

現在再分析一下陳照丕寫的書與杜元化《太極拳正宗》在整體上的異同。

1.陳照丕的《太極拳學入門總解運動目次》是一本反映陳氏「坡下」的一種陳式太極拳，傳遞這種太極拳的是陳長興的後人。這路太極拳從陳照丕的書中看，沒有纏絲精的說法和要求。

從上面引述的「運手」以及全部的動作的敘述看，沒有出現過纏絲或纏絲精、纏絲勁這樣的字眼。從這點上看，陳照丕的書和杜元化的書是相同的。因為，杜元化的書中也沒有說到纏絲精這樣的要求。

2.從動作目次上看，陳照丕的書和杜元化的書是大同小異。有些動作的名稱不同，但是動作是基本相同的。如陳照丕寫的「丹變」與杜元化寫的「單鞭」是一樣的。但是相對來說，杜元化寫的架式與陳鑫寫的架式的相同之處較多，而與陳照丕寫的架式差別稍大一些。

以上是陳照丕和杜元化的書中的相同之處。

3.陳照丕的書和杜元化的書差異之處：從學術的角度看，這兩本書的差異還是比較大的，具體有以下一些方面：

(1)陳照丕的書只是寫「運動目次」的解說，不寫系統的練法理論，這方面與杜元化的書不同。陳照丕將練法夾在每一式中來說明，一些原則性的要求也放在動作說明中，比如，在「太極拳初勢」中在圖像旁有兩句重要的話是：「周身相隨」，「切勿妄動」。這就是練拳的要求，作者並沒有提綱挈領地將一些練法要求列出，而是分插在每一個動作的敘述中。

(2)從拳的指導思想上看，陳照丕的書沒有將太極拳的思想的源頭寫明，他不像陳鑫那樣明顯的將孔孟的儒家思想作為拳的指導思想。「外保君王內保身」這類的語言在陳照丕寫的書中沒有。杜元化所寫的「真源」是老子、道家的修煉丹田、養氣一類的語言，陳照丕書中也沒有。他只是純粹的寫拳的動作，這是陳照丕和陳鑫以及杜元化寫書的不同之處。

由於陳照丕的書從系統上可分析的不多，從學術的角度看，我們假設它是杜元化所寫的《太極拳正宗》的「源」，它同樣無法涵蓋杜元化《太極拳正宗》裡面宏大的內容，它不可能成為趙堡太極拳的母拳。

至於陳照丕書中寫到的蔣發，這個蔣發和杜元化所寫的太極拳的先師蔣可能是同一個人。

關於杜元化、陳鑫、陳照丕及他們所寫太極拳的對比研究小結

在此先看傳統文化中對「太極」、「太極圖」、「太極拳」概念的界定。

什麼是「太極」和「太極圖」？從《辭海》、《辭源》中看，它們講的差不多。《辭源》「太極」條說：「指原始混沌之氣。易繫辭上：『易有太極，是生兩儀，兩儀生四象，四象生八卦』。氣運動而分陰陽，由陰陽而生四時，因而出現天、地、風、雷、水、火、山、澤八種自然現象，推衍為宇宙萬事萬物。宋周敦頤兼採道家學說，著有《太極圖說》。宋朱熹以為太極即是理：總天地萬物之理，便是太極。」這個解說說明了太極和太極圖的基本來源。

「太極」出處是《易經》上的，宋周敦頤繼承易經的說法，同時兼採用道家的學說，製作成太極圖。這樣「太極」和「太極圖」與易經和道教學說有淵源的關係。

「太極拳」的基本概念是什麼？現在找不到較為統一的說法，但是，可以從一些比較權威的說法中看太極拳的基本定義。

《辭海》「太極拳」條說：「拳術的一種，也是醫療體育的重要內容之一。有

陳、楊、吳、武、孫等流派。其套路和推手在手法（掤、攦、擠、按、採、挒、肘、靠等）和步法（前進、後退、左顧、右盼、中定）方面基本一致。但在架式上，各派有不同的特點。太極拳的動作柔和緩慢，貫串圓活。練習時要求思想集中，精神專一，呼吸和動作配合，做到深、長、勻、靜。對促進中樞神經系統的活動，改善內臟器官的機能都有良好的作用。是廣大群眾特別是年老體弱者鍛鍊身體，增強體質的有效手段。」（上海辭書出版社，一九七九年版）

很明顯，這個介紹說明不了太極拳的基本定義，因為它連太極拳的基本的指導思想也沒有說明，它的概括是不完全的。囿於當時的認識，只能是這樣。近年來出版的一些由專家寫的武術書中對太極拳提出了一些新的認識。

一九九六年由人民體育出版社出版的《武術學概論》是中國第一本全面揭示中華武術的本質及其發展規律的理論著作，由前中國武術協會主席徐才任主編，中國武術協會副主席張山、人民體育出版社編審周荔裳任副主編，由國內十多位武術界、社會科學界、自然科學界對武術理論有較深造詣的專家、學者聯袂編寫而成，是至今我國最具權威的理論著作。

此書第五章「武術與中國古典哲學」中的第四節：「太極哲理與太極拳」，對太極拳作了較為符合實際的總結。

書中說：「縱觀太極拳理論受太極學說的深刻影響，主要表現在如下三個觀點上。

第一，吸取太極學說無極生太極的宇宙本體論（生成論）作為太極拳的本體論。無極生太極的思想，本為道家哲學，本章第一節在論述道家思想對武術理論影響時，已分析了太極拳理論中的「無極而太極」來自老莊思想……無極而太極這一觀念是太極拳的根本觀念，把握到這一點，才是真正把握到了太極拳的精髓。

第二，太極拳理論中貫穿始終的陰陽變化觀念是受道家哲學的影響，同時，也是直接來自《太極圖說》……太極拳剛柔相濟與道教內丹的心腎相交是完全相通的，故太極拳用之於養生則祛病延年，用之於技擊則剛柔互用以克敵致勝。

第三，太極拳理論中所反映的「形神同一觀」亦與《太極圖說》有一定聯繫。

以上從太極拳與中國哲學的關係說明太極拳理論源頭，這個源頭是老莊的道家思想。這點上可以作為《辭海》「太極拳」條的彌補。

從上面這些我們可以看到，太極拳是與道家的思想分不開的，把握住這一點，才能真正把握太極拳的精髓。明確了這個觀點後，現在回過頭來分析杜元化、陳鑫、陳照丕三個人所寫的太極拳。

杜元化所寫的《太極拳正宗》是以老子的道家思想為「真源」。陳鑫所寫的《太極拳圖畫講義》反映出來的思想是以孔孟的儒家思想為指導思想的。從源頭上分析，筆者也感到迷惘，兩種拳在同一地域流傳、傳遞，為什麼陳鑫所傳的太極拳得不到道家思想的傳遞？

杜元化所說的真源，不會是他自己杜撰和編出來的，應該是一代一代傳下來的。而陳鑫說他寫的太極拳是始祖陳卜傳下來的，上面曾引述過陳鑫的話說陳卜從山西帶拳來時，傳有拳譜、圖畫，但是沒有「義理」，那麼從陳卜那時起，他所傳的太極拳的「義理」是不明確的。

如果這是真實的話，到了陳鑫這一代寫書時才總結出了「義理」，那就是他的書中所寫的作為太極拳指導思想的儒家思想。

在陳照丕寫的書中人們沒有看出與儒家思想或道家思想有什麼聯繫，我們無法分析。由於《太極拳正宗》和《太極拳圖畫講義》屬於兩種不同的思想源頭，在目的上，出現了杜元化追求的天人合一、煉丹健體、延年益壽，而技擊水平的提高是自然的事，同時也是「末技」。

任長春在教杜元化時說：「你們要是像一般的人那樣學打，我是討厭教的。」他要求練拳：「以後天引先天……練至心腎歸丹，催動鉛汞，安軸安輪，並與天地合德，指人腹背而言。與日月合明，指人耳日而言。與四時合序，指人肺肝而言。與神鬼合凶吉，指呼吸而言。能明此延年益壽。」

陳鑫在拳的目的上是「外保君王內保身」，因此要有「至大至剛」的「浩然之氣」，技擊不是「末技」，不是「餘事」。

從學術上分析，杜元化的《太極拳正宗》和陳鑫的《太極拳圖畫講義》中所傳的太極拳哪一種更接近原始太極拳呢？從太極拳的內涵上說，應該是杜元化的《太極拳正宗》更接近原始的帶有道家思想的太極拳。

杜元化《太極拳正宗》在太極拳歷史上的地位

從上面分析我們可以看出，杜元化《太極拳正宗》這本書是中國太極拳歷史上一本少見的有獨創性的太極拳著作，它較好地將中國傳統文化中的道家思想、易經學說等結合太極拳來進行研究，獲得了相當高的學術成果，為後人運用傳統文化研究太極拳樹立了典範。

它提出了一系列的太極拳新的概念，為太極拳的理論寶庫增添了新的內容。它所表述的太極拳體系及內容，為太極拳的訓練和提高技藝水平，提供了可操作的方法和步驟。杜元化獲得如此成就，在中國太極拳歷史上是少見的。

由於太極拳從本質上看是人體經由練習體悟出來的藝術，不是離開人體純研究得出的，因此，太極拳的發展是很緩慢的，表述這種藝術要有一定量太極拳的練習，也要有一定的文化素養，這種素養表現為有一定的綜合、分析、概括、總結能力。由於這些條件的影響，故在中國太極拳歷史上經典文獻產生不多。

在中國，可考證的、無爭議的太極拳經典是從李亦畬編寫於一八八〇年的《廉讓堂太極拳譜》開始，以後也出現過一些可作為太極拳經典的，對太極拳練習有實際意義的太極拳論和拳訣，但為數不多。現在數不勝數的太極拳書都以解釋這些經典為主，重複經典裡的內容，能提出有獨創性認識的、提出一些反映太極拳規律的、對太極拳的發展有指導意義的認識已經不多見。為什麼？這不是今人比不上古人，是社會環境和有關因素使然。

與古人相比，現代人的知識水平大大高於古人，當代人特別是一些發達的國家現在還引進了高科技手段來研究太極拳，得出了一些新的認識。但是，這些大都是從健身方面去認識太極拳的。

無論科技手段如何先進，畢竟太極拳是靠在正確的思想指導下，需要一定的練拳的量，靠下苦功夫去練才出現功效的，當代人往往想在太極拳方面出成果，但是恰恰缺少這練拳的量，當然也缺少像過去時代那樣的應用環境，所以從這個意義上說，古人體悟太極拳的成果比今人更具水平，這不是厚古薄今。

人類發明一種可以替代人體功能的新工具，人類也相應的損失了一種原有的人體的功能。在這個意義上說，杜元化在書中提出的關於太極拳的新觀點，是當時一門太極拳的傳人體悟的客觀認識，把這種認識放在太極拳的歷史長河中去考察，現在看來是有現實意義的。對太極拳這種特殊的人體藝術，我們當代人似乎應該首先是繼承理解先人所體悟總結出來的認識，然後在前人的肩膀上向上發展。

在太極拳社會化的今天，各種太極拳以及反映太極拳的著作都面臨著社會的檢驗，一些拳種在蓬勃發展，一些發展得相對緩慢，也有不斷萎縮的。杜元化這本《太極拳正宗》已經「湮沒勿彰」了六十多年，由於它本身所具有的不朽的生命，今天越來越多的人想見到這本書，我相信，隨著「百家爭鳴、百花齊放」的開放政策的深入人心，《太極拳正宗》這本書一定會重新引起太極拳愛好者的關注，它在太極拳的歷史上也會重新得到它應有的地位，並且發揮它應有的作用。

第2編

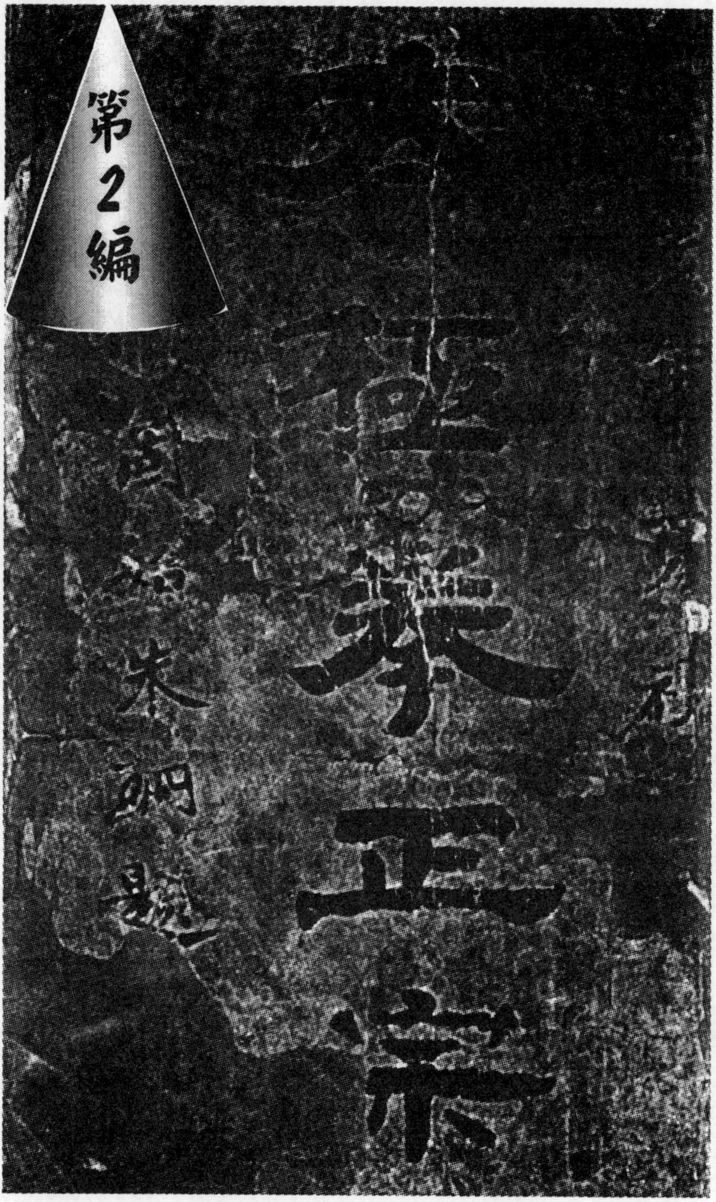

陳序

拳術大宗有二一曰少林為外家一曰武當為內家外家練形氣內家練神理外家是由外固內內家是由內達外其為內外交修歸極則一也世所傳太極拳精微奧妙名同實異者寔繁有徒今尚有湮沒弗彰河南溫縣趙堡鎮之太極也余觀其拳係師承懷慶溫縣蔣先生發蔣生于明萬歷二年學拳于山西太谷縣王林禎王之師雲遊道人有歌曰太極之先天地根源老君設教究守真傳授子而後載有傳人因姓氏未傳不克辭徵至三[illegible]神而明之發揚廣大號曰武當派其[illegible]

雖道[illegible]教傳至趙[illegible]其術[illegible]要其術神理奧妙通[illegible]

養生可以禦侮技也近乎道矣余酷嗜拳法歷訪名家冀得其精秘不料今得杜先生育萬所著秘而不傳太極拳譜解十三篇公之同好方覺太極拳名實相符其說尽以人身比天地鑄之対照悉以後天引先天發出丹田中先天真氣身体自然強健純是一等勁力竊聞強種救國以強健身體為上乘而其拳術若是對於強健身体尤為握要其最妙者始由天道起中抱六十四勢每勢練够十三樣手法即一圓兩儀四象八卦是也末以天道終然杜先生由是而學所以教人循循善誘不願獵等余渠其第一冊初成爰誌數語以勗同志勉學焉

中華民國二十四年五月

河南省國術館館長陳泮嶺謹序

神明之存乎其人

劉丕顯題

太極拳淵始

余
先師蔣老夫子原籍懷慶温縣人也生于大明萬歷二年世居小留村在縣之東境距趙堡鎮數里之遥
至四十二歲學拳于山西太原省太谷縣
王老夫子諱林禎事師如父學七年禮貌不稍衰師亦愛之如子據聞　王老夫子學于
雲遊道人學時即告以此拳之來歷久矣此拳何自來乎有歌為証歌曰　太極之先　天地根源
老君設教　亲子真傳　玉皇上帝　正坐當中　帝君真武　列在兩邊　三界內外
億萬神仙　傳與拳術　教成神仙　今將此歌此道以及諸秘訣傳之于汝汝必擇人而傳
不可不慎所以
蔣老夫子學成之後歸家之時
王老夫子囑曰汝歸家此術不可妄傳并非不[illegible]汝傳是不得其人不傳果得其人必盡情以教之倘得
人不傳如同絶嗣能廣其傳更好歸家之[illegible]其村與趙堡鎮相距甚近趙堡有
邢喜槐者素慕
蔣老夫子拳術超倫因其[illegible]

蔣老夫子到鎮相遇必格外設法優待布置次坐意在學拳如此

蔣老夫子閑二年之久見其持己忠厚有餘待人誠敬異常察知其意始以此術傳之其中奧妙無不盡

洩其後有

張楚臣者

邢先生之同盟弟也想其人不卜必端所以

邢先生又盡情授給之

張楚臣先生原籍山西人也初在趙堡鎮以糊鮮菜鋪為業後駿發改作糧行察本鎮

陳敬柏先生人品端正凡事可靠所以將此術全盤授之其後

陳先生欲擴張此術廣收門徒至八百餘能得其一技之長者十六人能得其大概者八人能統其道

者惟

張宗禹先生一人其後傳給其孫　張先生彥先生又傳給　陳先生清平　清平先生傳給其子

景陽及本鎮其少師　張應昌和兆元牛發虎李景顏李作智和長春張敬芝歷代傳人很多不能

備載以上所錄諸老夫子皆有事跡可考另註有冊　余　師嘗云此拳本是修身鍊氣之術長生不

老之基打人尤其餘事試觀此拳無論何囊統是因人之同然隨人之自然其實不外乎個人一心

之本然至其或動或靜無非主宰流行與對待不然何以名曰太極如就此拳統論之全是以人身比天地細分之又是以人身之動作仿太極太極分動靜屈伸虛實剛柔色藏至道路拳數端以明并非無稽之言怎見得如說動靜屈伸歌云靜分動合屈伸就說虛實歌云左宜右有虛實處說剛柔歌云極柔極剛極虛靈說至道歌云一羽不加至道藏這都是按人身之動作與太極合確確有據世皆謂是

三丰祖師所傳 余 亦特信想當彼時

三丰祖師因世亂隱居武當燒丹士將此拳練至神化之域技冠當代名著環球朝野之人無不欽佩

在武術中不亞

孔子在文學內集群聖之大成所以斯術號為武當派名曰

三丰傳然究其根則此拳之發源不自此始何則據 余

師所聞云此拳乃係

老子所傳惜 余

師等皆早仙逝 余 言無處可徵雖無[illegible]有前歌尚存說是

老子真傳即此一句可以証明 老子[illegible]號曰[illegible]猶為 老子之高[illegible]越[illegible]

三丰則虛幾真 余師等歷代相傳之歌訣[illegible]余不過[illegible]所聞如此亦未敢確為决定今世皆說是 三手所傳亦猶余敝處多說是[illegible]蔣老夫子所傳又猶現在余敝處說是 清平老師所傳然此均非無稽之言按實此拳是[illegible]家体育一法即 三丰祖師亦非斤斤然以此拳名世不過藉此為練丹之術使世人知練此術者可以延年益壽久之真能練至純陽即可云仙由是觀之謂為 三丰所傳謂為 文脩所傳謂為 蔣發所傳謂為 清平所傳皆是也總一歸本于 老子所傳方可謂之真源

自序

余

師任先生諱長春沁陽縣境東南西新庄人也館在 余村教授五年閒嘗云練太極拳者若不知此中秘訣與各層圖解雖朝夕用功或整年累月甚至練數十年之久在彼意謂只要有工夫就能造成高手妙手吾謂徒妄想耳可為之下一斷語曰如愚人妄想昇仙路瞎漢夜走入深山不惟無益甚且有損 余謂此云確是有關之言學者甚勿視為平淡之語

自序

拳術為我國々粹蓋世之通論也余世居沁陽義庄初學拳于余村 牛老夫子玉璐教有走[illegible]
戳捶以及砲捶五合六合七貫練法以戳捶為根據乃余村數百年之流傳凡在幼時無[illegible]
不上三年將打破開拿確實指點即能作用能此凡謂技出人上自覺所謂國粹者[illegible]
此余友崔玉文之姊丈張生全素號太極拳家不知其僅學一聯每至余村說太極拳高出一切
頻與戲鬥伊無不失敗其心雖是不服無奈余何彼張生全忽于光緒二十一年春偕攜
一人童顏鶴髮飄々然來儒雅異常溫和可親說是沁溫兩縣太極拳專家余暗計伊係
文人狀態量無特長因敬問太極拳有何奇術伊云毫無奇術只一自然而已余追問何
謂自然伊云本乎天道不尚勉強余謂練拳与天道何關請道其詳伊從容言曰人身即
天地天地即太極太極之內分出先後天練斯拳者以後天引先天其中有無數層折均
須一層挨一層不得躐等否則無效練至心腎歸丹催動鉛汞安軸安輪並且與天地合
德指人腹背而言與日月合明指人耳目而言與四時合序指人肺肝而言与神鬼合[illegible]
指呼吸而言能明此延年益壽于是乎在余聞至此不禁神馳曰不啻為拳之[illegible]
即請先生肯傳人否伊云苟非其人道不虛傳使宿辭去余方俯首敬請姓名[illegible]
姓任名長春世居沁溫兩界村名新庄別後余友崔君愛慕殊深余則[illegible]
余曰世有如此妙手你我聘[illegible]重幣延之為師更加優待何愁不傳[illegible]
來聘於本年六月特將

任先生聘來余父與先生亦極其相契至暇云吾僕湟多年未獲受家汝等要是同余學打吾識敢教要是學過沒恒就勢不要入手余即应曰生先要看余等可教誓以學尽為止先生大喜隨施教焉後漸增學徒七人每逢夜靜方以秘訣口授余皆秘用筆記學至三年余勁始過方知所謂鉛汞者如此猶記第三年臘月二十一日余師因過年歸家去後勁忽不過不啻如至寶至二十三日心神俱乱決意赴温求師余父不允余心鬱々無可奈何至二十四日奉父命進城購物乘此機直奔新庄至時余師驚曰汝來何幹余以実對師曰易々至晚有客將余悶壞客去更深命同榻就寢至五更背師私起自練余師忽醒指名呼余不要再練師急披衣下榻用手一點其勁即過至天明余即返沁归家又二年方將手法學全余師心喜余亦樂甚約云以後只用乾坤顛倒飄余更樂甚如此安忍一日相離哉那料自五月归家獲病至七月十六日竟一病不起即仙逝矣彼時余親視含殮並送歸窆雖痛之失声天実為之謂之何哉嗣後對拳術我無心練延至民國二十年本省立國術館考取武士余叨列評判致畢即設班訓練又充教授至第二期學員親自積資邀余將余所學編輯成冊以備摹仿那知冊成被阻未印令余無異抱荆山之泣遂後余亦離館將冊作廢今學員將款追出又邀付印將所輯一冊先行付印其或有遺失錯謬望有識者為指迷津

中華民國二十四年 五月 河南沁陽附生杜元化謹序于汴垣

太極拳啓蒙序

竊聞余

師述蔣老夫子所傳趙堡鎮太極拳只太極之先天地根源二語盡之何則太極即天地也太極之先即無極也天地根源天地仍太極也根源即無極中之背絲扣也背絲扣既為天地根源即為太極之母也今編述太極拳第一冊名曰啟蒙因其中動作着々混圓與天地之无極同由着々混圓歷三直四順六合等々本人身之混圓而造為背絲扣與天地根源同既與天地之根源同則人身之背絲扣非即為人身練太極之母乎既為人身練太極之母則太極拳之基實肇于此太極拳之基既肇于此則其中所練之兩儀四象八卦誠無不肇于此矣然此冊本名曰聯實為太極拳入門之初步所以々名之曰啟蒙撮其要旨則曰經領舉其全體則曰太極拳正宗

中華民國二十四年五月　河南沁陽杜元化序于汴垣

杜元化印

无極圖

太極拳緣起

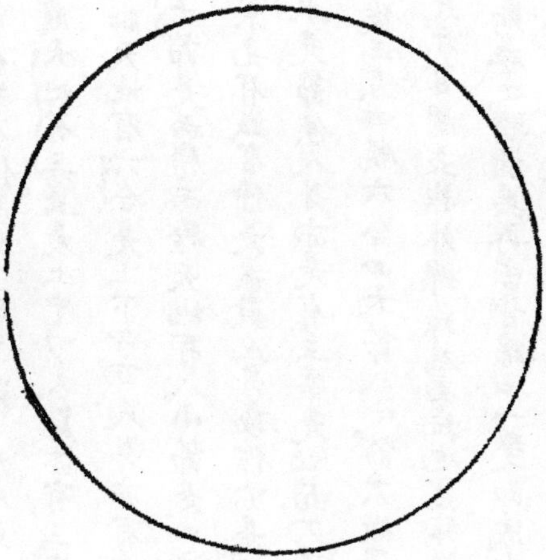

圖解

空圈之中天地未分恍恍惚惚陽中有陰恍惚之際又覺不僅陽中有陰遂像陰中有陽究竟辨其何為陰何為陽彷彿似梭不實若謂其無陰與陽儼然實有此陰陽之現象亦不得謂其為無至于積久而陰陽自分當未分之時故曰无極人身亦猶是也當初練拳時亦不知其何為陽何為陰雖有時覺察亦在恍惚之中故亦號曰无極

練法

當洪濛之時天地未分無邊無際混圓而已恍恍惚惚其中含有三直四順六合四大節八小節雖在恍惚之中絶未見其氣有撤有停毫無主宰而瀦流水此天地未分之現象也人身亦然如天地是混圓人身無處不是混圓天地有三直是上中下人身亦有三直是頭身腿天地有四順是寒溫暑涼人身亦有四順是手身腿脚天地有六合是上下四方人身亦有六合是手脚肘膝膀胯天地有四大節是春夏秋冬人身亦有四大節是兩膀兩胯天地有八小節是四立二分二至人身亦有八小節是兩手兩肘兩膝兩膀天地旋轉未見有撤有停是氣數人身動作亦是不撤不停亦是氣數不過未免有時嫌滯天地有主宰是理而不流水是節候人身亦是有主宰是心而不流水是節制不過未免有時稍混所以吾人本太極以造拳必須從三直四順六合四大節八小節不撤不停不流水做起為練拳洪濛之時所以名曰无極雖說與天地斤斤有關並非外鑠強為牽拉也然非修練經過者不知若將此數層練過其中之混圓一變即是背絲扣斯拳之聯備矣再由背絲扣一變即成太極練至此正氣機變化之幾也然此是未變太極以前之事故號曰无極亦名曰聯

太極拳啟蒙規則

(一)空圈

一勢一勢都練成空圓圈即是無極即是聯故每勢以轉圓為主不須斷續不須堆塞如此做去方為合格

(二)三直

頭直身直小腿直三者何以能直細分之是不前俯不後仰不左歪不右倒不扭膀不掉膀自然上下成直

(三)四順

順腿順脚順手順身四者何以能順細分之是手向左去身順之去腿向左去脚亦順之去推順脚時先將脚尖擦起隨勢而動切記不可抬高移動身之重點向右順亦然

(四)六合

手與脚合　肘與膝合　膀與胯合　心與意合　氣與力合　筋與骨合

(五)四大節八小節

兩膀兩胯為四大節膀為梢節之根胯為根節之根周身活潑全賴乎此八小節兩肘兩膝

兩手兩腳節節隨膊隨胯挨次運動勿令死滯急能順隨與膀胯爲

(六)不撤不停

每動一着左手動右手不動爲撤右手動左手不動亦爲撤脚之作用與手同不到成勢時止住是爲將勁打斷名曰停犯此無論如何鍛鍊勁，不接連終無效用

(七)不流水

每一着到成時一頓意貫下着是爲勢斷意不斷如不停頓一混做去謂之流水犯此到發勁時因勢無節制勁無定位必致勁無從發此宜深戒

總括

四梢

每一動作行于四梢此爲練拳者之必要有歌爲證

歌曰

牙齒爲骨梢　舌頭爲肉梢　脂甲爲筋梢　毛孔爲氣梢

總歌兼体用連聯解

一圓即太極

此層從背練纏絲分出陰陽其練是纏法其用是掤法此層圖解歌訣列在此卷之首

上下分兩儀

此層陽升陰降陽輕陰重其練是波瀾法其用是就法此層圖解歌訣列在此卷之首

進退呈四象

此層半陰半陽純陰純陽互為往來其練是蓄法其用是伏貼法此層圖解歌訣列在此卷之首

開合是乾坤

此層天地相合陰陽交合其練是抽扯法其用是撐法此層圖解歌訣列在此卷之首

出入綜坎離

此層火降水升水火沸騰其練是催法其用是回合法此層圖解歌訣列在此拳之首

領落錯震巽

此層雷風鼓動有起有伏其練是抑揚法其用是激法此層圖解歌訣列在此卷之首

迎抵推艮兑

此層為口為耳能聽能問彼此通氣其練是稱法其用是虛靈法此層圖解歌訣列在此卷之首

命名十三式

總而合之為十三因各有效用故不得不別之為十三

此是真秘訣

其中所包一圓兩儀四象八卦各有秘訣一絲不紊一太極圖之中而十三式俱現秘莫秘于此矣

萬萬勿輕施

秘戒學者慎重傳人切忌濫授

是歌均繪有圖有解有練法有通俗有由體達用共分七層連聯而為八聯雖不歸致用不列歌內其實為致用之母況歌中七層皆由此而生此層為練拳洪濛之世如初學時自始至終無非混混沌沌莫明其故迨練至背絲扣心中恍惚才有一點明機而太極之生實肇于此矣故歌從一圓即太極起

太極拳總論 附歌

歌云 河南懷郡溫邑趙堡鎮陳清平

舉步輕靈神內斂　莫教斷續一氣研

左宜右有虛實處　意上寓下後天還

一舉步周身俱要輕靈尤須貫串氣宜鼓盪神宜內斂

歌云

舉步輕靈神內斂

勿使有凸凹處勿使有斷續處其根在腳發于腿主宰于腰形于手指由腳而腿而腰總須完整一氣向前退後乃得機得勢有不得機得勢其病必于腰腿間求之

歌云

莫教斷續一氣研

虛實宜分清楚一處自有一處虛實處處總此一虛實上下前後左右皆然

歌云

左宜右有虛實處

凡此皆是意不在外面有上即有下有前即有後有左即有右如意要向上即寓下意若將物掀起而加以挫之之力斯其根自斷乃壞之速而無疑總須周身節節貫串勿令絲毫間斷耳

歌云

意上寓下後天還

背絲扣為太極拳之母是此拳徹始徹終工夫此論此歌是教人單做背絲扣順逆動作之法故以總稱之

右手陰
左手陽
左手陰
右手陽

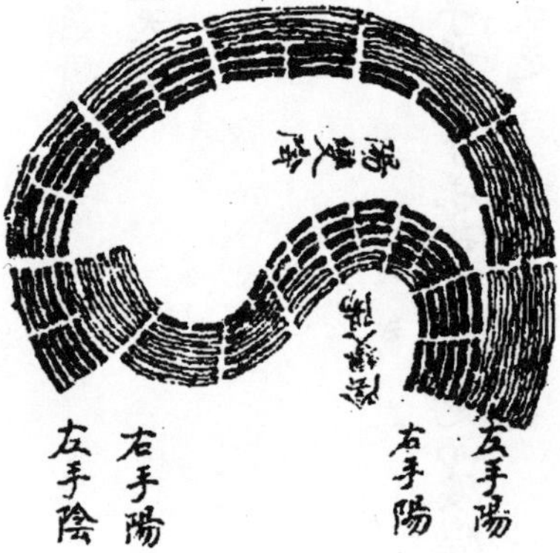

左手陽
右手陽
右手陽
左手陰

太極拳目錄

太極拳十三式手法起原之圖

本太極拳十三式手法始由天道起中包六十四勢每勢要鍊够十三字即一圓兩儀四象八卦是也索以天道終余師云苟非其人道不虛傳

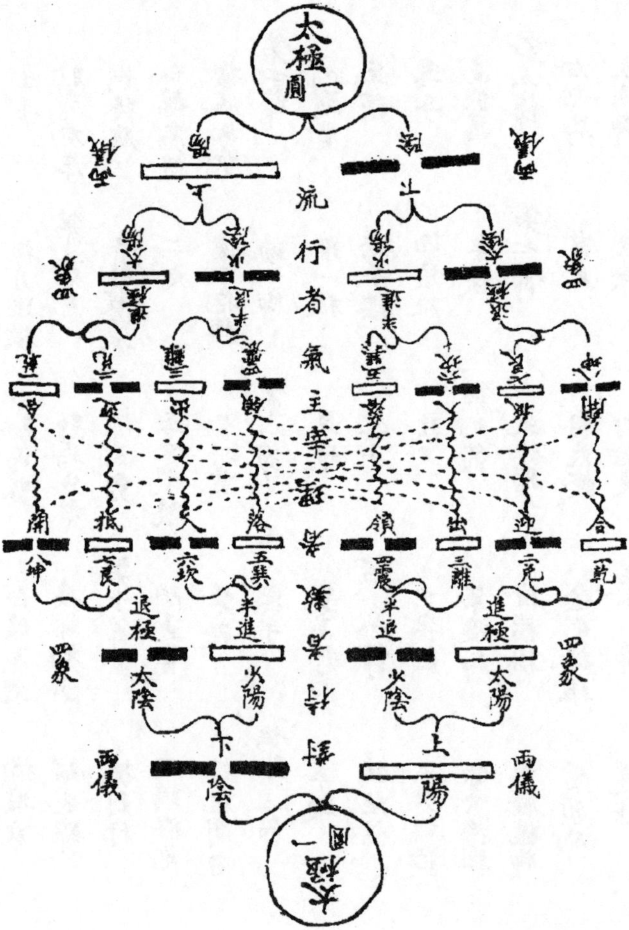

背絲扣圖解

背絲扣為太極拳徹始徹終工夫其所以然者何哉蓋以太極拳之動作姿勢彷彿若是也試觀空圈之中恍恍惚惚其氣機發出一種現象一向一背分順分逆非象夫背絲扣乎非象夫太極中一明一暗之曲綫乎故以背絲扣名之寔以背絲扣代之切望練斯拳者要以斯圖為有事方能尋看太極拳之真門徑准可造出太極拳之真鉛汞由是循序漸進則庶乎其不差矣

金剛搗碓

(1) (2) (3) (4)

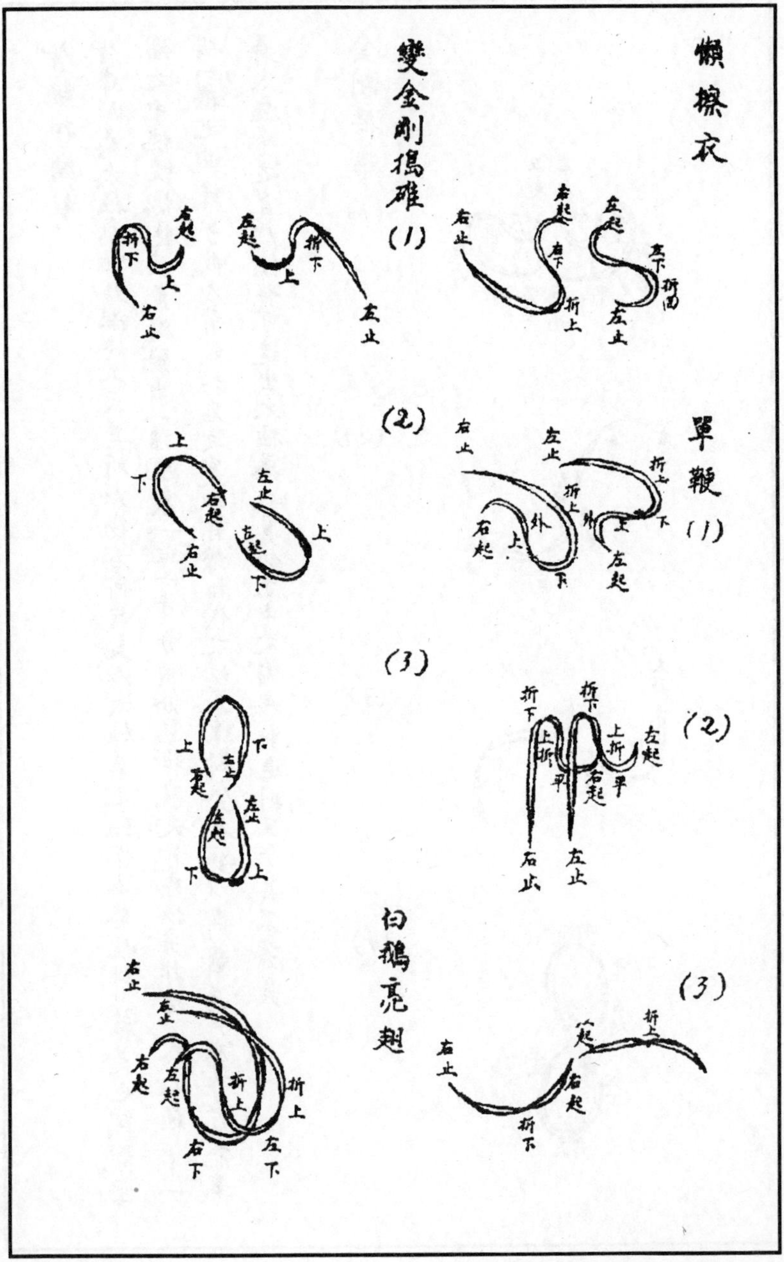
懶擦衣
單鞭 (1)
(2)
(3)
變金剛搗碓 (1)
(2)
(3)
白鵝亮翅

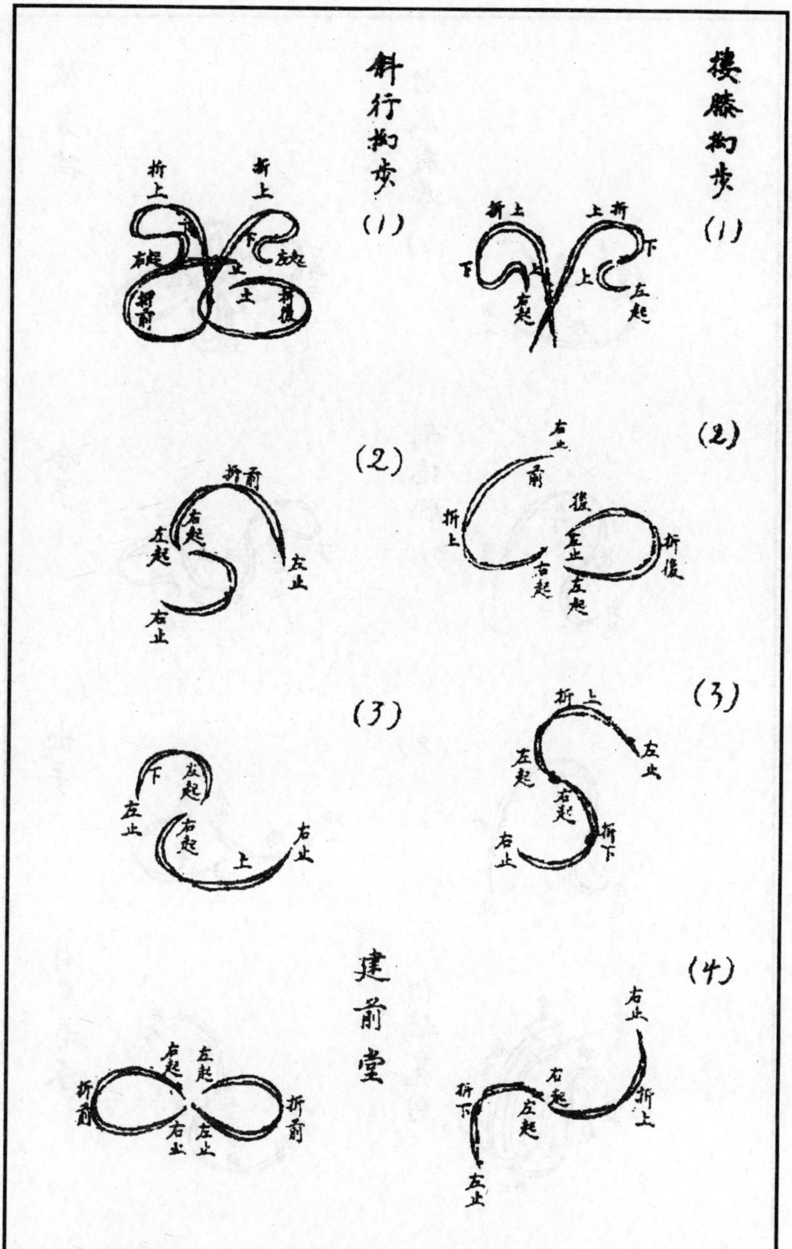
摟膝拗步
(1)
(2)
(3)
(4)
斜行拗步
(1)
(2)
(3)
建前堂

披身捶

合手

出手

肘底看拳

肘底看拳 (2)

倒捲肱 (1)

(2)

白鵝亮翅

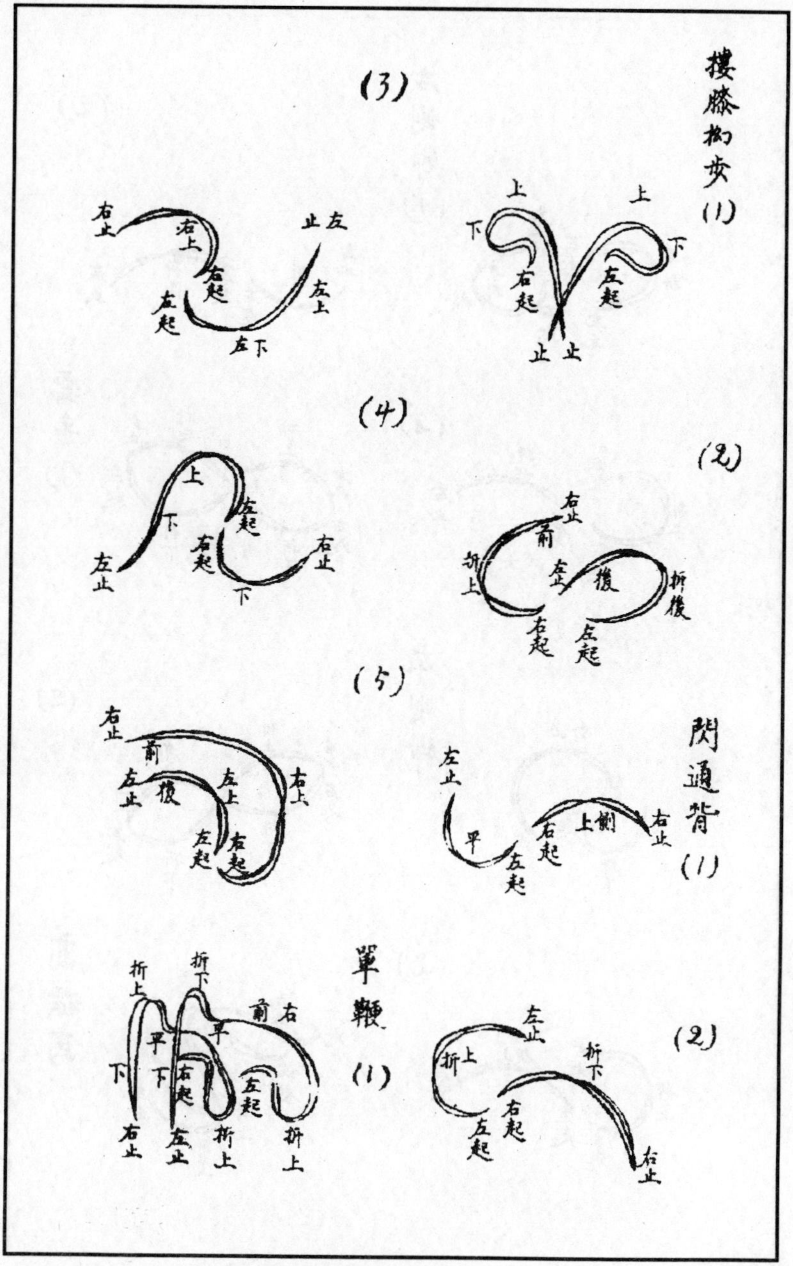
摟膝拗步
(1)
上 上
下 下
右起 左起
止 止
(2)
右止 前 折上 左止 後 折後 右起 左起
(3)
右止 右上 右起 左起 左下 左上 止左
(4)
上 左起 下 右起 左止 下 右止
(5)
右止 前 左止 後 左上 右上 左起 右起
閃通背
(1)
左止 平 左起 右起 上側 右止
(2)
左止 折上 左起 右起 折下 右止
單鞭
(1)
折上 折下 前 右 平 平 下 下 右起 左起 右止 左止 折上 折上

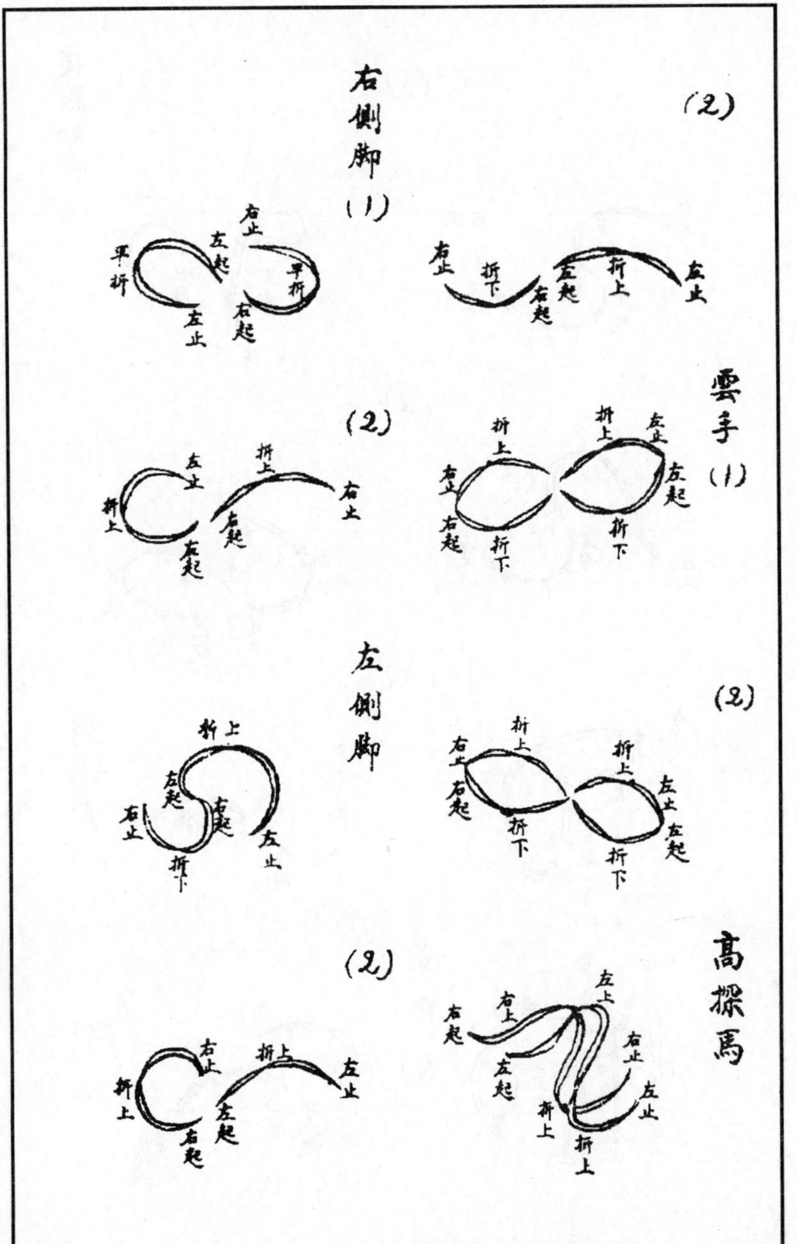
右側脚
(1)
(2)
左側脚
(2)
雲手
(1)
(2)
高探馬
右止
左起
平折
左止
右起
折下
折上
右上
左上

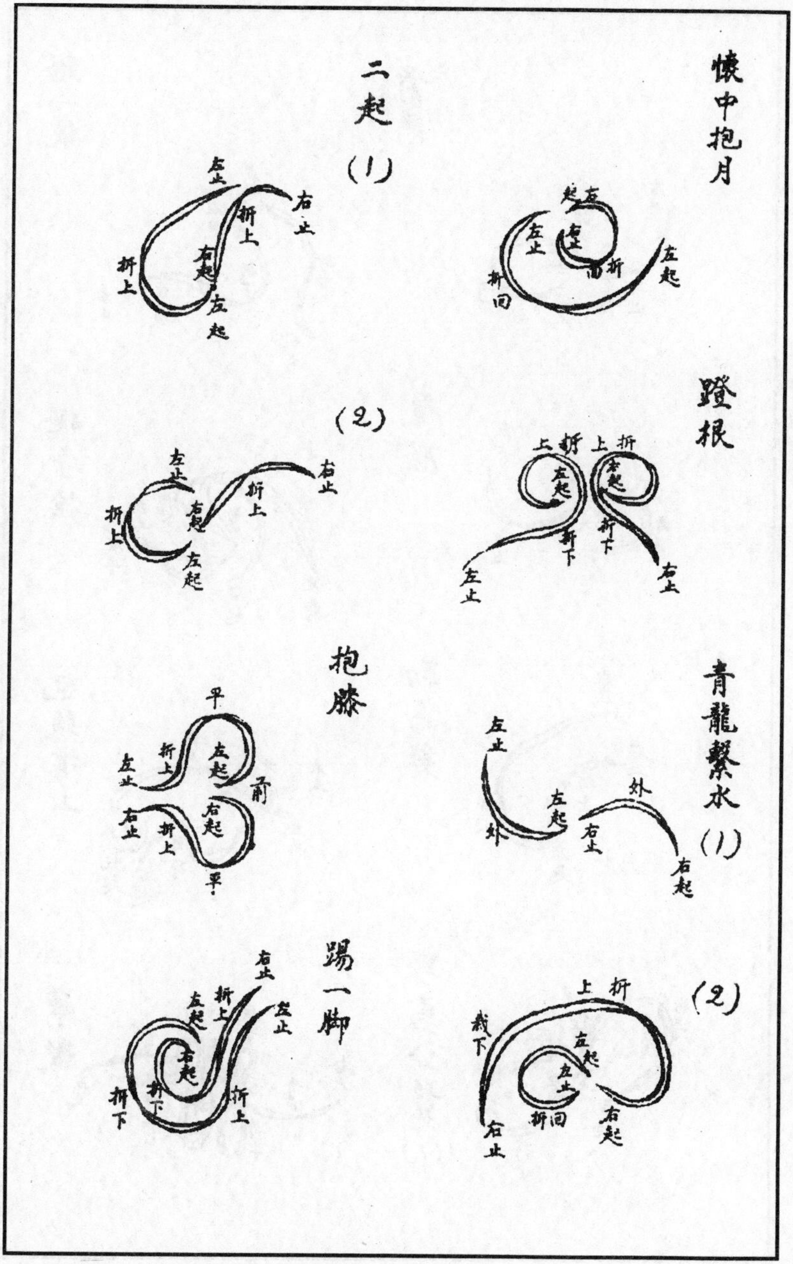
懷中抱月
左起
左止
右起
右止
折回
折
二起
(1)
左止
右止
折上
右起
折上
左起
(2)
左止
右止
折上
右起
折上
左起
蹬根
上 折
上 折
左起
右起
折下
折下
左止
右止
抱膝
平
左止
折上
左起
前
右止
折上
右起
平
青龍繫水
(1)
左止
左起
外
外
右止
右起
(2)
上 折
栽下
左起
左止
折回
右起
右止
踢一腳
右止
折上
左起
左止
右起
折下
折下
折上

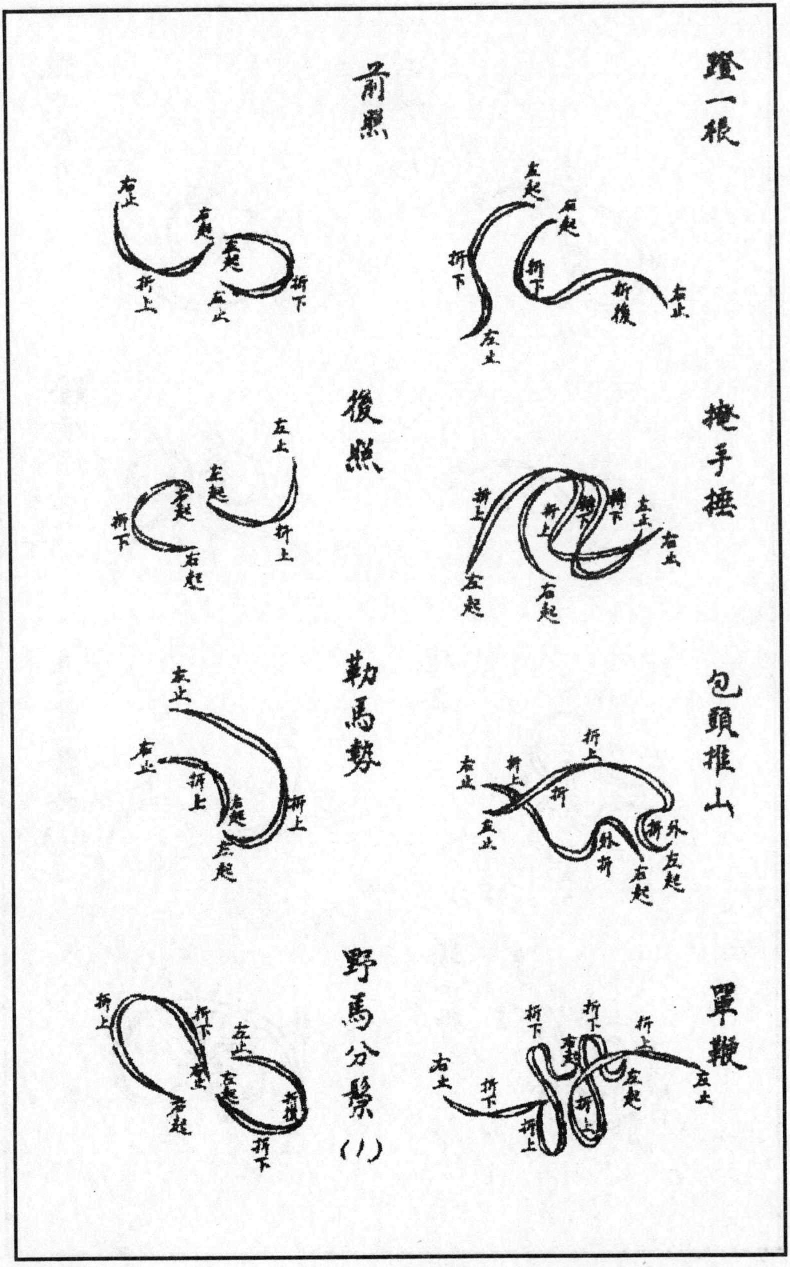
蹬一根
前照
掩手捶
後照
包頭推山
勒馬勢
單鞭
野馬分鬃(1)

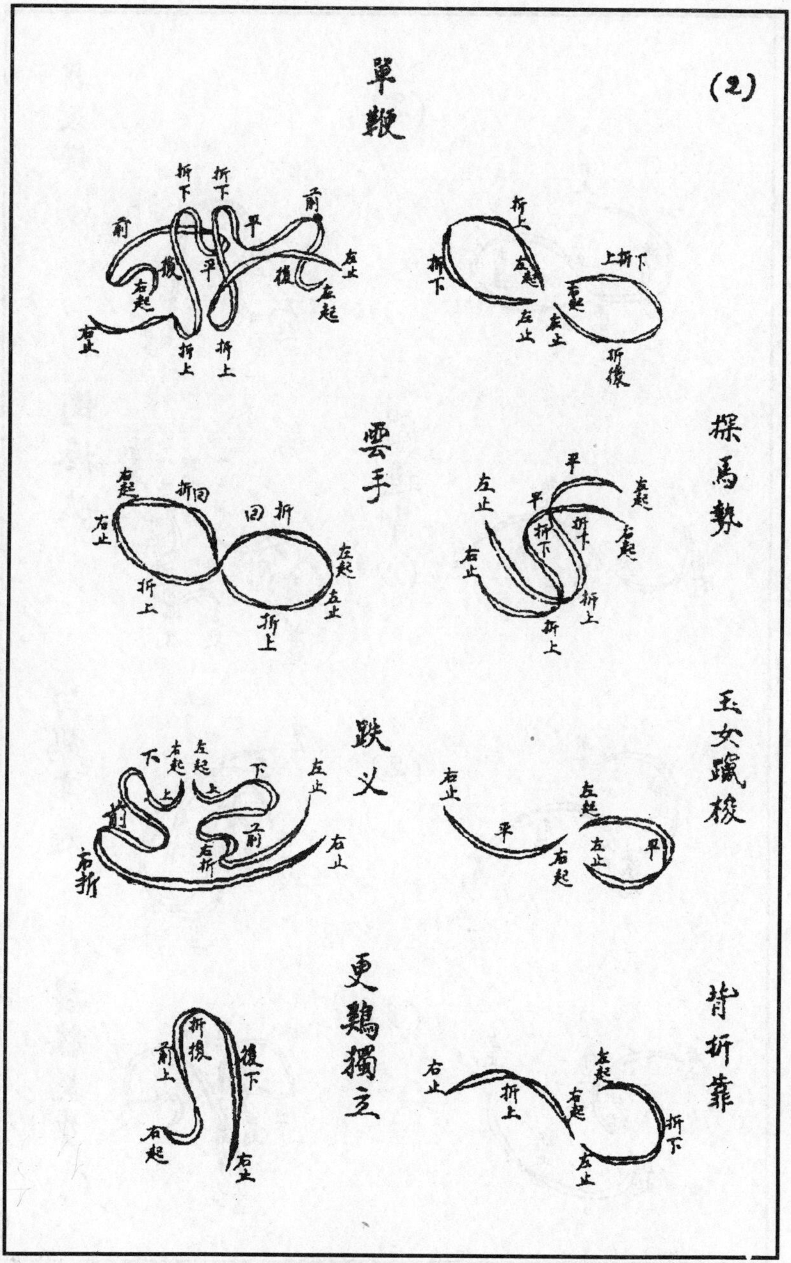
(2)
單鞭
探馬勢
雲手
玉女躥梭
跌义
背折靠
更鷄獨立

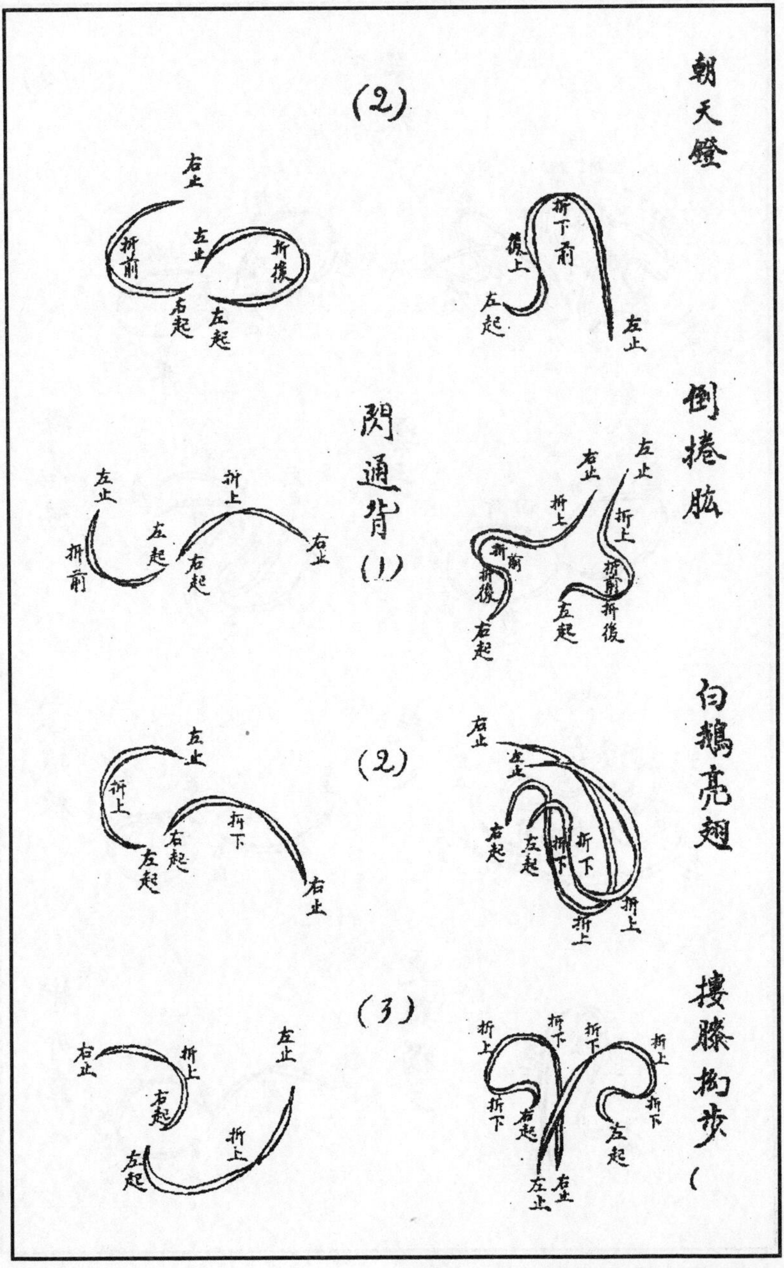
朝天鐙
(2)
倒捲肱
閃通背
(1)
白鵝亮翅
(2)
摟膝拗步
(3)

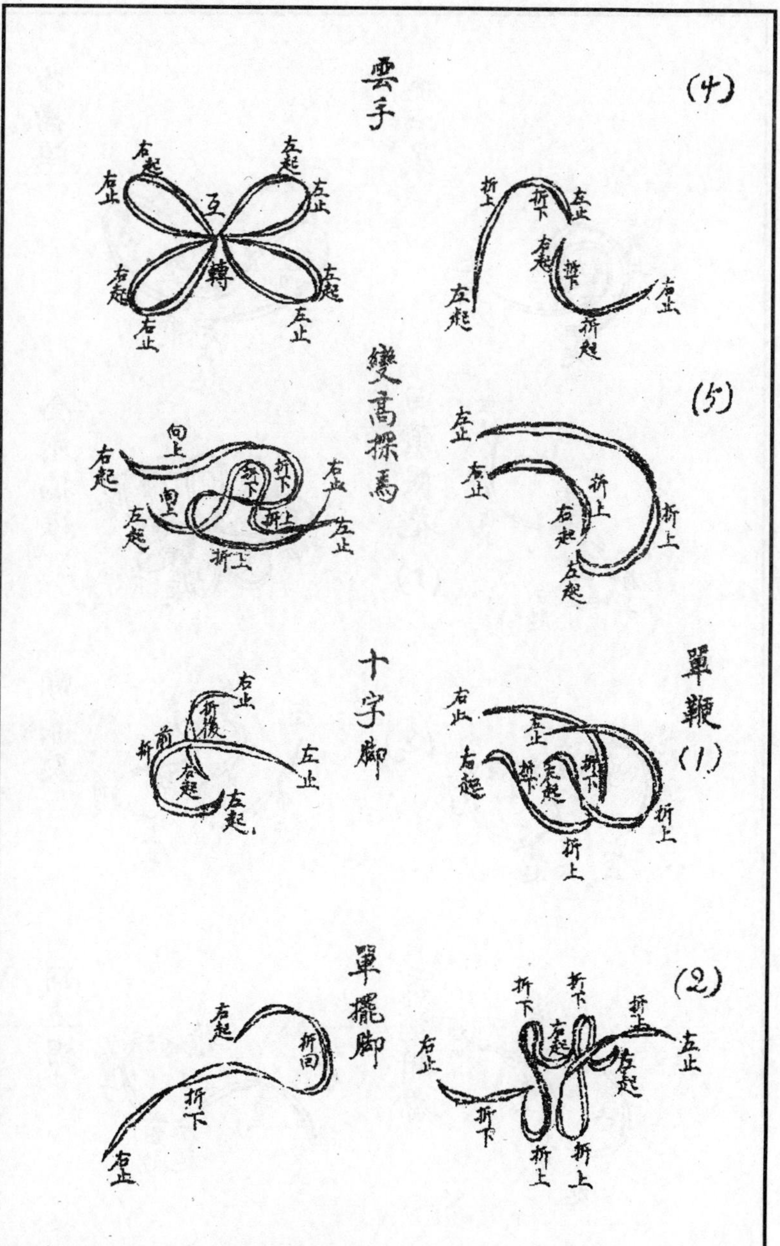
雲手
(4)
右起
右止
左起
左止
互
轉
右起
右止
左起
左止
折上
折下
左止
左起
折下
右止
折起
變高探馬
(5)
向上
右起
折下
右止
向上
左起
折上
左止
折上
左止
右止
折上
右起
折上
左起
十字腳
右止
折後
折前
右起
左止
左起
單鞭
(1)
右止
左止
右起
折下
左起
折下
折上
折上
單擺腳
(2)
右起
折回
折下
右止
折下
折下
折上
左止
右止
左起
左起
折下
折上
折上

揞襠捶

金剛搗碓

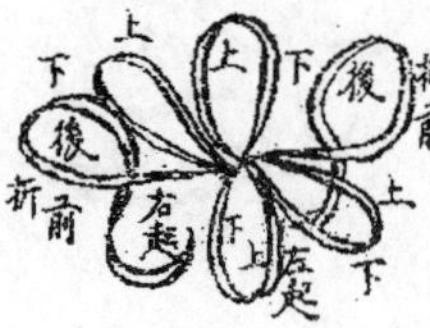

懶擦衣

鋪地錦

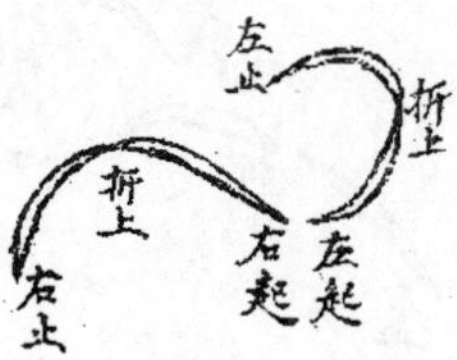

挽七星

回頭探花

(1)

(2)

折花鬪香

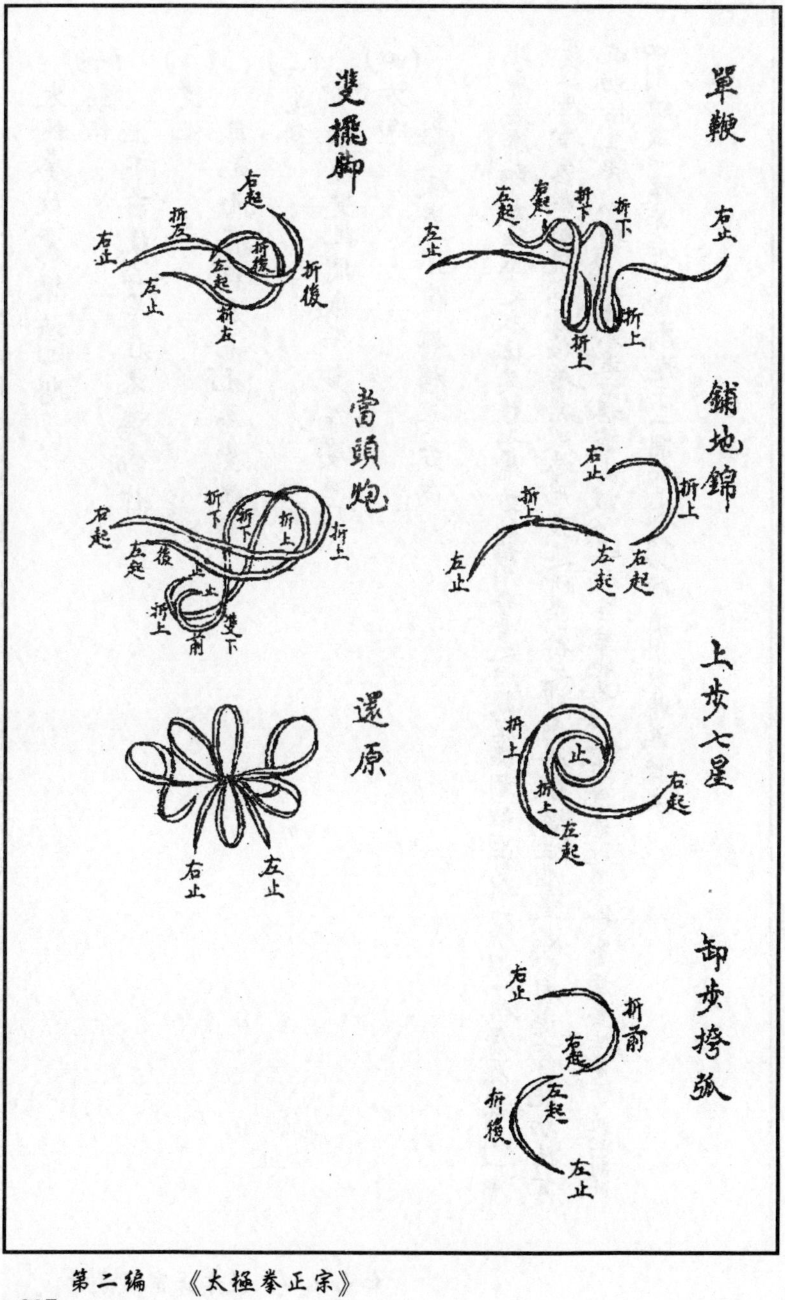
單鞭
右止
折下
折下
右起
左起
左止
折上
折上
雙擺脚
右起
折左
折後
折後
右止
左起
左止
折左
鋪地錦
右止
折上
折上
左止
左起
右起
當頭炮
右起
折下
折下
折上
折上
左起
後
止
止
折上
前
雙下
上步七星
折上
止
右起
折上
左起
還原
右止
左止
卸步摔弧
右止
折前
右起
左起
折後
左止

太極拳啟蒙練法四則

(一) 動作

上下前後左右往來為動作

(二) 變化

自无而有自有而无為變化

(三) 姿勢

動作變化擺成架勢為姿勢

(四) 方向

立定位置不復挪移為方向

此層各聯即太極拳之本体其後七層方歸諸用每層之用載在總圖歌內可謂一層深一層層深無底一層裹一層層密無縫現在欲按層集成卷册盡述所學付之印刷供献當世惟望海內同志有能切指其疵切指其謬以補余述之不逮方稱盡美誠余之所厚幸也又余之所厚望也學斯層者要注意于此四則此四則練成一律而后才能漸進于一圜即太極以歸諸用故特為誌之

太極拳啟蒙卷首

聯 即无極

金剛搗碓

總解　開始站時如齋、必須兩脚寬窄與兩膀相等、尤須中正、不偏不倚穩如山固立、如杆直左脚不動、其距離以右脚規定之、至于兩手從兩大腿外、微向後側面一去、兜口朝前、一齊合于兩大腿之前側面、其動作要直、要順、要合、要大小節俱活、要切忌不犯撒停流水為上為貴、方為合格、其要旨、以敬靜為主、

方向

向南直立

姿勢

開始姿勢從頭數到脚、是取本体上下順序之意

一頭　頭宜直豎、二眼　眼宜平視、

三身　身宜端莊、四膀　膀宜鬆平、

五肘　肘宜微曲、六手　兩手下垂兜口朝前、

七胯　兩胯為天機、貴于鬆活、

八膝　兩膝微曲、俱向裡扣

九脚　兩脚朝前順正、脚指抓地、脚後跟踏緊

(2) 動作

要旨 兩手順腿上至心平、合于胸前與心口齊、

註解『兩手順腿上至心平』、兩手揞展開順腿外向前抬起兜口朝上、舉至心齊』合于胸前』叏手朝前往裡合、手臂朝上、與心口齊』兩手向裡合至手揞結住、令當中成一空圓形、切勿照圖所畫之圖、貼在身上、

變化

方向

面向正南

姿勢

動作姿勢、從手腳并說、是取本體往來致用之意、

一手 兩手臂朝上合與心齊結成空圓形、

二肘 兩肘平曲、合于胸前、

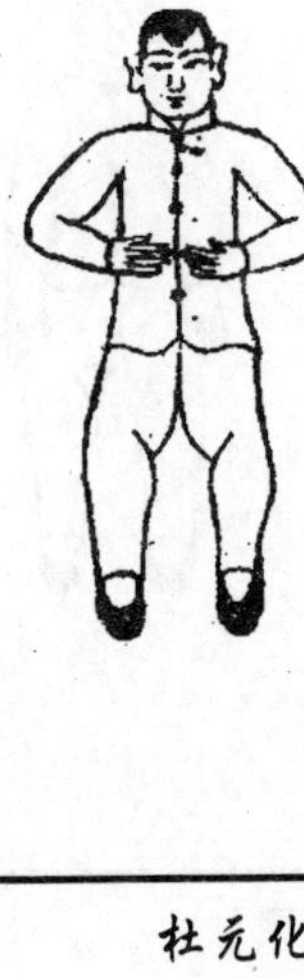

三膀 兩膀平鬆、勿架、 四頭 頭仍直竪、

五眼 眼仍平視、 六身 身勿前俯、

七腳 腳仍朝前、左右蹯齊、 八膝 膝仍微曲、

九胯 胯略向下蹲、

(2) 動作

要旨 動左手，上左脚，右手亦隨之動，

註解 「動左手上左脚」，左手向右往上抬起，左脚亦抬起，左手左脚順左斜下展開，右手亦隨之動」，左手掌朝下，右手掌朝裡，右膝攻起、左膝伸直，脚尖蹺起、

變化

方向

面向西南

姿勢

一手 左手向左、下至左胯外、右手向右、上至眼齊

二肘 右肘曲、左肘微曲、

三膀 左膀下鬆右膀上鬆、

四頭 頭微向右側、

五眼 神注右手梢、

六身 身稍向右側、上下斜懸、

七脚 左脚向左斜蹬去、脚尖蹺起、右脚不動、

八膝 左伸右曲、

九胯 兩胯下坐、左虛右實、

(3) 動作

要旨 動右手、上右腳、左手亦隨之動、

註解『動右手上右腳右手往右上』起下到右膝時右手右腳一齊往前上『左手亦隨之動』左手動左腳不動、要用意教他暗動、以後如此勢很多、俱要暗動、

變化

方向

面向正南

姿勢

一手 右手往右下向前去、至右大腿外左手從左下方上、起至胸前、

二肘 左肘曲、右肘微曲、

三膀 左膀平鬆、右膀下鬆、 四頭 移向正前、

五眼 神注左手梢、 六身 身橋直豎、

七腳 兩腳移向正前、 八膝 雙膝微曲

九胯 兩胯略蹲、

(4) 動作

要旨　兩脚站齊、同時右手舉起右脚抬起左手落下叉手合于胸前、

註解「兩脚站齊、同時右手舉起右脚抬起、左手落下」、右手右脚抬起時、右手握拳、前冲上起、左手從上下降「叉手合于胸前」右手下落、左手上就、一齊向心前合住、

變化

方向

面向正南

姿勢

一手　叉手合于心口、右手握拳、左手抱攏

二肘　兩肘皆曲、下沉、成平面空圓形、

三膀　兩膀平鬆、

四頭　直竪、頷向上微仰、

五眼　神注兩手、

七脚　兩脚與身相等、俱順朝前、

八膝　兩膝微曲、小腿竪直、

九胯　兩胯微蹲、俱向裡合、

懶擦衣

動作

要旨　先卸左手左脚、再上右手右脚、

註解『先卸左手左脚』左手順勢朝下往左去、手臂朝前、右手隨之、左手至膝外、右手至襠中、左脚亦順手往左去、左膝攻起』再上右手右脚』右手向上往右去、手掌朝前微側、右膀平鬆、肘微曲、右脚亦隨手往右去、右膝攻起、左膝展開、左脚不動、左手回至左肋、置于其中、

變化

方向

面向正南

姿勢

一手　右手梢與眼角齊、左手置于左肋間、

二肘　左肘曲、右肘微曲、

三膀　右膀前鬆、左膀向裡下鬆、

四頭　微向右側、　五眼　神注右手梢、

六身　向右方扶直、　七脚　兩脚俱向右斜、

八膝　右膝曲住、左膝伸直、

九胯　右胯坐下、左胯壓下、

單鞭（1）

動作

要旨　兩手往前合、左腳前跟、腳掌點地、

註解『兩手往前合、』兩手就上勢朝前去、往上轉下、往外、向左去、復從左往上往裡向右去、兩手合于右上方、『左腳前跟腳掌點地、』左手往右去時、左腳隨之往右去、至右方腳掌點地、以助右方之不及、是實中帶虛、

變化

方向

面向南方

姿勢

一手　兩手左回右上、右手上與眼角齊、左手微低

二肘　左回右上、兩肘俱曲、

三膀　左回兩膀下鬆、右上兩膀前鬆、

四頭　微向右側、　五眼　左回右上、神注兩手梢、

六身　上下扶照、微向右側

七腳　左回右腳根着地、右上左腳掌着地、

八膝　兩膝微曲、　九胯　兩胯微向下蹲、

(2)

動作

要旨　兩手往右下合、身往下蹲、至大腿平與膝齊、

註解『兩手往右下合』兩手從右方下至膝齊、左手在右膝裡、右手在右膝外、兩相合『身往下蹲』胯與膝齊、向下曲以大腿平為度『至六腿平與膝齊』身蹲至大腿平、令手與膝齊、左虛脚踏寔、

變化

方向

面向南方

姿勢

一手　雙手下至膝齊、　二肘　兩肘微曲、

三膀　左右膀下鬆、背向裡合、

四頭　微向右側、　五眼　神注兩手梢、

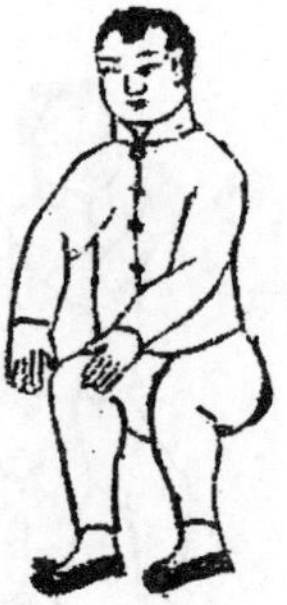

六身　身往下蹲、將椿扶正、

七脚　兩脚俱朝右側、左脚落寔、右脚移向前、

八膝　膝曲至大腿平、膝盖前攻、

九胯　兩胯下蹲、勿蹲過膝下、

(3) 動作

要旨　兩手上去、上至膀齊、分開左手向上、左展、右手向下、右展、變肘微曲、

註解「兩手上去、上至膀齊、兩手往上去、身橋往下」就、「分開左手向上左展、右手向下右展」左手從面前往上向左展開、右手從右方往下向右展開「變肘微曲」左手上蹻、右手下按、全在曲肘聚氣、

變化

方向

面向正南

姿勢

一手　兩手上至右膀齊、左手上蹻、右手下按、拉開右手成撐

二肘　兩肘微曲、　三膀　兩膀鬆開

四頭　微向左側、　五眼　神注左手梢、

六身　身橋沉于左方、注意豎直、

七脚　兩脚俱朝左側、　八膝　左膝曲、右膝展、

九胯　左胯下坐、右胯下沉、

變金剛搗碓(1) 動作

要旨　就上式、左右手往上往後復往前合、兩腳隨之、

註解「左右手往上往後、左右手向上往後折手掌朝上」復往前合「左右手乘後折、即向上往前去、手臂朝上、兩腳隨之」左右手朝後折、兩腳向外移、左右往前去、兩腳向裡回、務要雙腳根踏定、

變化

方向

面向正南

姿勢

一手　左右手後折、手掌朝上、前合、手臂朝上

二肘　右肘曲左肘微曲、

三膀　兩膀前鬆、四頭　微向左側、

五眼　神注兩手梢、

六身　向右側微沉、稍要豎直、

七腳　兩腳隨身先外移、後裡回、腳根踏定、

八膝　右膝曲、左膝伸、　九胯　兩胯下墜、

(2)

動作

要旨　右手上去、左手下去、左脚斜蹬、再右手下去、左手上去、右脚前上、

註解　「右手上去」右手往右上方去、手掌側向裡、「左手下去」左手往左下方去、手掌側朝裡、「左脚斜蹬」左脚向左方揀斜蹬去、「再右手下去」、右手下至腿外、「左手上去」上至胸前、「右脚前上」、上至寬窄與身相等、

變化

方向

面向正南

姿勢

一手　右手下至大腿外、左手上至心口齊、

二肘　左肘曲、右肘微曲、

三膀　左膀平鬆、右膀下鬆、

四頭　向前直竪、　五眼　神注左手梢、

六身　卓然直立、不俯不仰、

七脚　兩脚並齊、其距離與身寬窄相等、

八膝　雙膝微曲、　九胯　兩胯微下蹲、

(3) 動作

要旨　由兩脚站齊、右手右脚同時舉起、右手上起左手下落、左手抱右手、合于胸前、

註解　『右手右脚同時舉起』、右手沿路握拳、『右手上起、左手下落』、右手由外上起、左手由裡下落、『左手抱右手、合于胸前』、左手從外上兜、右手從裡下降、一氣合住、

變化

方向

面向正南

姿勢

一手　兩手合于心口、右拳左掌、中空外實、

二肘　兩肘皆曲、　三膀　兩膀前鬆、左右相停、

四頭　監直頷向上微仰、

五眼　神注兩手、向前平視、　六身　身樁直豎、

七脚　順直朝前、脚指與脚掌用力、

八膝　兩膝前攻帶曲、同往裡合、

九胯　兩胯略向下蹲、亦向裡合、

白鵝亮翅　動作

要旨　卸左手左腳、跟右手右腳、右腳掌點地上右手右腳、跟左手左腳、左腳掌點地、

註解　「卸左手左腳」均往下向左去、「跟右手右腳」均隨左手左腳向左下、「右腳掌點地」實中藏虛、「上右手右腳」均向上往右去「跟左手左腳」均隨右手右腳往右上、至右手與眼角齊、「左手微低、合于右上方、左腳掌點地」以虛助實、

變化

方向

面向正東

姿勢

一手　兩手左下、左手在左膝外、右手置襠中、兩手右上、右手與眼角齊、左手微低

二肘　左下右上、兩肘俱曲、　三膀　左右各鬆

四頭　左下左側、右上右側、皆宜豎直、

五眼　神注右手梢、　六身　左下右上、皆要扶直

七腳　左下右虛、右上左虛、　八膝　左下、雙膝俱曲、右上、雙膝微曲、　九胯　左下坐[illegible]胯

摟膝拗步(1) 動作

要旨　兩手分開、順右膝按下、至右大腿平、掌與膝齊、左足根蹬至左方、右胯坐實、

註解　兩手分開、由上左右分、順右膝按下至大腿平、由分而合按至掌與膝齊、左手壓于右手之上、均在膝際、左腳根蹬至左方、左腳指微向左側身向下蹲、右胯坐實、支持全身、

變化

方向　面向正東

姿勢

一手　兩手分開下按、成交叉勢、手臂翻上

二肘　右肘曲、左肘微曲、

三膀　兩膀下鬆、

四頭　頭直、微下俯、

五眼　神注右方兩手梢、

六身　身樁豎直、

七腳　右腳踏實、左腳虛承、指略上蹺、

八膝　右膝曲住、左膝伸直、

九胯　右胯坐實、左胯虛含、

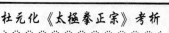

(2)　動作

要旨　雙手橫分、右膝展開、左膝曲住、同時左右手均拉至左右膝外、左手往後、右手來前、

註解　「雙手橫分、左手往左去、右手往右去」右膝展開、左膝曲住」、是與手同時蔓到左方、「左右手均拉至左右膝外」、左手隨左走、右手隨右走、「左手往後、右手來前」左手順膝摟至背後、右手順膝上起、轉到面前、

變化

方向

面向正東

姿勢

一手　右手在前、還與鼻準相照、左手伏後、近給脊骨相對、　二肘　右肘前曲、左肘後曲、

三膀　右膀勿往前貪左膀勿向後擘、

四頭　直立、不俯不仰、　五眼　神注右手梢、

六身　身椿站正勿扭、

七脚　左脚向左斜、右脚隨之、

八膝　左膝攻足右膝崩展、　九胯　兩胯下坐、

(3)　動作

要旨　右手右腳往後卸半步、左手左腳向回提半步、腳掌點地、

註解「右手右腳往後卸半步」、右手右腳、往外向下朝襠中卸回往後踏半步「左手左腳向回提半步」、左手左腳朝裡向上點左方往回提半步、腳」掌點地、虛中含實

變化

方向

面向東南

姿勢

一手　右手卸至右肋間、左手提到左膝上、

二肘　兩肘皆曲、左手離膝高、右手離肋近、

三膀　左膀平鬆、右膀下鬆、

四頭　微向左側、　五眼　神注左手梢、

六身　身樁上下斜照　七腳　虛與實順、

八膝　右膝實曲、左膝虛曲、

九胯　右胯坐實、左胯虛提、

(十) 動作變化

要旨 偏左上左手左腳、跟右手右腳、右腳少後、左腳少前、

註解 「偏左上左手左腳、左手左腳向左斜上、跟右手」右腳、右手右腳隨左邊亦向左斜上、左手下落左腿外、右手上至右眼齊、「右腳少後左腳少前、兩腳前後併立、」

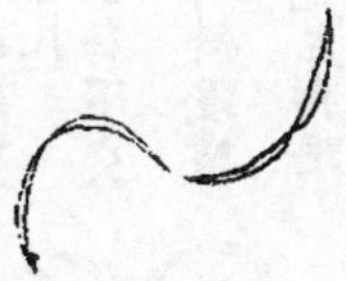

姿勢

一手 左手貼左腿外、右手置右眼前、

二肘 右肘曲、左肘微曲、

三膀 右膀前鬆、左膀下鬆、

方向

面向東南

四頭 微向左側、 五眼 神注右手梢、

六身 身稍斜直、上下相照、

七腳 左腳在前、右腳跟至左腳一半中、

八膝 兩膝微曲、 九胯 兩胯略往下蹲

斜行拗步（1）　　動作　　變化

要旨　雙手分開、交义摟下、左脚斜蹬橫分、左蹬右曲左曲右展、同時兩手均斜拉至兩膝外、左手斜向後、右手斜向前、

註解「雙手分開、交义摟下」雙手從上分開左手在上右手在下、交义合住、摟于右膝上、「左脚斜蹬橫分、左蹬右曲、左曲右展」先左脚蹬開、右膝曲住、右膝展開、左膝曲住、「同時兩手均斜拉至兩膝外」左手隨左斜去、右手隨右斜去「左手斜向後、右手斜向前、」左手順膝斜摟至背後、右手順膝斜上至面前、

方向

面向東南

姿勢

一手　右手在前斜與鼻準照、左手在後斜與脊骨照、　二肘　右肘在前斜曲、左手在後斜應、

三膀　左右膀前後鬆開、

四頭　斜直勿扭、　五眼　神斜注右手摘、

六身　身橋斜直上下斜照、

七脚　左脚斜、右脚隨之、

八膝　左膝斜攻、右膝斜展、　九胯　兩胯斜坐寔

（乙）動作

要旨　右手右腳往右、卸卸至左腳根之側、左手左腳向前提、提至右腳前左側、左腳掌點地、

註解　「右手右腳往右、卸卸至左腳根之側」、卸時往外向下、變為照左腳根卸、卸至左腳之側稍後、「左手左腳向前提、提至右腳前左側」、提時向裡往前、變為照右腳前提、提至右腳前左側、「腳掌點地」、虛左以待、

變化

方向

面微向西南

姿勢

一手　右手斜卸右肋間、左手斜提左膝外、

二肘　右肘曲、左肘微曲、

三膀　左膀前鬆、右膀下鬆、

四頭　微向右側、

五眼　神注左手稍、

六身　身樁變正、微向左斜、

七腳　右腳順正、左腳掌虛點、微向左側、

八膝　雙膝皆曲、

九胯　兩胯下蹲、

(3)

動作

要旨　左手左腳偏左往前上右手右腳連往隨之亦偏左往前上、

註解　左手左腳偏左往前上、左手臂朝上偏左前上、左腳亦隨之偏左前上、右手右腳連往隨之、亦偏左往前上、右手掌朝上指朝前偏左前戳、右腳亦隨之偏左往前上、

變化

方向

面向東南

姿勢

一手　左手臂朝上外下、右手掌朝上平戳、

二肘　左肘曲、右肘微曲、

三膀　左膀下鬆右膀前鬆、　四頭　微向左側、

五眼　神注右手指頭、　六身　向左側斜直、

七腳　先上左腳、後上右腳均偏左上、

八膝　左膝展、右膝微曲、

九胯　兩胯左外鬆前上、右裡鬆前上、

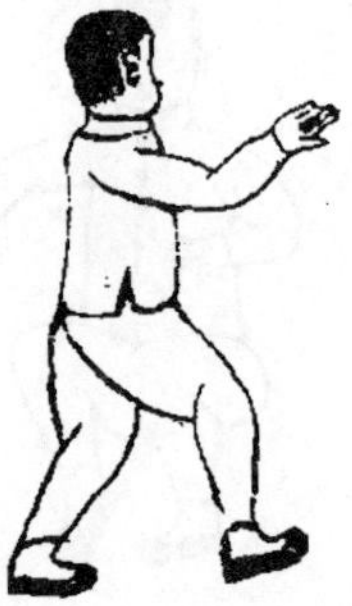

建前堂　動作

要旨　先左手向裡往前合、左脚隨之次右手向裡往前合、右脚隨之、

註解　「先左手向裡往前合、左手由左往下往後往上、朝前合左脚隨」之、左脚從左由外往上、朝前踏「次右手向裡往前合、右手由右往下往後往上、朝前合、右脚隨」之、右脚從右往外往上、朝前踏、至左脚齊、右手握拳、左手環抱、

變化

方向

面向正南

姿勢

一手　先左手、次右手、合于胸前、左掌右拳、

二肘　左右肘皆平曲、

三膀　兩膀向前平鬆、　四頭　直立勿俯、

五眼　神注兩手、向前平視、

六身　身橋端正、不俯不仰、

七脚　先上左脚立定不動、次上右脚比齊、

八膝　雙膝微曲、　九胯　兩胯微往下蹲、

披身捶

動作

要旨　雙手向外下至膝、復順膝握拳轉上復下至膝、雙膝皆曲、順膝披開、左膝展右膝曲左捶置腰間、右捶置耳門關中、

註解　「雙手向外下至膝」變掌轉下復「順膝握拳轉上」變掌為拳、上至心口、復「下至膝」雙捶皆手臂朝前「雙膝皆曲」成騎馬勢、順膝披開、「雙拳向左右分」、左膝展右膝曲、身隨斜向右方、左捶置腰間」、左捶由前向下往回捲、「右捶置耳門關中」、右捶由後向上往前捲、眼顧左腳尖

變化

方向

面向正南

姿勢

一手　雙手變掌下去、復變捶上來、復下披開、左捶置腰間、右捶置耳門關中、

二肘　兩肘皆曲俱手臂朝前

三膀　兩膀左亢右卑、　四頭　一直斜順、

五眼　神注左腳尖、　六身　身橋斜直勿彎、

七腳　兩腳俱朝右斜、　八膝　右膝曲、左膝崩展

九胯　右胯下坐、左胯斜展、

合手　動作

要旨　上身設正、兩捶分開、往前合于胸前、腳亦裡合、

詮解　上身設正、兩捶分開、上身從右設起、設到正中同時兩捶往上向下、至兩膀齊、往前合于胸前、兩捶從膀往前去、右仍拳、左變成掌、合于胸前、腳亦裡合、腳隨手移正、亦合于前、

變化

方向

面向正南

姿勢

一手　兩手合與心齊、右手仍拳、左拳變掌、如鞠躬致敬、二肘　左右肘平曲、

三膀　兩膀前鬆、四頭　頭豎端正、

五眼　向前平視、神注兩手、

六身　身橋扶正、七腳　兩腳移正朝前、俱向裡合、八膝　左右膝皆曲、向裡合、

九胯　兩胯坐定、亦向裡合、

出手 動作

要旨 分開往右上右捶右腳、左手亦變成捶與左腳緊跟腳右寔左虛、

註解「分開往右上右捶右腳」右捶微向下向左上起、同腳一齊右上「左手變成捶、與左腳緊跟」左手變成捶、與左腳隨右捶右腳、一气往右上「腳右寔左虛」以助之、

變化

方向

面向南方

姿勢

一手 兩手握拳、俱虎口朝上往右上遙與心對

二肘 左右肘皆曲、皆偏向右、

三膀 兩膀平鬆下沉、

四頭 略向右側、 五眼 神注右拳頭、

六身 身橋直立、沉于右邊、

七腳 右腳踏寔、左腳虛懸、腳掌下吃、以助之、

八膝 兩膝俱曲、 九胯 左胯跟右胯、一是坐下、

肘底看拳　動作

要旨　變拳變脚轉往左去、右拳置于左肘之下、左脚掌點地、

註解　「變拳變脚轉往左去」去時左拳向上往左轉轉至左方、左拳豎起、「右拳置于左肘之下」、右拳平旋至左方、收到肘底、以備下壓前上、「左脚掌點地」左脚從右抬起轉向左方、同時右脚就本地亦轉朝左方、左脚方落地、

變化

方向　面向正東

姿勢

一手　左豎之拳、與鼻准照、右平之拳、與肘底照、

二肘　左肘曲豎、右肘曲平、

三膀　左膀平鬆、右膀下鬆、

四頭　直豎、　五眼　神注左拳頭、

六身　身向左側直立、

七脚　右脚平踏、左脚掌着地、以虛待實、

八膝　雙膝俱曲、　九胯　右胯坐實、左胯虛含

(2) 動作

要旨 即偏左上左拳左脚、再偏右上右拳右脚、右拳上時、變成掌、

註解「即偏左上左拳左脚、用左拳偏左上去、下壓、右拳朝右後摇、再偏右上右拳右脚、右拳上時變成掌、用右掌偏右上、右脚跟上去、使手臂按下、左手回摟、」

變化

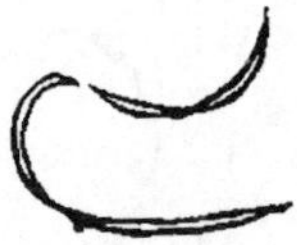

方向

面向東北

姿勢

一手 左拳用臂下壓、右拳變掌下按、

二肘 左肘向前下壓、右肘朝後抽回、

三膀 左膀下鬆、右膀前鬆、

四頭 微下俯、五眼 左上神注左拳、右上神注右拳、六身 身樁豎直勿向前彎、

七脚 左右脚皆五指先着地、

八膝 左上左曲、右上右曲、 九胯 兩胯互相坐

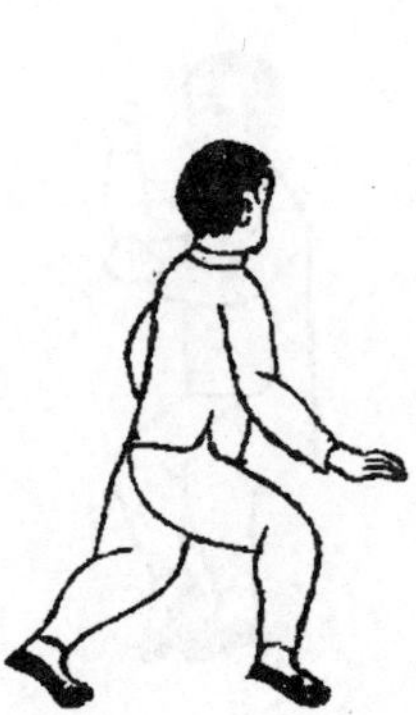

倒捲肱(1)動作

要旨　即右手、右手倒往回捲、即右脚、右脚倒往回蹬、

註解　『即右手、右手倒往回捲、右手掌向後朝上往前按、按至襠中、』即右脚、右脚倒往回蹬』、右脚朝裡過襠往後向右回蹬、脚尖先着地、規定其數四、左右各二、為正式、

變化

方向

面微向東南

姿勢

一手　右手、向右朝後倒捲往前按、掌心向下、

二肘　右肘曲下按到襠微伸、

三膀　右膀向外往後朝裡來前俱鬆、

四頭　向右微俯、　五眼　神注右手稍、

六身　身樁微向右俯、腰不宜彎、

七脚　左脚平蹬、右脚落時、五指抓地、

八膝　左曲右伸　九膀　左坐右鬆、

動作

（乙）

要旨　卸左手、倒往回捲、手按至襠中、卸左腳、由襠過後、仍倒往前踏、其數岀四、却不必拘、變着時、必從左手做了、

註解　卸左手、倒往回捲、手按至襠中「左手掌向後朝上往前按」卸左腳由襠過後、仍倒往前踏「左腳朝裡過襠、往後折上、倒回左前方踏下、腳五指先着地」其數岀四、却不必拘、若下工夫不拘其數」變着時、必從左手做了「同右手齊往右上方提起」

變化

方向

面微向東北

姿勢

一手　左手朝後抬起、倒往前按、掌心向下、

二肘　左肘曲下按、微伸、

三膀　左膀後折回按、往來要鬆

四頭　向左微俯、　五眼　神注左手梢、

六身　身橋腰不須彎、略向左斜、微俯、

七腳　右腳平踏、左腳倒落時、五指先抓地、

八膝　右曲左伸、　九胯　左胯坐實、右胯虛鬆、

白鶴亮翅

動作

要言　由右提至左、手高右手低、一齊下至左方、变脚隨之、右脚虛點、即從左下方变手上至右上方合住、右高左微低、变脚跟去、左脚虛點、

註解　「由右提至右手高、左手低、一齊下至左方」、兩手左下、右手在襠中、左手在膝外、「变脚隨之、右脚虛點」、以脚掌着地助之、「即從左下方、变手上至右上方合住、右高左微低」、從左上至右上方時、右手在前斜高與眼齊、左手在後斜、低與心齊、「变脚跟去」、左脚虛點以助之、

變化

方向

面向正東

姿勢

一手　兩手左下、右手與襠齊、左手與膝齊、右上、右手與眼齊、左手與心齊

二肘　左右肘交互相曲、　三髈　兩膀輪流相黏、

四頭　左下左直、右上右直、　五眼・神注兩手稍

六身　左下、身橋向左扶直、右上、身橋向右扶直、

七脚　兩脚互為虛寔相助、　八膝　左下、变膝俱曲、右上变膝微曲、　九胯　左下坐、右微伸、

摟膝拗步(1) 動作 變化

要旨 兩手由上分開交义摟于右膝上、左足横蹬至左方、

註解 『兩手由上分開、交义摟于右膝上』、兩手起時、自上分、摟時、至下合、皆順右膝、掌心向下摟去、『左脚横蹬至左方、用脚根朝地擦去』、脚指微向前斜

方向 面向正東

姿勢

一手 兩手分開、交义摟下、合于膝上、

二肘 左右下曲、 三膀 兩膀向右前上鬆、

四頭 向右側、直豎微俯、

五眼 神注交义兩手梢、 六身 身橋直立勿歪、

七脚 左脚横蹬虛擦、右脚踏實支撐、

八膝 右膝平曲、左膝伸直、

九胯 右胯坐足、左胯虛承、

(2)　動作　變化

要旨　雙手橫分、至左右膝外、左膝曲、右膝伸、左手向後去、右手朝前來、

註解　雙手橫分、至左右膝外、右手拉短、左手拉長、兩手短長相等、同時俱到、左膝曲、右膝伸、曲伸與手同動、左手向後去、右手朝前來、左手順膝後摟至脊中、右手順膝上轉回鼻前、

方向　面向正東

姿勢

一手　右手與鼻准照、左手與脊骨照、

二肘　左肘後曲、右肘前曲、

三膀　兩膀端正、勿扭、　四頭　直立豎正、

五眼　神與右手指相應、　六身　身樁扶正、

七腳　左腳移向前斜蹈、右腳隨之、

八膝　左膝曲平、右膝伸直、

九胯　左胯下坐、右胯下壓、

閃通背(1) 動作

要旨 由摟膝往前進、上右手右腳、跟左手左腳、左腳根提起、

註解 由摟膝往前進、上右手右腳、右手右腳從外向上往前進、上至膀平、跟左手左腳、左手左腳、從下向裡朝右跟上、亦至膀平、左腳根提起、左腳向右跟去、提至與右腳相近、腳指與掌點地助之、

變化

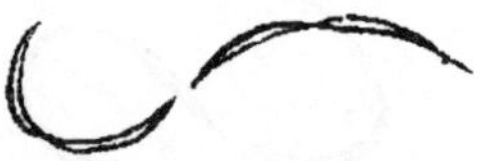

方向

面向正北

姿勢

一手 右手掌向前側、左手指向下捏撢、

二肘 右肘微曲、左肘曲平、

三膀 左右膀平鬆

四頭 微向右側豎直、

五眼 神注右手梢、

六身 身樁豎直

七腳 右腳朝前踏寔、左腳根虛提、

八膝 右膝曲、左膝亦曲、

九胯 右胯坐寔、左胯虛提、

(2) 動作　變化

要旨　卸左手左脚、撤右手右脚、

註解　「卸左手左脚」、左手左脚、向上起、往後向下、落至大腿平、左手與膝齊、「撤右手右脚」、撤至右膝展直、至與地相近、右手在膝裡、

方向

面向正北

姿勢

一手　左手落至左膝外、右手下至右膝裡、左手臂朝前、右手掌朝前、

二肘　左肘曲右肘微曲、　三膀　兩膀下鬆、

四頭　向右微側、　五眼　神注右手梢

六身　身橋豎直、　七脚　右脚蹻起、左脚抓地、

八膝　左膝攻至大腿平、右膝展直、

九胯　左胯坐實、右胯虛壓、

(3)

動作

要旨 上左手左脚、右手右脚隨之、

註解 「上左手左脚」左手上左脚張去、左手自下前進上托、左脚自左由下前進踏地、「右手右脚隨之」右手右脚、隨左手左脚亦從下由本地移轉上托、轉至面向前、脚由本地踏寔、進膝左攻右微攻、成四六騎馬襠、

變化

方向

面向正南

姿勢

一手 兩手由下往前上托、兩掌朝裡相合、

二肘 左肘曲、右肘微曲、三膀 兩膀上鬆、

四頭 頸直、微向上仰、

五眼 神注上方、兩手稍、六身 身橋直豎、

七脚 左脚微向外側、右脚仍順、

八膝 右膝曲、左膝略伸、

九胯 左右胯俱向下蹲、偏重右邊、

(廿) 動作

要言 朝後卸右手

右腳、左手左腳、隨右邊身往後下、鋪下、

註解 「朝後卸右手右腳、右手與右腳由前向右往下、朝後轉至右腳蹻後」左手左腳、隨右邊身往後下、「鋪下、左腳不動、隨右腳後卸時、就勢一捽鋪下、左手隨右手下至右手在右膝外、左手在左膝裡、

變化

方向

面向正北

姿勢

一手 左右手臂俱朝前向左斜、

二肘 右肘曲左肘微曲、

三膀 左右膀俱向下鬆、

四頭 略向左側、

五眼 神注左手梢、

六身 身椿直立勿倒、

七腳 雙腳向裡側、左腳尖蹻起、

八膝 右膝曲足、左膝展直、

九胯 左胯坐下、右胯虛提、

（5）

動作

要旨　右手右腳向上往前推、合于右方左手左腳隨之成右攻勢、

註解　右手右腳、向上「往前推、合于右方」右手右腳由下往上前進朝右前推同左手略向下合于右方、「左手左腳隨」之左手左腳由下往上朝右去左手隨右手略向下推合于右方左腳隨右腳「成右攻勢、右膝曲往、左膝展開、」

變化

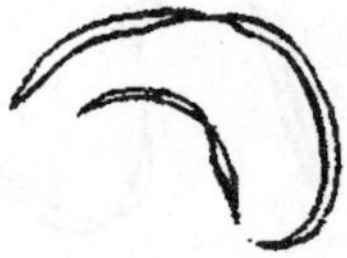

方向

面向正南

姿勢

一手　兩手合前右方、右手略向下左手遥與心應、

二肘　左肘曲右肘微曲

三膀　兩膀略向下鬆　四頭　頭直、微向右側、

五眼　神注右手稍、　六身　身椿豎直右沉、

七腳　兩腳俱朝右側、

八膝　右膝曲往、左膝展開、右攻左蹬、

九胯　右胯坐下、左胯壓下

單鞭（1）動作

要旨　雙手從右上開下合、身往下蹲、下至大腿與膝平、兩手置于右膝之裡外、

註解　「雙手從右上開下合」雙手就上分開、下至膝合住、身往下蹲「下至大腿與膝」平、兩膝下曲、身不須俯、「兩手置于右膝裡外、」左在裡、右在外、

變化

方向

面微向西南

姿勢

一手　雙手下至膝之左右、手臂朝外、

二肘　兩肘皆曲、俱向裡彎、

三膀　兩膀俱往下鬆、均向裡合、

四頭　豎直微向右側、　五眼　神注右手梢、

六身　向右朝前豎直、　七脚　左虛脚踏實、

八膝　左右膝曲、至大腿平、

九胯　兩胯下蹲、蹲至大腿平、

(乙)

動作

要旨 雙手上至膀齊、左右分開、右膝展、左膝曲

註解 雙手上至膀齊、身往下就、手往上起與兩膀平、左右分開、左手往左去、成側掌、掌緣向前、右手往下、向右去、朝下捏成撲、手心向下、右膝展、左膝曲、右膝由本地左伸、左膝彎曲、

變化

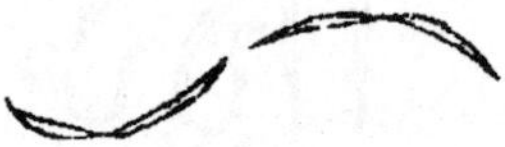

姿勢

一手 左手側掌、掌心向裡、右手捏撲、掌心向下、

二肘 兩肘微曲、 三膀 兩膀左右鬆、

四頭 豎直、微向左側、

面向正南

五眼 神注左手梢、 六身 身椿扶正、

七脚 左脚邁至左方、與右脚背順往左斜、

八膝 左膝曲、右膝伸、

九胯 左胯坐實、右胯壓住、

雲手(1) 動作

要旨 左腳跟左手往左去、左腳邁寬、左手低、右手收回丹田、

註解 左「腳跟左手往左」去、從單鞭收回丹田、由丹田向上往左去、左「腳邁寬」左腳邁一寬步向左去、步寬身低、手自然低、左手因步邁寬、微成低身、「右手收回丹田」、左手向左出去、左手收回、右手「必然出去、是左右互行法、

變化

方向 面向正南

姿勢

一手 左手由左肋回至丹田往左去、成時指與眉齊、右手收回、與丹田相照、

二肘 右肘曲、左肘微曲 三膀 兩膀平鬆、

四頭 微向左側、 五眼 神注左手梢、

六身 偏左豎直、 七腳 左腳後根虛、右腳踏實

八膝 左膝攻起、右膝崩展

九胯 左胯坐下、右胯壓下、

(2) 動作

要旨　右腳跟右手往右去、收寬邁窄、右手高左手收回丹田、

註解　右腳跟右手往右去、由放撐收回丹田、由丹田向上往右去、收寬邁窄、右腳開窄步向右邁、步窄身高、手自然高、右手高、回步邁窄做成高身、左手收回丹田、右手出去、左往右來、右往左來、亦是互行法、

變化

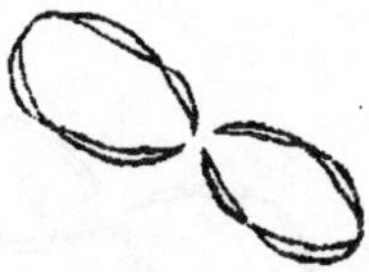

方向

面向正南

姿勢

一手　右手由右肋往右去、指仍與眉齊、左手亦收與丹田相照、

二肘　左肘曲右肘微曲、

三膀　兩膀平鬆、

四頭　微向右側、

五眼　神注右手梢、

六身　偏右豎直、

七腳　右腳後跟虛、左腳踏實

八膝　右膝微攻、左膝仍崩展、

九胯　右胯略下坐、左胯微壓、

高探馬 動作

要旨 右手右腳前上後卸、左手隨之、復左手左腳回提前下、右手隨之、左腳根虛提、

註解 右手右腳前上後卸、左手隨之、右手右腳同向前去、朝右卸回、左手與之偕往、復左手左腳前下回提、右手隨之、左手左腳朝右向下往上、朝左提回、右手隨之不離左、左腳根虛提、腳掌點地、以虛待實、

變化

姿勢

一手 右手偏右、與鼻准照、左手偏左、與左膝照、

二肘 左右肘皆曲、 三膀 兩膀下鬆、

四頭 頭豎直略向左俯、

方向 面向東方

五眼 神注兩手梢、 六身 身樁直立、

七腳 右腳朝前踏實、左腳掌點地、

八膝 左膝虛提、右膝實立、

九胯 右胯坐實、左胯虛提、

右側腳　動作

要肯　上左手左腳再上右手右腳、左手左腳回卸、右手右腳回提、右腳掌點地、

註解　上」左手左腳」、左手左腳、從下向上往前上再」上右手右腳」、右手右腳從右向上往前上上至左腳前、」左腳左手回卸」左腳往後卸半步右手卸至左肋、右腳右手回提」、右腳往回提半步、右手提至心口」右腳掌點」地、以虛待實、

變化

方向

面微向東北

姿勢

一手　右手提回心口、左手卸回肋際、

二肘　兩肘皆曲、三膀　左右膀下鬆、

四頭　略向右側、

五眼　神注右手梢、六身　身樁豎直偏左、

七腳　左腳踏實右腳虛提、

八膝　左膝平曲右膝虛曲、

九胯　左胯坐實、右胯虛提、

(2) 動作、

要旨　右側脚

用雙手齊去打右脚、只用右手打住、

註解　「右側脚」、用雙手齊去打右「脚、從右下左往上往前去打、只用右手打住」、右手從上向前展出打住、左手至上、下落、止于胸前、

變化

姿勢

方向

面向東方

一手　右手打脚面、左手留于心口、

二肘　左肘曲、右肘略曲、　三膀　兩膀平鬆、

四頭　頭向右側、　五根　神注右脚尖、

六身　直立忌前俯、

七脚　左脚踏定、右脚踢起、

八膝　右膝展直、左膝微曲、

九胯　左胯略往下蹲、右胯鬆和上起、

左側脚　動作

要旨　上右手跟右脚、再上左手跟左脚、卸回右手右脚、即提左手左脚、左脚掌虛點、

註解　「上右手跟右脚」、從右側脚落地、右手從右往上前去、右脚亦隨右手往前去「上左手跟左脚」、左手從左往上往前去、左脚亦隨左手往前去、「左脚掌虛點」、以備踢、

變化

方向

面微向東南

姿勢

一手　右手卸至右肋、左手提回心口、

二肘　兩肘俱曲、　三膀　兩膀平鬆、

四頭　略向左側、

五眼　神注左手梢　六身　偏右豎直、

七脚　右脚掌踏寔、左脚掌虛提、

八膝　右膝平曲左膝虛提、

九胯　右胯寔、左胯虛、

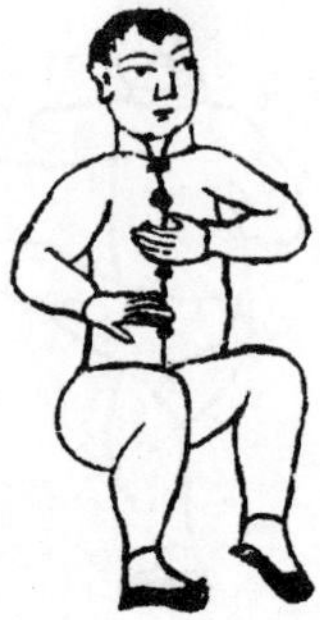

(2) 動作

要旨 左側脚用變手打左脚左手打住、打鼻落于右脚之後、左手隨之、

註解 左側脚用變手打左脚兩手從右向左去、左手打住左手從上向前展出打之、右手蓄于胸前、打鼻、落于右脚之後左手隨之、打鼻同時手與脚均就勢向下往左去、隨勢落右脚後、

變化

姿勢

一手 兩手打左脚、左手打住、右手落于胸前從下卸回、 二肘 右肘曲、左肘微曲、

三膀 兩膀向前平鬆、 四頭 直立向左側、

方向

面向東方

五眼 神注左脚尖、 六身 豎直忌左歪、

七脚 左脚踢起右脚踏緊地、

八膝 左膝展直、右膝微曲、

九胯 右胯略下蹲、左胯鬆活上起、

抱月蹬根(1)動作

姿奇　雙手回收合于心口、左腳就勢提回左方、抬而不落、

註解　雙手回收合于心口、雙手從打飛左側腳往下往左兩邊分開、復由左向上收到心口、左腳抬而不落、由左側腳向下往左收回、就勢提起、虛懸蓄勢

變化

方向　面向正北

姿勢

一手　雙手左右收回沿路握拳、至心口雙手握成、

二肘　兩肘俱曲、　三膀　左右膀平鬆、

四頭　略向左側　五眼　神注雙拳、

六身　身椿豎直、一腳獨立、支住全身、

七腳　右腳踏實、腳尖朝前、左腳虛懸、腳掌着地、

八膝　右膝直豎、左膝上曲、

九胯　右胯微蹲、左胯虛提、

(乙)　動作　變化

要旨　趁上勢

左腳提起、朝左一蹬、全身外撕、雙拳外展、

註解　趁上勢』左腳提起、朝左一『蹬、用左腳後根朝裡蹬出、全』身外撕、雙拳外『展、身拳都向左去、右邊右拳右腳墜住、右沉、以助之、不使牽動

方向

面微向西北

姿勢

一手　雙手握拳外撐、臂俱朝前、

二肘　雙肘俱展、右肘曲左肘微曲、

三膀　兩膀左右鬆、

四頭　微向左側、

五眼　神注左拳尖、

六身　身椿直豎、

七腳　左腳用腳根平蹬右腳蹭緊、

八膝　左膝平展右膝豎直微曲、

九胯　右胯略蹲、左胯平鬆、

青龍繫水(1)　動作

要旨　急步上右捶、右脚、跟齊、即上左捶、左脚邁一大步、

註解　『急步、左脚由左蹬根落地、上右捶右脚』、右捶由急步向前朝裡轉圈上、跟齊』、右脚隨右捶前去、跟至左脚齊、即『上左捶左脚』、左捶由左向裡前上、亦朝裡轉圈、『邁一大步』、左脚隨上勢、向左儘力開一大步前踏、以助左捶、

變化

姿勢

方向　面向西北

一手　雙手握捶、輪流向左前上、

二肘　右肘曲、左肘微曲、

三膀　右膀向前下鬆、左膀向前平鬆、

四頭　略向左側、　五眼　神注左捶頭、

六身　身橋直豎、　七脚　左脚邁大步、右脚不動、

八膝　左膝攻起、右膝崩展、

九胯　左胯坐實、右胯墜住、

(2) 動作

要旨　左捶上接、右捶下打、左捶同時置于左方、

註解　「左捶上接」左捶從左上方接住、「右捶下打」、右捶朝右上舉、順左捶接住下打、落于左脚尖前、「左捶同時置于左方」、左捶接住、回往裡捲、同時置于左胯彎之外、脚俱隨動、梢向前、

變化

方向

面向西方

姿勢

一手　右捶打左脚前左捶置左胯外、兩捶還合、

二肘　兩肘皆曲、　三膀　兩膀下鬆、

四頭　平直勿俯、

五眼　神注右捶、

六身　腰展平直　七脚　兩脚向前、脚後根勿抬、

八膝　左膝平曲、右膝伸直

九胯　左胯坐实、右胯隨之順直、

二起(1) 動作

要旨 雙摟設起、向右去、身往上起、右腳不動、左腳掌虛點、身往下蹲、

註解 「雙摟設起向右去」雙摟由左設起、向上往右去、「身往上起」、身隨摟設起、「右腳不動」、只移腳尖、「左腳掌虛點」、左腳跟去、腳掌點地、「身往下蹲」、欲伸先曲、用摟變掌、

變化

方向

面微向東北

姿勢

一手 摟變成掌、右手偏右前伸、與眼角齊、左手亦偏右前、跟與心口齊、兩手掌合、

二肘 左右皆曲、 三膀 兩膀前鬆、

四頭 頭直微向右側、 五眼 神注右手梢、

六身 身橋豎直、勿向前俯、

七腳 右腳寔踏、左腳虛點、 八膝 左右膝皆曲、

九胯 右胯坐寔、左胯虛合、

(乙) 動作

要旨　先抬左脚、再抬右脚、兩手並起打去、右手打住、

註解　「先抬左脚」、變手向下向左一回、左脚不落、「再抬右脚」、兩手自左向上向右往前去、右手打住右脚

變化

姿勢

一手　右手前伸打住、左手同去、沉于心口、

二肘　左肘曲、右肘微曲、

三膀　左膀下鬆、右膀向前平鬆、

方向　面向東方

四頭　直立微向右側、五眼　神注右脚尖、

六身　身橋扶直、七脚　右脚踢起左脚落下、

八膝　左膝曲起、右膝展起、

九胯　左胯抬起右胯隨之不停、一是上抬、

懷中抱膝 動作

要旨 雙手上舉、將左膝環抱、抱住上起、抱至胸齊、

註解 【雙手上舉、將左膝環抱】雙手就左膝兩旁往前去、向左右分開、回合抱住左膝、抱住上起、抱至胸前、【雙手抱膝向裡上起、起至胸前、

變化

方向

面向東方

姿勢

一手 兩手合掌、自膝外將膝抱至胸中、手指向前

二肘 兩肘留曲、 三膀 兩膀下鬆、

四頭 豎直勿俯、 五眼 神注兩手指頭、

六身 身椿直立、切忌前俯後仰、

七脚 左脚抬起、提成虛懸、右脚踏實、支住全身、

八膝 左膝曲、右膝微曲、

九胯 左胯虛提、右胯墜住、

踢一腳　動作

要旨　腳往上一撩、朝上踢起雙手同時推出手腳一齊向上去、

註解　「腳往上一撩、朝上踢起」雙手抱膝上起、腳尖撩時膝往上抬、腳就勢向上踢去「雙手同時推出」雙手用掌向前推指頭朝上「手腳一齊向上去」推舉乘勢一齊往上舉起、

變化

方向　面向東方

姿勢

一手　雙手前伸上起手掌朝前指向上、

二肘　兩肘微曲、　三膀　兩膀向前平鬆、

四頭　頭宜豎直、　五眼　神注中指指頭

六身　身樁扶正切忌前俯、

七腳　左腳踢右腳支住全身五指抓地、

八膝　左膝向上踢展平、右腿曲、

九胯　左胯上抬、右胯下墜、

蹬一根

動作

要旨 由上勢兩手與左脚一齊往後轉、轉過左脚落地、趁勢右脚後根即朝右蹬出不落、

註解 『由上勢 兩手與左脚、一齊往後轉、轉過左脚落地』 兩手與左脚一繞朝上往後轉、轉過左脚落于右脚之後、』趁勢右脚後根、即朝右蹬出』、左脚落時右脚就勢向上往右朝下向裡蹬出、』不『落右脚不落連住變下着、

變化

方向

面向北方

姿勢

一手 兩手往裡下、左手按地、右手前伸、手臂朝前、

二肘 左肘曲、右肘微曲、 三膀 兩膀上下斜鬆、

四頭 橫直、

五眼 後視、

六身 身椿伏地橫直、 七脚 右脚後根蹬出、左脚五指抓地、 八膝 右膝展直左膝曲住、

九胯 左胯坐定右胯虛懸、

掩手肱捶

動作

要旨　右腳由不落轉過、左手左腳同時向右上右手握捶打于左手心内、

註解　「右腳由不落轉過、左手左腳、同時向右上」就右腳向上往外落時、左手左腳、即隨往往右上上到右腳前「右手握捶打于左手心内」、右手從右方握捶上起下到左方轉向左去、打于左手心内、與腳尖齊、由右往外轉時、雙手從兩膝分過、為攔腰掌、

變化

方向

面向南方

姿勢

一手　左手掌心朝上、右手捶、手臂朝上、

二肘　兩肘皆曲、　三膀　兩膀往左下鬆、

四頭　頭直微向左側、

五眼　神注右捶尖、　六身　身橋豎直、左沉、

七腳　左右腳、俱五指抓地、後根踏緊、

八膝　左膝攻起、右膝崩展、

九胯　左右胯、俱向下坐、

抱頭推山　動作

要旨　婁手順膝分開往右去、右脚不動、

註解　「婁手順膝分開」婁手順左膝往外分開、左手往左拉、右手往右拉、均拉至膝外、朝上往右推、「右脚不動」左手由左膝向上、從膃後過前、右手由右膝向上、至眼角齊、婁手合往一齊向右推去、右脚乘手推時、只移脚尖、

變化

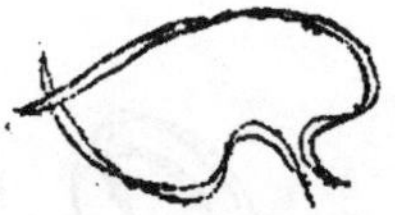

方向

面向南方

姿勢

一手　左右手側掌向右前推、右手遥與眼應、左手遥與心應　二肘　兩肘平曲、三膀　兩膀平鬆、　四頭　豎直微向右側

五眼　神注右手指頭　六身　身橋豎直、右沉、

七脚　左右脚、俱踏實、

八膝　右膝平曲、左膝展直、

九胯　左右胯、俱坐實、

單鞭　動作　變化

要旨　由推山勢、兩手下按、至右膝左右隨從右膝左右上起、至眼角齊、左右展開、

註解「由推山勢、兩手下按、至右膝左右」兩手從右方手指朝下按至右膝左右「隨從右膝左右上起至眼角齊」、即從右膝側掌上到眼角齊、「左右展開」同時左手從眼齊上至右方、右手從膝外下至右方

方向

面向南方

姿勢

一手　兩手至右眼角分開、左手側掌去左上端、右手揑撐去右、下按、　二肘　左右肘微曲、

三膀　左膀前鬆右膀後鬆、　四頭　微向左側、

五眼　神注左手指頭、　六身　身樁豎直、

七腳　兩腳踏定俱向左側、

八膝　左膝曲平、右膝展直、

九胯　左右胯俱往下坐、

前照　動作

要旨　由單鞭右手上起外去、左手裡回下去、腳不動、

註解　「由單鞭右手上起外去」、右手放撑往右向上往外去、上至與眼角齊、「左手裡回下去」、左手由上朝下裡回回至胸前、指向下往裡斜、「腳不動」腳根不動、腳尖隨手轉移、

變化

姿勢

一手　右手指上起、左手指下回、至胸、

二肘　右肘朝上曲、左肘向下曲

三膀　兩膀左右互鬆、四頭　頭直微向左側、

方向

微向西南

五眼　神注左手梢　六身　直豎勿歪、

七腳　兩腳俱不明動、惟隨意暗動、

八膝　右膝曲往、左膝微伸、

九胯　左胯下蹲、左胯虛承、

後照

動作

要旨　左手向後上起外去、腳亦隨之外去、右手往裡回、腳亦隨之往裡回、

註解　「左手向後上起往外去」、左手由胸前向後轉上往外去、「腳亦隨之外去」左腳隨着左手、「右手往裡回、右腳亦隨之往裡回」、右手由右向下往裡轉、轉至右大腿外、右腳亦隨之往裡轉、腳根提起、

變化

姿勢

一手　左手由胸前上起、右手回至右腿外、

二肘　左肘曲、右肘微曲、

三膀　兩膀平鬆

四頭　頭直微向左側、

五眼　神注左手梢、

方向　面向西南

六身　身椿扶直勿歪、

七腳　左腳踏實、右腳虛提、

八膝　左膝微曲、右膝微伸、

九胯　左右胯俱向下微蹲

勒馬勢　動作

要旨　乘機照之收勢、右手右腳往外轉、腳根點地、左手向裡轉、左腳不動、

註解　『乘機照之收勢、右手右腳往外轉、腳根點地』、右手曲下往裡往上往外轉、右腳曲裡往上往外往下落、腳根點地、『左手向裡轉左腳不動』左手往外往上往裡轉、左腳尖稍向前平踏、

變化

方向　面向西南

姿勢

一手　右手掌朝上右側、左手臂朝上亦右側、

二肘　兩肘皆曲、　三膀　右膀下鬆、左膀略下鬆、

四頭　頭直豎右側、　五眼　神注兩手稍、

六身　直立扶照、勿向前俯、

七腳　右腳高起下落、左腳五指抓地平踏、

八膝　右膝虛曲、左膝實曲、

九胯　左胯向下坐實、右胯下落虛提、

野馬分鬃

動作

要肯 右手右脚從下往上往外分上左手從上往下合于左胯之外、

註解 右手右脚從下往上往外分上右手向下順襠向前朝上往外分上上至與頂齊、右脚隨之左手從上往下合于左胯之外左手從上往外往後轉下收于左胯之外、左脚不動、

變化

姿勢

一手 右手掌朝上、微側、左手臂朝上亦微側、

二肘 左右肘皆微曲、 三膀 兩膀上下互鬆、

四頭 頭斜直略向右側、

方向

面向西南

五眼 神注右手梢、 六身 身橋斜直、

七脚 右脚向外上右脚踏緊、

八膝 右膝曲住、左膝展直、

九胯 右胯下坐、左胯後墜、

（乙）

動作

要旨　左手左腳、從下往上往、外分上、右手從上往下、合于右胯之外、

註解　「左手左腳從下往上往外分上」左手向下順襠向前朝上往外分上、上至與頂齊、左腳隨之「右手從上往下、合于左胯之外」右手從上往外往後轉下、合于右胯之外、右腳稍動、

變化

方向　面向西北

姿勢

一手　左手掌微向外側、右手臂亦微向外側、

二肘　兩肘俱微曲、　三膀　右膀下鬆、左膀上鬆、

四頭　頭與脊順斜立、微向左側、

五眼　神注左手梢、　六身　身橋向左側斜直、

七腳　左腳向左上踏實、右腳移動隨之、

八膝　左膝曲住、右膝展直、

九胯　左胯坐實、右胯後墜、

探馬勢

動作

要旨　卸左腳提右腳、手隨腳動、右腳根點地、

註解　「卸左腳」、左腳在前、往回撤、將右腳撤于前方、「提右」腳、向左腳已撤回後面、右腳從速提回、即收至襠前、「手隨腳動」、腳回卸、手亦回卸、腳回提、手亦回提、「右腳根點地」、腳虛懸待機、

變化

方向

面向西方

姿勢

一手　右手掌右側置膝上、左手臂右側、與鼻准對、

二肘　雙肘皆曲、三膀　左膀上鬆、右膀下鬆、

四頭　頭豎直微向右側、

五眼　神注兩手梢、六身　上下扶照、勿前俯、

七腳　右腳根點地宜虛、左腳踏地宜實、

八膝　右膝虛曲、左膝實曲、

九胯　左右胯俱下蹲、右胯虛承、

玉女鑽梭

動作

要旨　上右手右腳跟左手左腳、左腳落地右腳隨手懸起朝後前上、

註解　「上右手右腳」右手一抬、右腳上提、「跟左手左腳」、右手右腳未落時、左手自右手虎口推出、左腳向右前健一步點地、「左腳落地右腳隨手懸起朝後前上」、左腳落地時右腳隨手懸起朝上往後轉、轉過落到右前方、左腳不動但移腳尖轉去、

變化

方向

面向西北

姿勢

一手　右手上起左手順虎口前推右手置于心口、

二肘　右肘曲于右肋、左肘微曲、

三膀　右膀後鬆、左膀前鬆、　四頭　頭豎直勿垂、

五眼　神注左手梢、　六身　身樁扶直、

七腳　左腳踏寔右腳空懸、

八膝　左膝直立微曲、右膝抬起上曲、

九胯　左胯落寔右胯上提、

背折靠　動作

要旨　由上勢右手右腳朝後轉過右手展開左手靠于左肋、

註解「由上勢右手右腳朝後轉過」右手右腳懸起、朝後向上轉過落地右膝攻起「右手展開」右手由心口上起沿路朝後轉時就勢展開、向右上方去、」左手靠于左肋、「左手由上勢向下沿路朝後轉時收回靠于左肋、

變化

方向　面微向西南

姿勢

一手　右手到右上方、掌心向內、左手到左肋、手臂向外、二肘　左肘曲、右肘微曲、

三膀　左膀下鬆、右膀前鬆、

四頭　豎直略向右側　五眼　神注右手梢、

六身　身樁豎直、七腳　兩腳踏定向右側、

八膝　右膝攻起、左膝展直

九胯　兩胯坐定、

單鞭

動作

要旨　兩手前合下按上起至膀齊、左上右下分開、左腳向左邁、右腳向左移、

註解　兩手前合兩手同向左分、同向右合下按上起隨身下蹲、按至膝隨身上起、至膀齊、左上右下分開、左手向上、往左、右手向下、往右、皆從膀齊分開左腳向左邁、左腳隨左手同向左邁去、右腳向左移右腳同右手向右去、右腳尖蹻起移向左去、

變化

方向

面向南方

姿勢

一手　左手左去掌向裡側右手右去撐向下札、

二肘　左右兩肘微曲、三膀　兩膀前後分鬆

四頭　豎直微向右側、五眼　神注左手梢、

六身　身橋直立、切忌左歪、

七腳　左腳去左左側右腳亦移向左左側、

八膝　左膝曲住、右膝展直

九膀　左右兩膀、皆下坐、

雲手

動作

要旨　右手去右、右腳隨之、右腳步窄、右手手高復、左手收回丹田、

註解　「右手去右、右腳隨之」右手從丹田向上往右雲去、右腳隨手跟去、「右腳步窄、右手手高」右腳邁窄步向回收半步、步窄身高、手自然高起、「左手收回丹田」因右手由丹田出去、左手當回、所以收回丹田、此是左雲右收、右雲左收、連貫不斷、名曰五行

變化

方向

面向南方

姿勢

一手　右手由丹田往右去、至眉齊、左手收回丹田、

二肘　左肘曲、右肘微曲、

三膀　右膀平鬆、左膀下鬆、　四頭　微向右側、

五眼　神注右手梢、　六身　身稍右沉扶直、

七腳　右腳後根提起、左腳踏實、

八膝　右膝攻起、左膝展開、

九胯　右胯坐實、左胯靈應、

跌叉

動作

要旨　雙手收回心口、提右腳、即蹬左腳、雙手朝上分開落下、雙往前合右手右腳往前上、左手左腳向前沖

注解、雙手收回心口、提右腳、即蹬左腳、右腳抬起往下踩左腳抬起向左蹬鋪地下、雙手朝上分開落下、雙手由心口同時上起分開落于兩旁掌心翻下、雙往前合、合往右手向右畔、身向右回、左手隨之、右手右腳向前上左手左腳向前沖、趁勢一蹴上與左腳齊、左手竪起右手在右蹴平、

變化

方向

面向南方

姿勢

一手　兩手往上分下掌朝上往前合臂朝上

二肘　兩肘微曲　三膀　兩膀平鬆

四頭　偏左直

五眼　偏左視

六身　直立勿前俯　七腳　右腳五指抓緊左腳蹬展　八膝　右膝曲左膝展

九胯　兩胯俱往下蹲左實右虛

更鷄獨立 動作

要旨　右手右脚朝前抬起、向後落下、左手隨之、

註解　「右手右脚朝前抬起」、右手由右前方上至右耳前、右脚朝前抬至大腿平、向後落「下、右手右脚朝耳後落」下、左手隨「之」下至胯齊、

變化

方向

面微向東北

姿勢

一手　右手由耳前上舉、耳後落下、左手下至胯齊、

二肘　左右肘俱微曲、

三膀　右膀上鬆、左膀下鬆、

四頭　頭直、微上仰、

五眼　神注右手梢、

六身　上下直立、

七脚　右脚虛懸、左脚支撐、全身須五指將地抓緊、

八膝　右膝曲至大腿平、左膝直立、微曲、

九胯　左胯定、承右胯虛提、

朝天鐙 動作

要旨　左手左腳朝後抬起向前落下、右手隨之、

註解　「左手左腳、朝後抬起」左手從左後方上至左耳後、左腳朝後抬至大腿、「平向前落」下、左手左腳朝耳前落下「右手隨之」、至膀齊、

變化

方向

面微向東南

姿勢

一手　左手由耳後上舉、耳前落下、右手下與膀齊、

二肘　兩肘微曲、　三膀　左膀上鬆、右膀下鬆、

四頭　直豎、微上仰、　五眼　神注左手梢、

六身　上下扶正、切忌前俯後仰、

七腳　右腳前後踏緊、左腳提起、

八膝　右膝直立、微曲、左膝曲至大腿平、

九膀　右膀實支、左膀虛提、

倒捲肱

動作

要旨　卸右手右腳、右手倒往回捲按襠內、右腳由襠仍踏右後方、再卸左手左腳、左手亦倒往回捲按襠內、左腳由襠仍踏左後方、變成雙手向右上提、

註解　『卸右手右腳、右手向後朝上、往前按右腳朝裡過襠往後、向右前踏、卸』左手左腳、左手向後朝上、往前按、左腳朝裡過襠往後、向左前踏、變』成雙手向右上『提、提至右上方、

變化

方向

面微向東北

姿勢

一手　兩手俱朝後指往前按畢、變為俱向右上提

二肘　兩肘俱曲變為俱向右上伸、

三膀　兩膀下鬆、

四頭　頭直微向下俯、

五眼　神注右手梢、

六身　稍向右側、腰不須彎、

七腳　右腳落地踏平、左腳落時腳掌先着地、

八膝　右膝曲至大腿平、左膝微伸、

九胯　右胯坐實、左胯虛承、

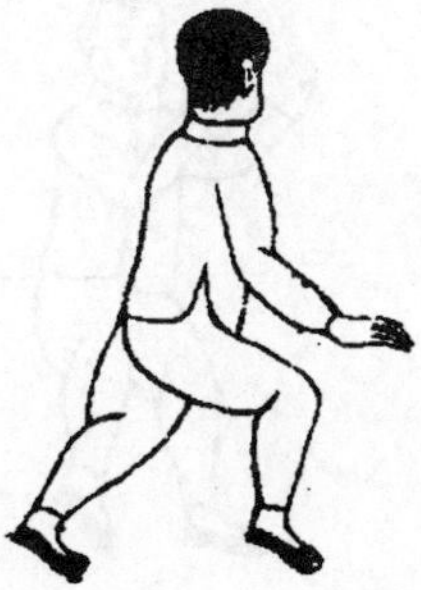

白鶴亮翅

動作

要旨　由變手提至右上方同往左下、變腳左下右腳虛點、即從左手左腳復上至右上方、左腳虛點、

詳解「由變手提至右上方同往左」「下、下至右手在襠中、左手在膝外、變腳左下右腳虛點」「隨至右腳掌着地、即從左手左腳復上至右上方、右手斜與眼齊」「左手還與心應、左腳虛點」變腳右去、左腳掌着地與前同、是互行法、

變化

方向

面向東方

姿勢

一手　變手右下右手在襠中、左手在膝外、同往右上右手與眼齊、左手與心對、

二肘　兩肘交互相曲　三膀　兩膀交互相鬆

四頭　左下左直、右上右直、　五眼　神注兩手稍、

六身　左下右上身橋扶正、　七腳　左往右去互為虛實　八膝　左下變腳曲、右上膝微伸、

九胯　左下兩胯下坐、右上兩胯微伸、俱分虛實、

摟膝

動作

要旨 兩手由上分開交叉按于膝上左脚横蹬至左方、

註解 兩手由上分開、交叉按于膝上、兩手起時上分按時下合、皆順右膝掌心向下按去、左脚横蹬至左方、用脚朝地擦去、脚指微向前斜、

變化

方向 面向東方

姿勢

一手 兩手分開按下、交叉合于右膝上、

二肘 兩肘平曲、 三膀 兩膀向右下鬆、

四頭 向右側微俯、

五眼 神注交叉兩手梢、 六身 身橋右沉、豎直、

七脚 左脚横蹬至左方、右脚踏緊、左虚右實、

八膝 右膝平曲、左膝崩展、

九胯 右胯坐實左胯虚承、

（2）　動作

要旨　雙手橫分至左右膝外、左膝曲、右膝伸、左手向左後去、右手朝上前來、

註解　雙手橫分至左右膝外、右手拉短、左手拉長、要緩急相等同時俱到、左膝曲、右膝伸、與手同動、左手向左後去、右手朝上前來、左手順膝後摟至脊中、右手順膝上、轉至面前、與鼻照、

變化

方向　面向正東

姿勢

一手　右手與鼻尖照、左手與脊背照、

二肘　左右肘前後皆曲、

三膀　右膀前鬆、左膀後鬆、

四頭　向前立正、

五根　神注右手梢、

六身　身橋扶正勿扭、

七腳　左腳尖斜、右腳隨之、

八膝　左膝曲住、右膝蹬直、

九胯　左右胯俱下坐、

閃通背

動作

要旨　由摟膝往前進、上右手右腳、跟左手左腳、左腳根提起、

註解　「往前進、上右手右腳」、右手右腳、從外向上往前進、上至膀平「跟左手左腳」、左手左腳從下向裡朝右跟、亦至膀平、「左腳根提起」、提至與右腳相近、腳掌點地、

變化

方向

面向北方

姿勢

一手　右手向前進、掌朝前側、左手右跟、指向下捏、

二肘　右肘微曲、左肘彎曲、

三膀　兩膀平鬆、

四頭　豎直、向右微側、

五眼　神注右手梢

六身　身樁扶直、

七腳　右腳朝前、左腳根提起、

八膝　左右膝曲、

九胯　右胯坐下、左胯虛承、

(2) 動作

要旨『卸左手左脚、撤右手右脚、右脚指蹻起』

註解『卸左手左脚』左手左脚朝上起、往後向下落、至左大腿平、『撤右手右脚』撤至右膝展直右脚指蹻起、腿向下鋪、

變化

方向

面向北方

姿勢

一手　左手由上落至左膝外、右手由上下至右膝齊、左手臂朝前、右手掌朝前、

二肘　左肘曲右肘微曲、　三膀　兩膀鬆下、

四頭　向右微側、　五眼　神注右手梢、

六身　豎直勿歪、　七脚　右脚尖微蹻左脚指抓地、

八膝　左曲右伸、　九胯　左胯坐實右胯虛注、

(3)

動作

要旨　上左手左腳、右手右腳隨之、成四六步、

註解　上』左手左腳『左手上、左腳跟去、左手自左而右、從下前進上托、左腳自左由下前進下蹬、右』手右腳隨之『右手右腳隨左手左腳一活、亦從下往上托、腳從本地一撩往下蹬、兩腳成四六騎馬勢、

變化

方向

面向南方

姿勢

一手　雙手由下往前、合掌上托、

二肘　左肘曲、右肘亦曲、

三膀　兩膀平鬆、　四頭　頭向上仰、

五眼　神注上方、　六身　身椿豎直、

七腳　兩腳微向左斜、

八膝　左膝曲、右膝微曲、

九胯　左右兩胯、俱向下蹲、

(廿)　動作

要旨　朝後卸右手右腳、左手左腳、隨右面後下鋪下、

註解　「朝後卸右手右腳」、右手與右腳由上往右朝後卸下、「左手左腳、隨右面後下鋪」下、左腳、不動、隨右腳後卸時一摔就勢鋪下、左手隨右手下至膝齊、左手在左膝裡、右手在右膝外腳向右斜、

變化

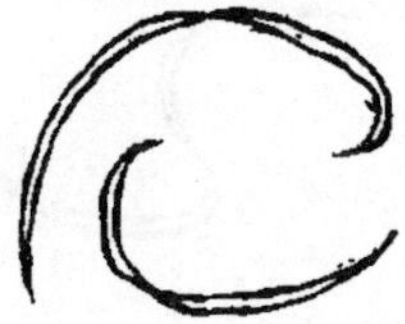

方向

面向北方

姿勢

一手　左右手臂俱朝前、
二肘　右肘曲左肘微曲、
三膀　兩膀下鬆、
四頭　略向左側、
五眼　神注左手梢、
六身　直立勿俯、
七腳　雙腳向裡側、
八膝　右曲左伸、
九胯　右胯坐實左胯虛承、

(ㄅ) 動作

要旨 右手右腳向上往前推、合于右方、左手左腳隨之、成右攻勢、

註解 「右手右腳向上往前推、合于右方」、右手右腳、由下往上向前進、朝右略向下推、同左手合于右方、「左手左腳隨之、左手左腳由下往上朝右去、隨右手合于右方、成右攻勢」、右膝曲往、左膝崩展、

變化

方向

面向南方

姿勢

一手 兩手合前右方、左手還與心應、

二肘 左肘曲、右肘微曲、

三膀 兩膀向右鬆、

四頭 微向右側、 五眼 神注右手梢、

六身 身稍右沉、直豎、 七腳 兩腳俱朝右側、

八膝 右曲左展、 九胯 右胯坐實、左胯朝下壓、

單鞭　動作

要旨　兩手往前合、左腳往前跟左腳掌點地、

註解　「兩手往前合、」兩手就上勢往上轉下、往外向左去復從左往上往裡向右去、合于右上方、「左腳往前跟左腳掌點地、」左手往右去時、左腳隨之往右去、用腳掌點地、前實後虛、無前傾後倒之患、

變化

方向

面向南方

姿勢

一手　兩手均向左回、向右上、右手與眼角平、左手微低、二肘　左回時、兩肘俱曲、右上時、兩肘仍曲、三膀　左回下鬆、右上前鬆、

四頭　微向右側、五眼　左回神注左手稍、右上神注右手稍、六身　上下扶正、

七腳　左回右虛、右上左虛、成時左腳掌着地、

八膝　兩膝微曲、九胯　兩胯微向下蹲、

單鞭　　動作　　變化

要旨　兩手左分右合、下按上起至膀齊、左手往上、向左去、右手往下、向右去、左腳往左邁、右腳不動、

註解　「兩手左分右合、下按上起、至膀齊左手往上向左」去、左手往上向左方展去、「右手往下向右」去、右手往下向右展出、「左腳往左邁、」左腳隨左手邁向左去、「右腳不動、」右腳隨右手暗朝右動、用腳尖移向左去、

方向　面向南方

姿勢

一手　左手掌向左側、右手裡撐向下札、

二肘　兩肘微曲、　三膀　兩膀左右鬆、

四頭　豎直、微向左側、

五眼　神注左手指頭、　六身　身橋扶直、

七腳　左右腳一順往左斜、

八膝　左膝曲往、右膝崩展、

九胯　左右胯、皆往下坐、

雲手　動作

要音　右手往右去、右腳步窄、左手收回丹田、

註解　右手往右去、右手由丹田向上、往右雲、右腳步窄、右腳隨右手向右往回收半步、步窄、身高為上雲、與左低不同、左低為下雲、其實一樣、左手收回丹田、右手出去、左手回護、

變化

方向

面向南方

姿勢

一手　右手雲至眉齊、掌心向裡側、左手收回丹田、手臂朝前、　二肘　左肘曲、右肘微曲、

三膀　右膀前鬆、左膀下鬆、　四頭　頭向右微側、

五眼　神注右手指尖、　六身　身稍偏右沉、扶直、

七腳　右腳根虛、左腳踏實、俱向右側、

八膝　右膝虛曲、左膝微直、

九胯　右胯略往下坐、左胯下墜、

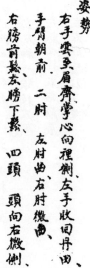

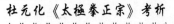

變高探馬　動作

要旨　左腳向前偷半步、右手右腳前上後卸、左手左腳回提腳掌虛點含寔、一齊前去、

註解　『左腳向前偷半步』為變方向、『右手右腳前上後卸』右手右腳同向前去、朝右卸回、左手隨之『左手左腳回提』左手左腳朝右、向下往上回提、『腳掌虛點含寔』一齊前去『趁腳掌虛點時、左手左腳同右手一齊變實向前上、

變化

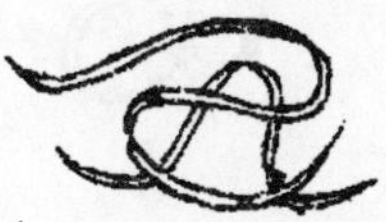

方向　面向西南

姿勢

一手　兩手成交叉式、右手臂朝上、左手掌朝上、

二肘　左右肘皆曲、

三膀　兩膀向前下鬆、

四頭　頭直左側、

五眼　神注兩手梢、

六身　身橋左側直豎、勿向前俯、

七腳　右腳踏實、左腳虛點、虛中藏寔、

八膝　左膝曲中帶伸、右膝曲以鎮之、

九胯　左右胯皆坐寔、左胯虛中有寔、

十字脚 動作

要旨 由上勢左手左脚朝左方斜去、右手跟在左肘之下、右脚邁過左脚之前、

註解 「由上勢左手左脚朝左方斜去、」左手左脚、趁上勢一齊斜向前去、「右手跟在左肘之」下右手從右下轉至左肘下面、「右脚邁過左脚之前」、右脚横向左去、越過左脚前面、成交叉步之勢

變化

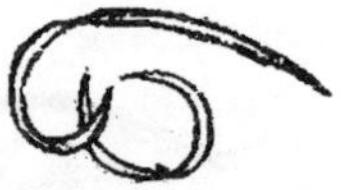

方向

面向西南

姿勢

一手 兩手交叉、俱手臂朝上、

二肘 右肘曲、左肘微曲、 三膀 兩膀向前平鬆、

四頭 直豎左側、 五眼 神注左手梢、

六身 身橋側直上下扶照、

七脚 右脚在前横踏、左脚在後正踏、

八膝 左右膝交叉微曲、

九胯 左右胯略往下蹲、俱向左側、

單擺腳　動作

要旨　左手在前、右手在後、右腳踢起、左手打住、

註解　『左手在前、右手在後』、既左手左前、前有物來、必用左手應之、右手助之、『右腳踢起、右腳從襠中踢起、往左方過、左手打住、』左手不動、右腳往左手底下擺過、踢住、謂之左手打住、

變化

方向

面向西南

姿勢

一手　左手自左前方展着平向左去、右手助之、

二肘　仍右肘曲、左肘微曲、

三膀　左膀向前平鬆、右膀隨之、

四頭　仍左側、

五眼　神注右腳尖、

六身　仍側直、

七腳　右腳踢起、左腳踏地抓緊

八膝　右膝曲、左膝微曲

九胯　左胯下墜、右胯鬆活、

指襠捶

動作

要旨　兩手從左方攻勢分開、拉成右前攻勢、隨手變為左前攻勢、同時右手打于襠中、左手置在左胯、

註解　「兩手從左方攻勢、分開、拉成右前攻勢」、左手左拉、右手右拉、拉至右膝攻起「隨手變為左攻勢、同時右手打于襠中、左手置在左胯」、由變左攻時、右變捶自右向上朝前打于襠中、左變捶、向上朝外往回收在左胯、

變化

方向

面向西南

姿勢

一手　右手握捶、虎口朝上、左手握捶、掌心朝上、

二肘　兩肘皆曲　三膀　兩膀向前下鬆、

四頭　頭豎直、　五眼　神注右手捶頭

六身　身樞豎直勿扭、

七脚　兩脚踏實、俱向左側、

八膝　左攻右展、右攻左展、雖互相攻、重左攻、

九胯　左右胯、互相下墜、

金剛搗碓

動作

要旨　兩手外分裡合、右手斜右、左手斜左、右腳隨之正上正下、右腳隨之踢起、左掌右捶、合與心齊、

註解　「兩手外分裡合」、兩手由捶伸掌、後分前合、右手斜右、左手斜左、右手由右裡上右膝曲往左、左手由左裡下、「左腳踏出、右腳隨之」、右手外下隨右腳上與左腳齊、左手往外上上至胸前「正上正下」、右腳隨之踢起、「右捶上起左掌下去、右捶左掌、一齊合與心齊」、同時腳往上踢捶往下落、掌往上就齊集心口、以掌抱捶、

變化

方向

面向正南

姿勢

一手　右捶左掌、以左掌抱右捶、

二肘　兩肘皆曲、　三膀　兩膀向前平鬆、

四頭　以端正為主、　五眼　神注兩手中

六身　身樁立正、微往下蹲、勿向前俯、

七腳　右腳微虛、左腳踏實、雙腳立正、

八膝　左右膝、微向下曲、

九胯　兩胯略往下蹲、

懶擦衣

動作

要旨　左手左脚往左卸、右手隨之、右手右脚往右上、左手隨之、

註解　「左手左脚往左卸」、左手手臂朝前往左去、卸至左膝外、左膝曲住、右膝展開、「右手隨之」、右手卸襠中、「右手右脚往右上」、右手抬至眼齊、右脚向右邁、右膝攻起、「左手隨之」、左手叉腰、

變化

姿勢

方向

面向南方

一手　右手遥與眼應、左手叉手腰間、

二肘　左肘曲、右肘微曲、

三膀　左膀下鬆、右膀前鬆、

四頭　微向右側、

五眼　神注右手指頭、

六身　身橋向右扶直、

七脚　兩脚俱向右側、

八膝　右膝曲住、左膝崩展、

九胯　左右胯皆向下墜、

鋪地錦　動作變化

要旨　鋪左手左脚右手右脚隨往左下、

註解　鋪左手左脚左手左脚、朝後一齊向上抬起往下鋪、右手右脚隨往左下、右手隨左手亦向上抬起、右脚不動、乘勢下鋪至地、左脚曲膝、右脚右膝展直脚尖上蹺、

方向

面向南方

姿勢

一手　左手下至左肋、右手收至膝内、

二肘　左肘曲、右肘微曲、　三膀　兩膀左右鬆、

四頭　微向右側、　五眼　神注右手指頭、

六身　身橋豎直、勿使前俯、

七脚　左脚踏實、右脚虛承、脚尖蹺起、

八膝　左膝曲住、右膝崩展、

九胯　左右胯、皆下坐、左胯實右胯虛、

挽剌行　動作

要訣　右手右腳撩起前上、左手左腳跟去、兩手往回合、左腳虛點、兩拳向前分、右腳後根墩、

註解「右手右腳撩起前上、左手左腳跟去、右手右腳向上握拳前冲、左手變拳、連腳跟去」兩手往回合、左腳虛點、「左手向右手上、繞過回合、左腳掌跟去下墜」兩拳向前分、右腳後根「墩兩拳朝右膝分開搥下、用腳後根助力、

變化

方向

面微向西南

姿勢

一手　右手握拳、手臂朝上、左手握拳、手心朝下、

二肘　左右肘皆曲、　三膀　兩膀皆向下鬆、

四頭　頭豎直、右側、　五眼　神注右手拳尖、

六身　身橋側直扶照、勿使扭捽、

七腳　右腳寔中有虛、左腳虛中帶寔、

八膝　兩膝皆曲、左寔左虛、

九胯　左右胯皆坐寔下墜、

回頭探花 動作

要肯 左手左腳、朝上起、將向後跳、右手右腳隨之、

註解 『左手左腳、朝上起將向後跳』左手左腳、朝左上方抬起、預備向後跳、右』手右腳隨』之右手右腳、即隨左手左腳、一是舉、起向後跳、

變化

面向西南方向

姿勢

一手 左手向左上起、同時右手亦隨左邊上起、

二肘 右肘曲、左肘微曲、

三膀 左膀向外上鬆、右膀朝裡下鬆、

四頭 向左上側、 五眼 神注左手梢、

六身 向左側、直立、 七腳 左腳抬起向外、右腳踏實、 八膝 左膝曲、右膝微曲、

九胯 左胯上起、右胯下沉、

（乙）

動作

要旨　由上式向後跳成斜步、隨用左手扭至膀彎、同時右手從後折過到於襠內、

註解「由上式向後跳成斜步」跳時左腳抬起、踏于右腳後、右腳抬起踏于後斜方、成斜步」隨用左手扭至膀彎、左手隨之向後轉下置于膀彎」同時右手從後折過到襠內、虎口朝上打下、

變化

方向

面向東北

姿勢

一手　左手握捶置左膀彎、右手握捶、打正襠中、

二肘　左肘曲、右肘微曲、　三膀　兩膀下鬆、

四頭　微向下俯、　五眼　神注右捶虎口、

六身　身橋扶正、勿使扭捽、

七腳　左右腳踏寔、俱向左側、

八膝　左膝曲住、右膝展直、

九膀　左右膀、俱坐寔、

折花聞香　動作

要旨　右摟從襠、左摟自胯、一齊往右上、兩腳隨之、

註解『右摟從襠、左摟自胯、一齊往右上』右摟從襠向外往右去、左摟自胯朝裡往右去、一齊往右上、兩摟同時齊向右上方打去、『兩腳隨之』右腳向外往右去、左腳朝裡亦往右去、至右方、兩膝皆曲、左腳虛點、

變化

方向

西向東北方

姿勢

一手　兩手握拳、兩拳相合、

二肘　左右肘皆曲、　三胯　兩胯俱向右鬆、

四頭　頭直微向右側、　五眼　神注兩手拳尖、

六身　身椿豎直、　七腳　右腳踏實、左腳虛提、

八膝　兩膝皆曲、右膝曲實、左膝虛助、

九胯　右胯往下蹲、左胯虛活、不須太曲、至成時往下蹲平、

單鞭

動作

要旨　兩搖下按、變掌上起至眼角齊、左手左去、右手右去、左腳左邁、右腳不動、

註解　「兩搖下按、變掌上起至眼角齊」曲搖沿路變掌向往上起至右眼角齊、「左手左去」左手往上向左方展去、「右手右去」右手往下朝右方展去、「左腳左邁」左腳同時隨左手邁向右方、「右腳不動」右腳乘右手朝下揚右腳尖向裡移、

變化

方向

面向北方

姿勢

一手　左手側掌、掌心向裡、右手捏撐、手指向下、

二肘　兩肘微曲、　三膀　左膀上鬆、右膀下鬆、

四頭　頭直微向左側、　五眼　神注左手梢、

六身　身橋扶正、勿向左歪、

七腳　兩腳俱踏定、一順左斜、

八膝　左膝曲住、左膝展開

九胯　左右胯俱向下坐、

鋪地錦　動作

要旨　鋪右手右脚、左手左脚、隨之、

註解　『鋪右手右脚、右手右脚朝後』一是向上抬起、往後鋪『左手左脚隨之』、左手隨右手、亦向上抬起、往下落、右脚下落左脚鋪于地上、左手亦隨之下

變化

方向

面向北方

姿勢

一手　右手鋪至右肋間、左手鋪至左膝前、

二肘　右肘曲、左肘微曲、　三膀　兩膀下鬆、

四頭　微向坐側、　五眼　神注左手梢、

六身　身樁豎直、勿向前俯、

七脚　右脚踏實、左脚蹻起、虛中有實、

八膝　右膝曲住、左膝伸直、

九膀　左膀坐實、右膀鬆活、

上步刺行　動作

要旨　左捶左腳撩起前上右捶右腳跟上雙捶回合右腳虛點準雙捶向前分、右腳卸回、

註解　「左捶左腳撩起前上右捶右腳跟」上左捶左腳向上前冲、右捶右腳達步跟上雙」捶回合、右腳虛「點右捶往左手下繞上轉、回合住、右腳掌跟去下沉、雙」捶向前「分、右腳卸「回雙捶朝左膝上分開下捶右腳一沉、卸回、

變化

方向

面微向西北

姿勢

一手　左手握拳在前、向上、右手握拳在後、向下，

二肘　左肘向上曲、右肘向下曲、

三膀　左膀上鬆、右膀下鬆、　四頭　直微向左側、

五眼　神注左拳尖、　六身　豎直忌扭捍、

七腳　左腳踏實右腳虛中帶實

八膝　左膝實曲、右膝虛曲、

九胯　左胯坐實、右胯虛活、

卸步搭弧　動作

要旨　卸右拳右腳、提左拳左腳、右拳在前在上、左拳在後在下左腳虛提

註解　「卸右拳右腳、提左拳左腳」兩拳從左膝一分、右腳後卸、左腳迅速隨往撤回「右拳在前在上、左拳在後在下」右拳從左膝向右方上至面前、左拳從左膝向外方、收到背後、「左腳虛提」

變化

方向

面向西北

姿勢

一手　兩手握拳、右拳與髮際齊、掌心向下左拳與脊骨照、掌心向上、

二肘　右肘前曲、左肘後曲、

三膀　左右上下鬆、

四頭　左側順直、

五眼　神注右拳尖

六身　身椅扶照、

七腳　左腳虛懸、右腳踏定、

八膝　右膝實曲、左膝虛曲、

九胯　左右胯、皆蹲下、左胯實承、右胯虛提、

轉臉擺腳　動作

要旨　由上式背面轉過來雙手俱向右方、右腳抬起過襠展出、雙手打住、向右斜方踏去、

註解『由上式背面轉過來、雙手俱向右方』、右手向右平展、左手向右平與心還應『右腳抬起過襠展出』、『雙手打住』雙手由右往左、右腳由襠往右碰住雙手向右斜方踏去、順勢右腳從上落下、踏手右斜方、與右腳斜對、

變化

面向西南方向

姿勢

一手　雙手由左往右、右側由右往左左側、俱手臂側朝裡、　二肘　右方、左肘曲、左方、右肘曲

三膀　左右互鬆、　四頸　左右互側、豎直、

五眼　神注左右手梢、　六身　左右直豎、

七腳　右腳抬起往襠擺過碰手、左腳五指抓地、

八膝　左膝微曲右膝收襠裡曲、伸出展直、

九胯　左胯沉住、右胯鬆活、

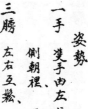

當頭砲　動作　變化

要旨　雙手由左下至右、即由右上至當中、左手在前右手在後、左腳攻起、右腳展開、

註解　〖雙手由左下至右〗、左手在右膝內、右手在右膝外〖即由右上至當中〗即由右邊雙手變成拳、上至胸前、左手在前右手在後〖雙拳俱掌緣朝前中成太極、左腳攻起、右腳展開左腳隨左拳前攻右腳隨右拳後墜、

方向　面向西南

姿勢

一手　雙手至右變拳、手臂俱側朝上、兩拳遙與鼻準對、二肘　兩肘俱曲、

三膀　兩膀平鬆、四頭　直豎微向左側、

五眼　神注左手拳頭、六身　直豎微向左側、

七腳　兩腳踏定、一順左側、

八膝　左膝曲住、右膝崩展、

九胯　左右胯俱坐定下墜、

還原　動化

總解　因上勢陽往上升、陰往下降、化爲陽升天、陰入地、水火不相濟、此則由分復合、左右互交、上落下就、右拳左掌、重會于心口、雙脚往來隨之、雙手仍收回兩大腿外側、令陰陽仍相交合、化生萬有、

變化

姿勢

一手　兩手略沉、
二肘　兩肘微曲、
三膀　兩膀下鬆、
四頭　豎直勿歪、

方向
面向正南

五眼　眼向平視、
六身　身樁直立、
七脚　兩脚平踏、
八膝　雙膝微曲、
九胯　兩胯略墜、

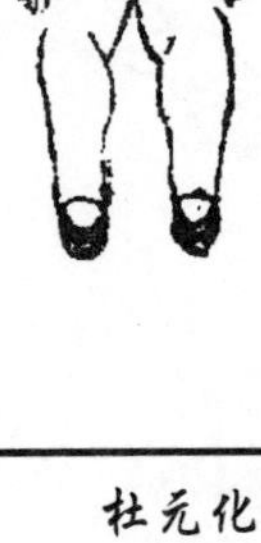

中華民國二十四年五月　初版

蔣老夫子傳
太極拳正宗共八
冊余所編皆像余
師任老夫子所傳其
一生所繪總畫及
十三樣手法之畫
僅兩見在先與余
師兄陳四典繪過
一次陳已沒世其
次余馬此外未聞
再繪近同余如弟
劉瀛仙囑余公閱
公之同好今將一
冊先付印爲其余
正在編述中

編述者　沁陽　杜元化
校閱者　鞏縣　劉煥東
校背絲扣者　沁陽　杜善慶　滑縣　高玉璞　洛陽　楊耀曾　鄭縣　朱德全
印刷者　開封城內中山南街　魁生德

第3編

趙堡太極拳拳式圖解

一、趙堡太極拳拳譜

1. 預備式
2. 領落
3. 翻掌
4. 攬插衣
5. 如封似閉
6. 單鞭
7. 領落
8. 白鶴亮翅
9. 摟膝斜行
10. 開合
11. 琵琶式
12. 摟膝腰步
13. 上步十字手
14. 摟膝斜行
15. 開合
16. 收回琵琶式
17. 摟膝腰步
18. 上步十字手
19. 摟膝高領落
20. 束手解帶
21. 伏虎
22. 擒拿
23. 指因捶
24. 迎面捶
25. 肘底看拳
26. 倒攆猴
27. 白鶴亮翅
28. 摟膝斜行
29. 開合
30. 海底針
31. 閃通背
32. 如封似閉
33. 單鞭
34. 雲手
35. 腰步
36. 高探馬
37. 轉身
38. 右拍腳
39. 再轉身

40. 左拍腳
41. 雙風貫耳
42. 旋腳蹬根
43. 三步捶
44. 青龍探海
45. 黃龍轉身
46. 霸王敬酒
47. 二起拍腳
48. 跳換腳
49. 分門樁
50. 抱膝
51. 喜鵲登枝
52. 鷂子翻身
53. 摞膝
54. 再摞膝
55. 研手捶

56. 迎面肘
57. 抱頭推山
58. 如封似閉
59. 單鞭
60. 前招
61. 後招
62. 勒馬式
63. 野馬分鬃
64. 右高探馬
65. 白蛇吐信
66. 玉女穿梭
67. 轉身攬插衣
68. 如封似閉
69. 單鞭
70. 雲手
71. 跌岔

72. 掃腿
73. 轉身
74. 右金雞獨立
75. 左金雞獨立
76. 雙震腳
77. 倒攆猴
78. 白鶴亮翅
79. 摟膝斜行
80. 開合
81. 海底針
82. 閃通背
83. 如封似閉
84. 單鞭
85. 雲手
86. 腰步
87. 高探馬

88. 十字手
89. 單擺蓮
90. 指襠捶
91. 領落
92. 翻掌
93. 攬插衣
94. 右七星下式

95. 擒拿
96. 回頭看畫
97. 進步指襠捶
98. 黃龍絞水
99. 如封似閉
100. 單鞭
101. 左七星下式

102. 擒拿
103. 進步砸七星
104. 退步跨虎
105. 轉身
106. 雙擺蓮
107. 搬弓射虎
108. 領落

圖1

圖2

圖3

二、趙堡太極拳拳式圖解

第一式 預備式

身體自然站立，面向南方，背朝北方（圖1）。

左腳左移一步分開與肩同寬，兩腳腳尖朝前（南），頭頂（百會穴）輕輕上領，下頦微內收，舌頂上顎，眼睛自然平視，兩手自然下垂在兩胯旁，鬆腰，兩膝微曲（圖2）。

兩腳十趾輕輕抓地，兩手由兩側徐徐向上向前上提，形如抱斗，手心向下，手與肩平（圖3）。

兩手繼續向下按至胯根手窩處，雙腿下蹲，屈膝，膝蓋不能超過腳尖，臀部不能超過

圖4

圖5

跟。雙腳由實變為右腳實，左腳虛（圖4）。

用法：雙方雙拳同時向我正面擊來，我以雙手黏住對方，向下向後，引對方的勁落空後，繼續黏住對方，以靜待動。

歌訣：太極起勢莫輕看，
左右相合人進難，
千斤墜功內中找，
逆腹呼吸轉周天。

第二式　領　落

驪：左腳向左前方（東南）邁出一步，右腳腳尖微內扣，成左實右虛的弓蹬步。同時雙手由下向上向左前方掤起，左手在前，手尖高與眉齊，與左腳尖相對齊。肘與左膝相對齊。右手在胸前，高與鼻平。兩手掌與前臂成弧形，不要在手腕處成折。眼、身依然朝南，眼

圖6

圖7

神要關顧到雙手（圖5）。

捋：兩腳以腳跟為軸，腳尖由左向右轉動，左腳尖轉向西南方，右腳尖轉向西偏北，成右實左虛弓蹬步。同時，右手向上向右畫弧轉到與右腳方向一致，手尖高與眉齊，與腳相對齊，肘與膝相對齊。左手弧形下按至左膝上方，手心向下。眼與身轉對西南方。眼平視，關顧到雙手（圖6）。

擠：兩腳以腳跟為軸，腳尖向左轉動，左腳轉至腳尖朝前（南），右腳轉至腳尖向南偏西，成左弓蹬步。同時，左手轉手心向右弧形上提，高與眉平，右手弧形下按至右胯根前，手心向下。眼、身轉正對南，眼神關顧雙手（圖7）。

按：右腳蹬地，提膝向前高與胯平，腳掌平，腳心正對地面，腳尖向前，成左腿獨立

圖8

圖9

圖10

式。同時，右手轉手心向左，弧形上提，高與頭平，右肘與右膝相對齊，左手向裡經胸前下落至左胯根前，手心斜向右下（圖8）。

右腳落下到左腳旁，兩腳與肩同寬，右腳實，左腳虛，腳尖點地。同時，左手手心轉向上，平置臍下與腹部距離約一寸，右掌逐漸變拳弧形下落置左手上方，與左掌心相距約一寸，略高於肚臍，拳眼向上，拳心向裡，與腹相距約一寸（圖9）。

用法：對方從左側用右拳向我擊來，我左腳向前上步，雙手掤住對方右前臂，左手沾對方右肘，右手沾對方右腕，順對方來勢轉腰往上往後攦，左手往外催，對方即跌出。以上為掤攦用法。

設對方未跌出，半身下卸化開，我即順其下卸之勢以左小臂進擊，對方將我勁引空，我趁勢卸下半身用雙手按他胸部。以上為擠按用法。

以上掤攌擠按四法在應用上千變萬化，學者必須認真細心揣摩，不宜簡單對待。

歌訣： 太極拳功十三法，
掤攌擠按要心明，
四手能化千萬招，
應敵妙法用不盡。

圖11

第三式　翻　掌

右手由拳變掌弧形上提高與鼻齊，手心向左。左手轉手心向右下按至左膝上方，同時左腳微上提（圖10）。

左腳向左橫跨半步變實，右腳向左移半步腳尖點地。同時，左手向左向上向右再向左向下畫一大圈，落在左胯根前，手心斜向下，右手向右向左向下畫圓弧到小腹前，手心斜向左下方。眼向南平視，顧及雙手（圖11）。

用法： 對方由左側以右拳向我胸部擊來，我以右手腕背沾住對方手腕，左手上托對方右肘，左腳管住對方雙腳，對方進退不能自如。

歌訣：趙堡太極十三翻，
左顧右盼掌畫圈，
手到腳到身要到，
擰腕壓肘敵即翻。

第四式　攬插衣

左掌內旋輕按在左小腹下部，右掌向上經頭前向西方向弧形按出，手心向西南。同時右腳向正西方向邁一步變實，腳尖向西南，左腳尖微內扣，腳尖向南偏西，成右弓左蹬步。右手尖與右腳尖相對齊，身向南，眼朝南平視，顧及雙手（圖12）。

用法：設對方從我右側用雙拳打來，我以右上臂滾接化開，上右腳管住對方前腳，稍向右側用力，對方即從我右側跌出。

歌訣：攬插衣對敵從容，
左催右發顯奇功，
腳腿胯腰一齊到，
滾壓引化敵落空。

圖 12

圖 13

圖 14

第五式　如封似閉

右手內旋，收回胸前，手心向左，距胸約一尺，左手弧形提至腹前，手心斜向右下，兩手直線距離約與自己的半邊身寬相等。同時，重心移到左腳，右腳向左收回半步，腳尖點地。身轉向西南，眼向西南平視（圖13）。

右手向下向後再向上纏頭過腦屈置胸前，手心向下，左手由下向上轉一小圈屈置胸前，略低於右手。同時，右膝提起與胯平即向右前方（西南）跨一步變實，左腳跟上一步，腳尖點地，眼向西南平視（圖14）。

用法：對方在右側用雙拳向我正面擊來，我以右手黏住對方手腕向右向下引化，同時提膝上打。設我動為對方察覺，對方向後退走，我即進步按擊對方，對方即向後跌出。

歌訣：如封似閉退為攻，
即化即打敵全空，
水漲船高仔細研，
前進後退隨人動。

第六式　單　鞭

雙手轉手心向外，由右向左向上畫弧至正南，左手尖與肩同高，右手尖與眉同高。同時，左腳向左（東）橫跨一步，右腳隨著向左收回半步，腳尖點地。身體轉向正南，眼向南平視（圖15）。

圖 15

雙手繼續向下經腹前向右畫弧，左手置右腹前，手心斜向右下方，右手掌變勾手置右胯根前，與右膝相對，勾尖向下。同時右腳向右橫跨一步，左腳隨即向右收回半步，腳尖點地，眼向東南平視（圖16）。

右腳抓地，左腳向左橫跨一步，腳尖向東

圖16

圖17

南踏實，成左弓右蹬步。同時，左手由下而上經頭前向左（東）畫弧按出，手尖與眉同高，右勾手弧形上提與右腳尖相對，勾手略低於肩，勾尖與肘平，肘與右膝相對。眼向南平視，眼神關顧雙手（圖17）。

用法：此式為左右應敵招式。對方從我右前方用左拳打來，我雙手黏住對方腕肘向左向上擺，對方失勢後撤，我即上步按出。

這時，左前方有人用雙拳向我頭、胸部打來，我以左手臂向左前黏住對方雙手，滾轉後以掌向對方頭、胸按擊。這是連防帶打的手法，含採挒之意，右勾手有柔化點擊之用。

歌訣：重手法單鞭對敵，
卸腕骨對方自跌，
左一鞭手腳齊到，
右勾手掛化點穴。

圖18

圖19

第七式　領　落

右胯下沉，右勾手變掌轉手心朝外，向下向左向上再向下畫圈至腿側，手心轉向下。左掌隨身轉手心向東南偏東（圖18）。

其餘動作與第二式相同，方向轉向東即可（圖19、20、21、22）。

第八式　白鶴亮翅

左膝提起，腳尖點地。同時，右拳變掌外旋轉圈上提，高與眉齊，手心向東。左手內旋轉圈上提至胸前，手心向外（圖23）。

左腳向左後方（西北）撤一步，腳尖向東偏北，右膝提起收回高與胯平。同時兩手向前向下向左後方畫圈，左手在身左側，手腕高與胯平，手心向下，右手落左腹前，手心斜向下。眼向東

圖 22

圖 21

圖 20

圖 24

圖 23

圖 25

圖 26

圖 27

平視（圖24）。

右腳向東南方向邁一步變實，腳尖向東南，左腳跟上一步，落在左腳跟旁，腳尖點地。同時，雙手由下向上經頭前向下按出，左手高與胸平，手心向東南，右手高與眉齊，手心向東。眼向東平視（圖25）。

用法：對方從我右前方用雙拳向我胸前擊來，我以雙手接其手腕，向左向後引進，即以右肘擊其面部，提膝上迎使對方胸腹自撞自傷。

歌訣：順手牽羊轉輕靈，
提膝上打不容情，
螺旋引空肘擊出，
進退全憑腰換勁。

第九式　摟膝斜行

圖 28

圖 29

右腳尖外撇向南，左腳跟提起，腳尖點地，身轉正南。兩手在胸前交叉成十字手，右手在外，掌心向左，左手在內掌心向右，如剪刀狀。隨即雙手上掤，高與眉齊，手心朝外，左手按在右手腕處。眼向南平視（圖26）。

雙手再交叉成十字手，右腳尖內扣朝南偏東，重心在右腳，身下蹲，十字手弧形落下在右膝前，眼向東南方向平視（圖27）。

左腳向東北方向跨出一步，同時兩手按至右膝下分開，左手心向下轉向外畫弧至左膝前，右手由膝下外旋上提至右膝前，眼向東南方向平視，雙腳在虛實轉換過程中（圖28）。

雙手手心向上，由膝前向上畫圈合於頭前，手尖與眉齊，兩掌相距一寸左右，眼向東南方向平視，兩腳虛實在變換過程中（圖29）。

圖30

圖31

圖32

左腳全實，成左弓蹬步，左掌變勾手由胸前向下向左畫弧落到左胯旁（環跳穴），勾尖朝外，右手向前推出，高與鼻平，手心朝東。身向東南偏東，眼神經右掌尖向遠看去（圖30）。

用法：對方用右手拿我右手腕，我用十字手卸開反拿對方手腕，全身下坐，對方即喪失抵抗力。

設又一人從左側用雙手向我打來，我側身進步管住對方雙足，以肩靠擊其胸前。

設另一人迎面用拳擊來，我左手向下勾化對方來拳，右手以中指前點對方困門、分水穴。

歌訣：摟膝斜行四方管，
對方拿我以拿還，
胯肩齊到插足上，
螺旋轉動敵跌翻。

第十式　開　合

重心移到右腳，左腳向後收回半步，腳尖點地。同時右手先外旋後內旋收回右腹前，手心斜向左下，左勾手變掌，外旋上提至左胸前方。眼向東平視（圖31）。

左腳向東北方向邁出半步，右腳跟上半步，腳尖點地。同時，雙手向下向兩側分開向上經頭前畫一圈下按，左手在左腹前，右手在右胸前，兩手手心向下。眼睛向東平視（圖32）。

用法：對方雙手拿我右手腕肘，我右手旋轉化開，兩手隨即向前用合勁把對方按出。

歌訣：太極奧妙開合中，

一開一合妙無窮，

三節齊聚勁要整，

猛虎撲食快如風。

第十一式　琵琶式

左腿微下蹲，右腳提起，向西南方向退一步變實，左腳隨著退半步，腳尖點地。

圖33

圖34

圖35

左手外旋，轉手心向上向裡上提，掌心向臉部，掌尖與眼平，右手外旋從左肘下推出轉手心向上，眼向東北平視（圖33）。

左掌變勾手由臉、胸前向下畫圈落到左膝上，勾尖朝北，右手收回腹前，與臍平，眼向東北平視（圖34）。

用法：對方用拳向我迎面擊來，我以左手尺骨一側黏住對方，手變勾手向左下圓轉勾掛開，同時，右手以指點戳對方小腹穴位。

歌訣：手揮琵琶轉活圓，
意勢相合氣騰然，
左手勾化右點擊，
發敵全在一瞬間。

第十二式　摟膝腰步

左腳向東北方向邁一步，腳跟先著地，未

圖 36

踏實。同時左勾手移向膝內側，右手由腹前轉手心向下向外，向下向右向上畫圈至額前，掌心斜向上。眼向東北平視（圖35）。

左腳掌踏實，成左弓蹬步，左勾手沿膝繞至膝外側，右手弧形按至左小腹前，面對東北，眼看斜下方（圖36）。

用法：對方以雙手擨住我左手腕肘，我鬆肘鬆肩，腰胯下沉，上步管住對方前腳將對方向左側靠出，此是敗中求勝法。

歌訣：對付擒拿有妙法，

拿那鬆那氣不發，

進步管足沉腰胯，

腰襠勁出敵根拔。

第十三式　上步十字手

重心移到左腿，右腳提起，由右向左擺到左膝前，擺腳時腳心向前，定式時腳心斜向下。同時，右手上提至胸前，左勾手變掌，手心向下，向後向上經頭前畫圈落至

圖 37

圖 38

圖 39

胸前，與右手相變成十字手，左手在內，手心向右，右手在外，手心向左，眼向東北平視（圖37）。

用法：對方從東面用左拳向我左胸前擊來，我起右腳向前擺擊對方來拳，倉促間對方會仆跌而出。

設後面又有人用拳打來，我左手黏住來拳向拳擺去，對方即向前仆跌。

歌訣：單腳抓地如山穩，
氣斂入骨襠要撐，
手腳齊發敵招空，
提膝十字防周身。

第十四式　摟膝斜行

右腳從左腳尖前落下變實，腳尖向東南，交叉手向右膝外下落，其餘動作與第九式相同

圖40

圖41

（圖38、39、40、41）。

第十五式 開 合

與第十式相同（圖42、43）。

圖42

圖43

圖 44

圖 45

圖 46

第十六式　收回琵琶式

右腳向西北方向撤半步變實，腳尖向西南，身由向東北轉向東南，左腳以腳跟為軸，腳尖內扣至向東南後提起腳跟，腳尖點地，手的運轉與第十一式相同（圖44）。

其餘動作與第十一式相同（圖45）。

第十七式　摟膝腰步

與第九式相同，唯方向向東南（圖46、47）。

第十八式　上步十字手

與第十三式相同，唯方向向東南（圖48）。

第十九式　摟膝高領落

圖 47

圖 48

圖 49

圖49、50與第十四式圖39、40基本相同，唯圖50與圖40的差別是圖40是合雙掌，圖50是收右腳、合雙拳，拳心向裡，面向南。

右腳踏實，左腳變虛，左拳變掌，手心向上，置右拳下約一寸，兩手一起下落到腹前。左掌在臍下，右拳在臍上，左掌右拳距腹約一寸。眼向南平視（圖51）。用法與第十四式基本相同。

圖 50

圖 51

圖 52

圖 53

第二十式　束手解帶

重心移到左腳，右腳變虛，右拳變掌，雙掌放平，手心向上轉手心向裡上提與臉同高。眼向南平視（圖52）。

雙掌曲腕，向臉前往下勾轉內旋成腕背相對下落至小腹前。

左腳抓地，右腳向右（西）橫跨一步，成右弓蹬步。同時雙手在小腹前外旋左右分開到左右兩膝內側，手心朝外。眼向南平視，眼神關顧到雙手（圖53）。

用法：對方從背後用雙手將我雙臂和上身捆住，我腰襠下沉，雙臂上掤，翻掌黏住對方雙手下按，以手肩背襠合一勁把對方扔到我前方。

歌訣：身手被捆心莫慌，
纏絲換勁身俱開，

上下相隨合一力，
隨手化打如解帶。

第二十一式　伏　虎

重心移到左腳，坐左腿，右腳原地變虛。同時，左手外旋，手心向上、向左前、向上畫圈至頭頂內旋轉手心向上撐掌，右掌變拳外旋，拳心向上。右前臂內收，肘尖貼住右肋，右大小臂形成大於九十度的角。右拳在右膝上方。眼向西平視（圖54）。

圖 54

重心移到右腳成右弓蹬步，同時，左掌經頭胸前畫弧落至小腹前變拳，以拳頂貼左小腹，拳心朝下，肘尖朝外。右拳變掌向後、向上畫弧至頭頂變拳向東南方向打出，拳高於頭，拳心向外，拳眼向下，與右腳尖相對齊。眼向左肘尖、左腳尖方向看去（圖55）。

圖 55

用法：設對方從背後抱我，我用左手黏住對方左小臂外撐，右肘向對方胸部擊出，對方身後移，我乘勢以右手抓對方襠部，用肩貼對方心窩處，拔起對方的根，向右前方擲出。

歌訣：採挒手，化去凶猛勢，

肘與肩，沾擊腹與胸，

剛柔濟，驚彈走螺旋，

伏虎勢，左右閃披精。

第二十二式　擒　拿

左腳尖稍內扣向西南偏西，重心向左腿稍移，右腳收回半步，腳掌輕著地。同時，左手變掌，手心向下，向前俯貼在右手腕背上。右拳轉拳心向下，畫圓弧至腹前，眼向西平視（圖56）。

左掌右掌同時向下、向上外旋在胸腹前轉一立圈置右腹前，右拳心向上置左手心上。同時右腳腳尖點地。眼神關注雙手。

用法：對方右手拿擰我右手腕，我即用左手按住對方右手背，兩手上下將對方手腕夾緊，順對方之勢反其關節，對方即仆倒。

圖 56

圖 57

圖 58

歌訣：太極擒拿手法異，
順人之勢借人力，
任他巨力來拿我，
反拿關節敵倒地。

第二十三式　指因捶

右膝提起，高與胯平，左手心托起右拳弧形上提，高與鼻平，左手心和右拳心均向內（圖57）。

右腳向前（西）邁一步下蹲變實，腳尖向西南，左腳跟上半步虛觸地面。同時，右拳內旋從鼻尖向下、向右打出，拳心向裡，拳眼向上，置右膝外側。左掌變拳內旋置右肘彎處，拳心向北，拳眼向上，眼向南平視（圖58）。

歌訣：屈緊伸盡勁要繃，
不貪不欠步輕靈，

護中反打指下陰，
身手齊到方為真。

圖59

圖60

圖61

第二十四式　迎面捶

雙拳由下向上、向左畫圈至頭前，右拳心向外，拳眼向下，與額同高。左拳心向下，拳眼向裡，與鼻同高，兩拳直線相距約一拳，右拳在上在前，左拳在下在後，眼從兩拳間向南平視（圖59）。

用法：對方從正面用雙掌向我面部抓來，我以左拳上掤對方雙手，以右拳擊對方太陽穴。

歌訣：左手一拳防雙抓，
右拳迎面擊太陽，
一防一打一開合，
妙手一著一陰陽。

第二十五式　肘底看拳

右腳跟外撐變實，腳尖向東南，左腳尖外撇向東，隨即提起腳跟，腳尖點地，身轉向東。同時，雙拳隨身向左畫弧，左拳高與鼻平，拳眼與鼻尖相對，肘下沉。右拳移到左拳左側向下畫弧至左肘下。右拳在左肘尖、左膝中間，拳肘膝成一條直線。眼向東平視（圖60）。

用法：對方從左側用右拳向我上部打來。我轉身以左後臂外掤對方來拳，用右手下按對方來手肘部，左手反掛其上部。

歌訣：拳在肘底內藏凶，
轉胯活腰閃正中，
左拳橫打右禦骨，
雙拳連環顯神通。

第二十六式　倒攆猴

重心移到左腳，右腳變虛，腳尖點地，左拳變掌弧形下落到左腹前，手心向下，右拳變掌弧形下落到右胯窩，手心向東。眼向東平視（圖61）。

圖62

圖63

圖64

左腳抓地，右腳微上提即向西南方向退一步成左弓蹬步。同時左掌變勾手從膝內側繞膝向左摟至左腿外側，勾尖向外。右手由下向右、向西南方向向上經頭頂、面前畫圈落至小腹前，手心向下，指尖朝東北。身要中正，眼向東平視（圖62）。

重心移到右腿，左腳收回，右腿內側懸起。同時，左手變掌外旋至左胯側，手心向下。右掌變勾手隨身移到右胯前，勾尖朝南。眼向東平視（圖63）。

左腳向西北方向退一步，成右弓蹬步。同時，右勾手繞膝向右摟至右腿外側，勾尖向外。左手向西北方向由下向上經頭頂、面前畫圈至小腹前，手心向下，手尖朝東南，眼向東平視（圖64）。

用法：對方向我迎面用雙手按來，我以左

圖65

圖66

手黏其雙手，以右腳外鏟其右腳，左胯後閃，右手按其背，對方即從我左膝前栽倒。左右用法相同。

歌訣：倒攆猴以退為進，
三環發圈中套圈，
身騰挪機關在腰，
四梢動全憑丹田。

第二十七式　白鶴亮翅

重心移到左腿，右膝提起，右勾手變掌，由下向右、向前畫圈到腹前，雙手即隨身向左後畫弧按去，左手在身左側，手腕高與胯平，手心向下，右手落至左胯前，手心斜向左下。眼向東南平視（圖65）。

圖66同第八式圖25。

圖67

圖68

圖69

第二十八式　摟膝斜行

動作與第九式相同，唯左腿邁步方向由第九式向東北方向改為正北方向即可（圖67、68、69、70、71）。

第二十九式　開　合

左腳尖內扣變實，腳尖向東南，右腳向左收回半步，身轉向南。同時，左勾手變掌內旋，手心朝外由下向上經頭頂、面前下按至腹前，手心向下。右手外旋向右、向下畫弧至右腿內側，手心向東，眼向南平視（圖72）。

身體向東北方向轉動，右腳提起，隨身向東北方向踏出一步變實，左腳提起跟上半步。同時，右臂內旋，手掌在襠前，手心向東南，指尖向下。左手心向下，手向右推提至右肘

圖70

圖71

圖72

前。眼向東北平視（圖73）。

用法：對方雙手外撅我右腕肘，我順勢以雙手反拿其腕肘，以迎面靠靠擊其胸，使用要一氣呵成，不能有斷續。

歌訣：身帶手轉應萬變，

三節相顧記心間，

梢領中隨根節催，

反拿肘擊靠迎面。

圖73

圖74

圖75

第三十式　海底針

左腳變實，右腳變虛，腳尖點地。同時，左手沿右臂外側下按至襠下左腿外側，手心向下。右手外旋上提，手背微擦腹胸至頭前，手心向下，眼視右掌（圖74）。

右腿變實下蹲，膝向東北，左腳虛點著地。同時，左手變勾手弧形向西北方向提起，與肩平，勾尖對西南，手臂微曲。右手變立掌外旋下按至右膝內側，指尖向東北，小臂略低於膝，右肘貼在右胯根處。身體下蹲時，身須中正。眼平視東北（圖75）。

用法：對方用雙手採捌我左手，並向前下按，我即變虛實以左手下引，上抽右手迎面擊出並身體下蹲，帶動右手繼續乘勢按對方肘臂或頭頸等部位均可。

圖76

圖77

歌訣：陷入困境解法妙，
垂肩滾臂坐腿腰，
抽臂擊採一氣成，
海底探針無虛招。

第三十一式　扇通背

左腿向東北方向邁一步，成左弓蹬步。同時，左勾手變掌，手心向上，向前畫圈上掤，與左腳尖對齊，高與眼平，右手內旋，手心朝外，上托至頭前，略高於眼，兩眼平視東北方向（圖76）。

左腳尖內扣向南，右腳提起腳尖點地。同時左手內旋，手心朝外，上掤經頭頂畫圈到頭前，右手隨轉向右移動，兩手在頭前成環形，左手高與頭平，右手高與鼻平。兩臂與肩成斜圈。眼向南平視（圖77）。

圖78

圖79

右腳隨身轉向東北方向邁一步，腳尖向東北，成右弓蹬步，左腳尖內扣，腳尖向西偏北。同時，雙手環形向右、向後按去，左手在小腹前，手心向下，右手邊按邊轉手心向上，高與肩平，右手肘與右腳尖右膝相對。眼向東北平視（圖78）。

左腳外撇，身轉向西南，右腳提起向西南方向邁一步，踏實，腳尖向西南，左腳跟上半步，腳尖點地。同時右手內旋向上經頭頂向西南方向按去，手心向南，左手隨身轉到胸前，略低於右手，手心向西南。眼向西南平視（圖79）。

用法：對方右手迎面向我擊來，我進步用雙手黏其腕肘，身速轉三百六十度將對方擊出。

歌訣：太極扇通背法精，

圖 80

圖 81

圖 82

擊人周身都是圈，
旋轉三百六十度，
十三法用一瞬間。

第三十二式　如封似閉

左腳變實，右腳懸起。同時右手外旋，收回胸前，手心向左，左手外旋，收回腹前，手心向右下（圖80與圖13同，圖81與圖14同）。

第三十三式　單　鞭

與第六式相同（圖82、83、84）。

圖 83

圖 84

圖 85

第三十四式　雲　手

右腳尖內扣，右胯下沉，右手弧形收回右腹前，手心向下，手指向東。左手指尖上領，塌腕，手高與頭平。眼向南平視（圖85）。

左腳內扣，腳尖向南偏西，右腳尖外撇，向西南，成右弓蹬步。同時右手從腹胸中線向上、向右畫圈，與右腳相對齊，高與頭平，手心向外，指尖向上，左手向下、向裡畫圓弧到腹前，手心向下。眼向南平視（圖86）。

用法：對方用右拳向我面胸部擊來，我以手黏其手腕，向左右上下或擴或按或採均可。此式為防守法，任對方從前面那一處打來都能以雙手圓轉防範。

歌訣：雲手運行如兩輪，

兩輪全在一環中，

圖 86

圖 87

中軸隨腰任意變，

任你水潑也難進。

第三十五式　腰　步

動作文字與第三十四式雲手圖83基本相同，唯左手向東南方向按出時，手略高於頭，右胯下沉（圖87）。

用法：對方從左側用雙手打來，我以左臂黏化即上步進身以肘胯擊打對方。

歌訣：腰步式簡威力大，

上步進身用腰胯，

緊接雲手意連貫，

巧勁黏走把人發。

第三十六式　高探馬

重心移向右腿，右腳尖微內扣，左腳收回

圖88

圖89

半步，腳尖點地。同時，右手轉手心向外、向後、向上經頭頂畫弧落到右胸前，手心向東北方向。左手畫弧內旋收回左腹前，手心向東，身轉向東，眼向東平視（圖88）。

用法：對方從左前方用拳擊我胸部，我以左手掤住對方來手，腳勾掛對方前腳，右手擊其肩或肋，全身合成一勁，對方即從我左後方翻出。

歌訣：高探馬用折疊勁，

雙手上下順圈滾，

腳勾進身上下隨，

人倒恰似樹斷根。

第三十七式　轉　身

右腳抓地，左膝上提，高於胯，腳心朝東，雙手由掌變拳，雙拳成環形，由下向上、向西南方向再向左畫圈，右手拳眼向下，拳心朝外，與

圖 90

圖 91

額同高，左拳置胸前，拳心向南，拳眼向西，眼向東平視（圖89）。

左腳向前半步落下變實，腳尖向東北，右腳尖內扣，腳尖向東。同時雙拳隨轉身向左下方畫圓弧到左大腿上方轉拳心向裡，拳頂向上，提至胸前，眼關顧雙拳移動，兩腿成交叉步（圖90）。

左腳抓地，右腳向東邁一步變實，腳尖向東北，左腳跟上半步，腳尖點地。同時，雙拳內旋向東按去，兩臂屈成弧形。右拳心向外，拳眼向下，高與肩平，左拳心向外，拳眼向右肘彎處，高與胸平。右拳在前，左拳在後。身朝東北，眼向東北平視（圖91）。

用法：對方用右拳向我胸部擊來，我以雙手掤攦化解，並起左腳蹬其右肋，對方閃化後，以雙手托制我右腕肘，我即順勢左轉身採挒，進步

圖 92

圖 93

圖 94

將其擊出。

歌訣：雙腳盤根主在腰，
腰動四肢轉如輪，
前後左右上下管，
四面八方能發人。

第三十八式　右拍腳

左腳變實，右腳變虛，身下蹲。同時雙拳變掌，手心向下，隨身畫圈下按至膝前，眼神關顧雙掌（圖92）。

身體起立，右腳向東用腳面踢出。同時雙掌向左、向上、向頭前畫一大圈，右掌向右腳面拍出，左掌跟隨右掌向前。眼向東平視（圖93）。

用法：對方雙手抓住我右臂向前按我，我即向左下引化，起腳踢其肋以下部位。

歌訣：神舒體靜身中正，

圖 95

圖 96

圖 97

氣沉勁蓄腰胯鬆，
輕靈活潑下引淨，
肋下一腳發不空。

第三十九式　再轉身

右腳向前（東）邁半步落下變實，腳尖向東南，左腳內扣，腳尖向東。同時，雙掌手尖相對成環形，手心朝外（東）。隨轉身向右下按至右腿上方，內旋變拳，拳心向裡，拳頂向上，提到胸前。眼關顧手的轉動（圖94）。

圖95與圖91動作相反，圖95面向東南。用法同第三十七式。

第四十式　左拍腳

與第三十八式動作相反，腳踢方向一致（圖96、97）。用法同第三十八式。

圖98

圖99

第四十一式　雙風貫耳

左腳從空中提膝收回腹前懸起，雙掌外旋變拳收回胸前，肘落肘窩，拳心向裡，面向東南。眼向東南平視（圖98）。

以右腳跟為軸，身體向左轉動至身對北面，懸腳不變。同時，雙拳經胯關節左右分開向下、向上經面前畫一大圈至胸前，拳頂相對。眼向北平視（圖99）。

用法：對方從背後向我撲來，我急轉身雙拳用合勁擊對方頭部穴位，同時提膝上擊對方下部。

歌訣：顧前盼後觀六路，
分臂向上墜下身，
誰敢向前來擊我，
雙風貫耳膝打陰。

圖 101

圖 100

第四十二式　旋腳蹬根

雙拳在胸前內旋轉拳心向下，繼續內旋向左右分擊，臂高與肩平，拳心向南，拳眼向下。同時，左腳向西蹬去，腳心朝西，腳尖朝上，高與左拳眼平。眼向西平視（圖100）。

雙拳與左腳沿原路旋轉收回復雙風貫耳式（圖101）。

用法：左右兩人同時搬我左右兩臂肘腕，我雙拳順勢發抖勁向對方心窩處擊去，提左腳向左方的下部踢去，則左右兩人均被擊出。

歌訣：雙臂被搬心不驚，
順勢螺旋左右分，
瞅準五虛手腳發，
平打心窩下打陰。

圖 102

圖 103

第四十三式　三步捶

左腳向左（西）邁一步，腳尖向西，成左弓蹬步。同時，左拳弧形向左擺擊，拳心向上，拳眼向南，高與肩平，與左腳尖相對。右拳外旋弧形下落到右腹前，拳心向上，拳眼向東北，眼向西平視（圖102）。

左腳抓地，右腳提起向左膝前踏下落在腳尖前，腳尖向西北，左膝與右膝窩合。同時右手由下向上、向左畫弧擺擊至胸前，拳略高於肘，拳心向上，拳眼朝北。左拳隨身弧形收至身左側，拳略低於肘，拳心向上，拳眼向東，眼向西平視（圖103）。

左腳向前邁一步，成左弓蹬步，腳尖向西。同時，左拳由後向上、向前畫圓弧擺到左胸前，拳心向上，拳眼向南，拳略高於肘。右拳弧形收

圖 104

圖 105

回右胯前，眼向西平視（圖104）。

用法：此式是連續進攻法。對方以右拳向我胸前擊來，我上步以左臂滾搖化開對方來拳，提右腳踩對方踝骨，以右拳擊其面部，對方再退，我速進步跟擊，對方在連續攻擊下被擊出。

歌訣：連環扣打招法凶，
搖滾擺彈一氣攻，
虛實轉換要輕靈，
身手腳到即成功。

第四十四式　青龍探海

右拳向上、向前畫圓弧向左膝內側打下，低於膝，以擊到地為最好，右肩微內扣。右拳眼向南，拳心向裡。左拳內旋打向後置左胯旁，拳心向東，拳眼向裡。上身中正，不前俯。眼向西平視（圖105）。

圖 106

圖 107

用法： 對方從背後抓住我雙腕抱我要往左摔，我順勢轉臂上打，扣右肩，對方即被我拔跟而起，向前栽出。

歌訣： 背後抱摔險不危，
尾閭發動周身隨，
肩胯背脊皆能打，
青龍探海顯神威。

第四十五式　黃龍轉身

左腳尖內扣，腳尖向東北，右腳尖翹起，腳心向東，胯右轉。同時兩拳外旋，收回胸前，拳心向下，身轉向東，眼關顧雙拳（圖106）。

右腳尖向東著地踏實，重心移到右腳，左腳跟上半步。同時，雙拳隨身向前（東）按去，置胸前。左拳在內，雙拳拳眼向裡，拳心向下。眼向東平視（圖107）。

用法：對方從我背後用雙手將我身捆住，我力發於腳跟，傳導到胯，以胯化開對方，以右肘擊其肋部，對方即向後翻出。

歌訣：黃龍轉身破後敵，
雙胯變換人不知，
周身圓轉合一勁，
胯滾走化起肘擊。

第四十六式　霸王敬酒

重心移到左腳，右腳提起，腳尖點地，隨即原地踏實，左腳提起，腳尖點地。同時，雙拳微外旋向下、向上、向前轉一小立圓打出。雙拳平置胸前，拳眼向裡。右拳心向北，左拳心向南，眼向東平視（圖108）。

圖108

用法：對方雙手抓我雙手向胸部按來，我以身引化即以雙拳向前發滾勁，對方即向前仰面跌出。

歌訣：丹田滾動帶臂腕，

圖 109

圖 110

圖 111

一呼一吸周天轉，
擎起彼身借彼力，
敬酒一杯敵後翻。

第四十七式　二起拍腳

右腳抓地，身稍後坐，左腳向前、向上踢出，腳尖向上。雙拳隨身上下轉動（圖109）。

右腳撐地，左腳收回原地，右腳向前（東）踢出，腳尖向前。同時，雙拳變掌，右掌在前，左掌在後，右掌向右腳面拍去。眼從右腳踢出的方向看去（圖110）。

用法：雙方以右拳向我迎面劈來，我以雙拳掤化，起左腳向對方下部踢去，對方襠內收，身前傾，我迅起右腳踢其胸頭部。

歌訣：雙臂上掤來手封，
腳發二度如雷迅，

進圈欲變來不及，
左腳不中右腳中。

第四十八式　跳換腳

左腳撐地，躍起以腳跟向自己臀部踢去，右腳收回落在原地，屈膝，單腿站立，腳尖向東南。同時，兩手左右向後分開，略低於肩，肘與身平，手心斜向外下，眼向前平視（圖111）。

用法：身後有人以腳掃我左腳，我換右腳著地，提起左腳躲過對方，以左腳向身後踢去，腳發必中。

歌訣：凌空欲墜防腿掃，
左右換腳擊身後，
雖是怪招卻不怪，
隨心所欲中敵頭。

第四十九式　分門樁

左腳向前邁出一步變實，腳尖向前，成左弓蹬步。同時，雙掌外旋，向下向兩肋

圖 112

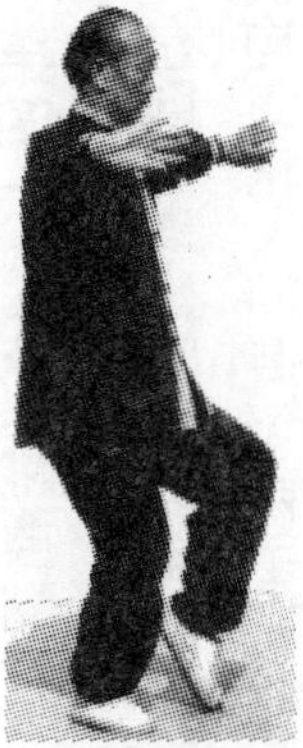

圖 113

收回向前交叉，以指尖向前按出，高與肩平，與左腳尖相對齊，左手在下，手心向右，右手在上，手心向左，兩眼向前（東）平視（圖112）。

用法：對方雙拳向我胸部擊來，我雙手黏住對方雙手向兩邊化開，繼續向內纏繞向對方胸部以合勁擊出。

歌訣：雙拳擊我分手黏，
纏繞絞轉不丟頂，
合膀跟隨順勢取，
進身合勁刺中門。

第五十式　抱膝

重心移到右腿變實，左腳收回，腳尖點地。同時，兩手向左右分開，手臂成弧形，高與肩平，手心向外。眼向前平視（圖113）。

身下蹲，雙手外旋向下、向裡畫圓弧至左膝

圖 116

圖 115

圖 114

旁，手略低於膝，手心向上（圖114）。

身起立，雙手與膝一起提到腹前。眼向東平視（圖115）。

用法：對方雙捶向我迎面打來，我雙手下引外撐，提膝打其胸部。

歌訣：應敵招術數不清，
雙手擊來採挒迎，
黏化外撐提膝打，
不處險境不亂用。

第五十一式　喜鵲登枝

左腳向前蹬出，腳心向前，腳尖向上。同時雙手轉手心向裡，手與肩平，再內旋轉手心向前按出。眼向前平視（圖116）。

用法：對方在我身前用雙手抱我腰部，我以雙手托其肘部上引，將其根拔起，以左腳蹬其小腹。

歌訣：喜鵲登枝多靈變，
展翅蹬腳發瞬間，
解其深意仿其形，
托肘蹬腿敵後翻。

第五十二式　鷂子翻身

左腳不變，左手弧形前伸到左腳內側，手心向南，右手轉手心斜向上弧形收回頭左側，略高於頭，眼向左手方向看去（圖117）。

以右腳跟為軸，身體向右後轉二百七十度到面對正北，左腳隨身向右、向後轉落地時腳尖向北變實，右腳變虛，兩腳同肩寬。同時，左手向上畫弧和右手成環形與頭同高，隨身轉圈向左、向後下按至兩膝前，低於膝。眼看雙手（圖118）。

圖117

圖118

圖 119

圖 120

用法：對方右拳向我擊來，且來勢凶猛，我右腳站穩，身後仰，以右手上掤，左手制其肘，順其來勢向右後轉身，攌其臂肩。

此式也可作空手奪槍用。對方用大槍向我咽喉刺來，我即身後仰，右手上掤其槍頭，左手抓其槍杆，左腳踢其握槍手腕，順勢把槍奪走。

歌訣：猝然遇擊破招明，
右掤左攌順勢應，
鐵板功法腰轉旋，
鷂子翻身著法靈。

第五十三式　摟　膝

右腳右手同時向上、向前（東）弧形踢出掤出，手腳同高，右腳心向東，右手心向南，左手弧形提至胯根處，身微後側，眼向右手看去（圖119）。

右腳向前落下一步，腳尖向東南，右手向後畫圓弧至額前，手心向外，左手在胯根處隨身移動。兩眼向東平視（圖120）。

圖121

圖122

用法：對方用右拳向我右側擊來，我以右手上掤後攌對方來手，起右腳側身踢對方肋部。

歌訣：摟膝應敵手腿進，
　　單腿立身根要穩，
　　揮手掤人手要準，
　　腳蹬肋部腳要狠。

第五十四式　再摟膝

右腳變實，左腿左手動作與「摟膝」動作同，身轉向南（圖121）。

左腳向東落下一步變實，腳尖向東南。同時左手向東南按出，與左腳尖平。右手弧形落到右胯旁。兩眼視手（圖122）。

用法與「摟膝」同。

第五十五式　研手捶

重心後移成右弓蹬步，隨即重心前移成左弓蹬步。同時，右手在右膝上方繞右膝一圈變拳，拳心向下、向東南方向打出，左手屈肘收回，手心與右拳頂相對，高與肩平，右肘略低於左肘。身向東南，眼向南平視（圖123）。

用法：對方抓住我右手腕肘反關節向我右前方搬去，我順其勢右臂將他腰部纏緊，旋轉腰胯將對方向後扔出。

圖 123

歌訣：隨曲就伸化彼力，
順其來勢抱其身，
要啥給啥趙堡訣，
捨己從人化發精。

另一用法：對方雙手向我左臂抓來，我左臂掤化，遮其目光，以右拳向對方胸部打擊。

第五十六式　迎面肘

重心後移，成右弓蹬步。同時左手繼續輕

圖 124

圖 125

貼右拳，右拳外旋，弧形下按到右胯根轉拳心向上，左手不離右拳心。眼向南平視（圖124）。

重心移到左腿，成左弓蹬步。同時右肘向上、向前畫圈打出。肘尖向東，高與肩平，左手心貼右拳頂轉動。眼向東平視（圖125）。

用法：對方雙手握我右手腕，我即順其力旋轉，起肘向前擊其面部。

歌訣：梢節受制中節應，
手腕被拿肘節攻，
腰際勁發貫肘尖，
化險為夷迎面中。

第五十七式　抱頭推山

重心移到右腳，成右弓蹬步。同時，兩手上下分開，左手內旋上托至頭前，手心向上，右手外旋畫弧到左膝上，手心向外，兩眼向西南方向

圖 126

圖 127

平視（圖126）。

重心移到左腿，隨即又移到右腿成弓蹬步。同時，右手向後、向上纏頭過腦按至西南方，高與鼻平，手心向西南，左手弧形下按至胸腹前，手心向西。眼向西南平視（圖127）。

用法：對方用雙手拿住我右手腕肘，我順勢走化即以右肘臂反拿其小臂，左手按其肩，合一勁向我右後推去。

歌訣：沉腰活胯身圓轉，
左右反背採挒彈，
以臂拿臂解還打，
對方仆跌如塌山。

第五十八式　如封似閉

與第三十二式如封似閉同（圖128、129）。

圖 131

圖 130

圖 128

第五十九式　單　鞭

與第六式單鞭相同（圖130、131、132）。

第六十式　前　招

右胯根內收，右勾手變掌向左、向下按至腹前，眼向西南平視（圖133）。

用法：對方雙手按我右臂，我右臂向左鬆下，右胯下沉，以肩靠擊其胸部。

歌訣：一臂能化雙按手，

鬆胯滾臂身前引，

圖 129

圖132

圖133

含胸拔背意貫肩，
對方自撞自傷身。

第六十一式 後 招

右腳尖外撇向西，重心移到右腿，成右弓蹬步。同時，左手向下、向右畫圓弧至右手下，兩手成交叉手，雙手弧形向前（西）掤出。手高與鼻齊，左手心向右，右手心向左。眼向西平視（圖134）。

用法：我右手臂被對方按至身前，我轉腰以雙手掤住對方雙手，由下向上把對方掤出。周身要合成一勁，轉接處不留空隙。

歌訣：氣蓄丹田屈臂轉，
引掤勁出走螺旋，
螺旋全憑腰腿功，
腰腿催手敵前翻。

圖 134

圖 135

圖 136

第六十二式　勒馬式

重心後移，左腳變實，右腳收回半步，腳尖點地。同時，雙手外旋。手心向裡，再內旋上下分開，左手轉手心朝外畫圓弧向左前按出，高與頭平，右手轉掌心向下、向右下畫圓弧按至右腿外側，手心向外。眼向西平視（圖135）。

用法：對方雙手抓住我雙手向我胸前按來，我含胸兩手上下分化來力，提膝擊其腹部。

歌訣：雙手被按莫慌張，
　旋轉即化柔克剛，
　左右反封背變順，
　恰似烈馬勒繩韁。

第六十三式　野馬分鬃

右腳向右前方（西北）邁出一步，成右弓蹬

圖 137

圖 138

步。同時，右手向腹前向上、向右前方畫圈按出，手心向西北，高與鼻平。左手畫圓弧按至左胯根處，手心向下。眼向西北平視（圖136）。

左腳收回即向左前方（西南）邁出一步，成左弓蹬步。同時，左手由下經腹前向上、向左前方畫圈按出，手心向西南，高與鼻平。右手畫圓弧下按到右胯根處，手心向下，眼向西南平視（圖137）。

圖138與圖136相同。

用法：對方用右拳向我擊來，我以右臂向上、向外捌去，進步以左掌按其肋部。

歌訣：右手領肘左手催，

外捌腿蹬身勁整，

丹田內轉四梢應，

內外合一發不空。

圖 139

圖 140

第六十四式　右高探馬

重心移到左腿，右腳向左勾後收回，腳跟著地，腳尖上翹。同時，右手逐漸轉手，向下、向左、向上、向下畫圈至胸前，手心向上，左手向左、向上、向前畫圓弧合於右小臂上，手心向下。眼向西平視（圖139）。

用法：對方雙手按我右臂，我向左、向下走化，同時以右腳勾對方右腳，兩手翻轉向側按出，對方即向我右側跌倒。

歌訣同第三十六式。

第六十五式　白蛇吐信

右腳向西邁一步，腳尖向前（西）成右弓蹬步。同時，兩手向前、向上以右掌指刺出，高與鼻平，左掌移至右肘上方。眼看右掌（圖140）。

用法：對方雙手按我右臂，我滾肘即進，以手指刺其咽喉，左手貼右小臂以助勁。

歌訣：沉肘小圈滾化進，

反制雙臂刺喉咽，

丹田催勁貫筋梢，

白蛇吐信巧取勝。

圖141

第六十六式　玉女穿梭

左腳向前（西）邁一步踏實，腳尖朝西北偏西，成左弓蹬步。同時，兩手前後分開，右手置右腹前，左手前伸與左腳相對，高與鼻平，手心斜向前下。眼向右手方向平視（圖141）。

用法：對方雙手搬我右臂，我順勢上步，以左掌迎面擊去。

歌訣：掌發全憑身帶勁，

穿梭招發快如風，

神意氣勁貫左掌，

足落指到取雙瞳。

圖 144

圖 143

圖 142

第六十七式　轉身攬插衣

左腳盡量內扣，右腳向右後、向西邁出一步，踏實腳尖向西南成右弓蹬步。身由朝北轉朝南。同時左手弧形下按至左小腹，右手向上、向後、向西畫圈按出。與右腳相對，定式與第四式攬插衣相同（圖142）。

第六十八式　如封似閉

與第五式相同（圖143、144）。

第六十九式　單　鞭

與第六式相同（圖145、146、147）。

第七十式　雲　手

與第三十四式相同（圖148、149）。

圖 145

圖 146

圖 147

圖 148

圖 149

圖150

圖151

圖152

第七十一式　跌　岔

重心移到左腿，隨即移到右腿。同時右手向右下經胯旁向右前（西南）轉一斜圈置面前，手心向南偏東，左手向外、向後再經胯前向上轉一圈置右手下，與右手交叉，手心向西北，指尖略高於鼻，眼看西南方向（圖150）。

重心移到左腳，右腳收回半步，腳尖點地，身轉向南，身體下蹲。同時，雙手左右分開，手心朝外，向上、向外、向下畫圓弧至右膝上轉手心向下，兩手變勾手，勾尖與左膝相觸（圖151）。

身起立，提右膝與胯平，勾手隨膝上提到胸前，眼向南平視（圖152）。

右腳落地變實，左腳提起向東前伸，腳心向東，腳尖朝上，成仆步。同時，兩勾手掌轉

圖 153

圖 154

手心向上經頭前向上、向左右分開，再向兩側畫圓弧，左手落在左小腿上，右手落在身右側，高與胯平，眼向東南平視（圖153）。

用法：這是應四方之敵的招數。以雙手合勁掤前面之敵，以腳彈後敵之襠部，以雙手螺旋分擊左右來人。

歌訣：跌岔分打四方勢，
左顧右盼前後擊，
身發螺旋彈抖勁，
觸轉即放八面跌。

第七十二式　掃　腿

重心移到左腿，左腳掌向前踏實，右腳裡側著地，成右仆步。同時，左手前伸，手心向南，高與頭平。右手轉手心向下畫圓弧按至右小腿上，眼看東南方向（圖154）。

圖 157

圖 156

圖 155

以左腳跟為圓心，右腳右手為半徑，向左畫圓弧約二百七十度，右腳尖向西，左腳掌轉一百八十度，腳尖向西，身轉向西北。同時，左手內旋提至頭前，眼向西北平視（圖155）。

這是一個高難度的動作，要求動作連貫，一氣呵成，不要有斷續，才能表現出圓活、完整。

用法：對方用雙掌向我正面抓來，我以左掌上掤左領，以右腿掃其腳，對方即仆跌。

歌訣：太極掃腿少人知，

鐵腿一發敵斷根，

上領下掃仆步擊，

長山之蛇首尾應。

第七十三式　轉　身

身起立，左腳實，以腳跟為軸，腳掌向右

轉至東偏北，右腳向右勾轉，落在左腳旁，腳尖點地，略出左腳半腳。同時右手隨轉身向頭上經右耳後畫圓弧按到右膝上方，左手隨身向前、向下畫弧按至左膝上方。眼向東平視（圖156）。

用法：對方從身後用右拳擊來，我手腳同時向身後出動，以右腳勾其背，以右手掤攦其手，對方即向我右側仆倒。

歌訣：太極不怕身後攻，

掤攦其手來勁空，

腳勾其背仆地倒，

一切都在旋轉中。

第七十四式　右金雞獨立

左腳抓地，右膝提起與胯平，右手弧形上提至胸前到耳後逐漸轉手心向上、向前按出，略高於頭，手心斜向上。左手弧形移到左胯旁，手心向下，眼向東平視（圖157）。

用法：對方從正面用拳擊來，我以手托其腕或肘，上掤前推，提膝擊其下部。此式用法凶險，不可亂用。

圖158

圖159

圖160

歌訣：金雞獨立濟陰陽，
蓄發相變柔而剛，
轉換虛實人不知，
掌擊易化膝難防。

第七十五式　左金雞獨立

右腳落下變實，左腳提膝與胯平。同時右手經頭前耳後下按，逐漸轉手心向下落到右胯旁，左手經胸前弧形上提到耳後轉手心向上、向前按出，略高於頭，手心斜向前，眼向東平視（圖158）。

用法同上式右金雞獨立。

第七十六式　雙震腳

右腳撐地，身體上躍，右腳離地數寸即下踏，左腳在右腳踏地後下踏，略出右腳變實，

圖161

圖162

圖163

右腳提起，腳尖點地。同時左手隨身弧形下按至左胸前，手心朝外（東），右手隨身轉動，眼向東平視（圖159）。

用法：對方以腳掃我右腿，我上躍躲過，即以右腳踏其腳腕，左腳跺其小腿。

歌訣：太極攻防變化多，

走黏有走也有躲，

對付掃腿身上躍，

雙腳連發腿難過。

第七十七式　倒攆猴

與第二十六式同（圖160、161、162、163）。

圖 164

圖 165

圖 166

第七十八式　白鶴亮翅

與第二十七式同（圖164、165）。

第七十九式　摟膝斜行

與第二十八式同（圖166、167、168、169、170）。

第八十式　開　合

與第二十九式同（圖171、172）。

第八十一式　海底針

圖173與第三十式圖74同。

右腿變實，左腳向後、向西南退一步變實成仆步，右腳腳尖翹起，左手向左、向上畫圓弧到左額前，右手變立掌下按至右膝內側。眼

圖 167

圖 168

圖 169

圖 170

圖 171

圖 172

圖 173

圖 174

圖 175

看右腳尖方向（圖174）。

第八十二式　扇通背

重心移到右腳，左腳向左前（東北）一步，手的運轉及餘下動作同第三十一式（圖175、176、177、178）。

第八十三式　如封似閉

與第三十二式相同（圖179、180）。

第八十四式　單　鞭

與第六式相同（圖181、182、183）。

第八十五式　雲　手

與第三十四式相同（圖184、185）。

圖 176

圖 177

圖 178

圖 179

圖 180

圖 181

圖 182

圖 183

圖 184

圖 185

圖 186

圖 187

第八十六式　腰　步

與第三十五式相同（圖186）。

第八十七式　高探馬

重心移到右腳，左腳收回半步，腳尖點地。同時，左手向下、向腹前畫圓弧至右腋下，手心向下，左手向右下、向上經頭頂向下畫圈按至小腹前。眼向南平視（圖187）。

用法同前。

第八十八式　十字手

左腳由左前向右勾擺，向東南方向踏出一步，腳尖內扣向西，右腳尖扣向南，兩腳跟與肩同寬。同時，兩手手心向下，手腕相交於腹前，左手外旋，托右手與肩平，雙手順時針方

圖188

圖189

圖190

向旋轉一小圈，右手在下，手心向上，左手在上，手心向下，按至小腹前，兩眼向西南平視（圖188）。

用法：對方右手從我左前方打來，我即以右手黏其手腕，左手托其肘，圓轉採拿，以左腳上勾對方的腳，手腳合一勁，對方即倒栽在地。

歌訣：趙堡太極十三翻，
十字翻手凶又險，
手腳一圈一太極，
圈圈合勁敵倒翻。

第八十九式　單擺蓮

左腳向左前（東南）邁出一步，腳尖向南，成左弓蹬步。同時，兩手分開，左手在前，手心向下，右手在後，手心向上，兩手相距寸許（圖189）。

右腳以外側向我左肘下外擺。同時左手拍右腳面，右手向下、向後、向上經頭頂變拳向左前打擊，與右腳左手平，拳心向裡。眼向南平視（圖190）。

用法：對方拿住我左手腕，我起右腳擊其手腕，右拳擊其面部。

歌訣：手腕被擒莫失掤，

肘下踢腳彈腿用，

一招多途人莫識，

也作白手奪刃功。

圖 191

第九十式　指襠捶

右腳向後（西北）退一步，腳尖向西南，成右弓蹬步，身轉向西南。同時，右拳內旋向下、向西南畫圈到右膝上方與胸同高再向下向內按至襠前，拳眼向上，拳心向內，肘尖朝西，左手握拳貼左胯根處。眼向西南平視（圖191）。

圖 192

圖 193

用法：對方從我後面抱我，我以右肩由下向上滾靠其胸，用肘擊其襠部。

歌訣：瞻前顧後要謹記，
明瞭三節變化奇，
湧泉力發肩膀出，
襠挨一肘真魂失。

另一用法：對方雙手拿我腕肘，我腕肘走化後以另一手變拳擊其襠部。

第九十一式　領　落

重心移到左腿成左弓蹬步。同時，右拳變掌，手心向東南由下向胸前掤出，高與鼻平，左拳變掌由腹部向襠部按下，手心向下。眼向南平視（圖192）。

餘式同第二式（圖193、194、195、196）。

圖 194

圖 195

圖 196

第九十二式　翻　掌

與第三式相同（圖197、198）。

圖 197

圖 198

圖199

圖200

第九十三式　攬插衣

與第四式相同（圖199）。

第九十四式　右七星下式

左腳尖外撇向南偏東，重心移到左腳蹲下，兩腿成仆步，右腳心向西，腳尖翹起向上。同時，雙手向下、向左、向上畫圓弧至頭前，左手心向東南，右手畫弧落至右膝內側，手心斜向下。眼向右腳尖方向看去（圖200）。

用法：對方雙手按我左臂，我反黏其手臂坐胯蹲身，引他落空。式中還藏有七星靠。

歌訣：仆步下引千斤勢，
七星下式靠法凶，
瞄準七星往上打，
靠勁一發人騰空。

圖201

圖202

第九十五式　擒　拿

重心前移，右腳掌向前（西）踏實。同時，右手隨身上提外旋收回胸前，拳心向裡。左手稍外旋轉手心向前弧形向右肘下伸出（圖201）。

重心左移，隨即前移，右腳尖內扣向西南踏實，左腳跟上半步。同時左手轉手心向上沿右前臂外側上掤漸漸變拳轉拳心向下，按至腹前。右拳內旋轉拳心向下按與左拳同高。眼向西南平視（圖202）。

用法：對方雙手拿我右前臂，用力前推，我滾右臂，左手從右肘下上拿其雙手，右手轉擊其頭腹部。

歌訣：解拿還拿妙手法，
滾臂採挒一剎那，

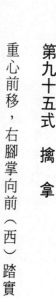

圖 204

圖 203

含胸扣襠腰勁發，
渾身都能把人拿。

第九十六式　回頭看畫

左腳提起向左（東）擺一步落下變實，腳尖向東，右腳尖內扣向東南。同時左拳外旋轉拳心向上，向上、向左、向下打出，高與肘平，與左腳相對齊。右拳隨身移到右胯前。眼向東平視（圖203）。

用法：對方從後面用右拳擊來，我轉身以左拳搖滾其前臂，以右拳衝擊其胸部。

歌訣：以臂沾臂搖滾化，
膝提足蹬防帶打，
氣斂入骨鬆腰胯，
回頭看畫上下發。

第九十七式　進步指襠捶

右腳向右前（南）跨一步，身轉向東，左腳外撇，腳尖向東北，成左弓蹬步。同時，右手外旋向後、向上經胸前打下置襠前，拳眼向裡，拳心向南，拳頂向下。左拳弧形收回左膝上方，拳心向上。眼向東北平視（圖204）。

用法：對方從我正面用右手擊來，我以左手臂採挒其來手，進步以右拳擊其襠部。

歌訣：順化前臂近敵前，
進步進身絕招現，
看準五虛險處用，
周身合力捶以鑽。

圖205

第九十八式　黃龍絞水

重心移到右腿。同時雙拳變掌手心向下沿右膝向順時針方向繞膝到外側，左手略高於右手。眼向東南平視（圖205）。

圖 208

圖 207

圖 206

左腳變實，右腳向東北方向邁一步，左腳跟上半步，腳尖點地。同時，雙掌變拳，右手轉拳心向上、向左前（東北）畫圈打出，高與鼻平，左拳心向下跟隨右拳弧形打出，置右小臂內側。眼向東北平視（圖206）。

用法：對方雙手拿我右臂肘，向後採挒，我順其勢配合身法抱其下部，將其絞起。

歌訣：擒臂雖凶走化精，

捨己從人卸無形，

應物自然給肩肘，

如能絞水拔其身。

第九十九式　如封似閉

雙拳變掌，其餘動作與第五式同（圖207、208）。

圖 211

圖 210

圖 209

第一百式　單　鞭

與第六式相同。方向相反（圖209、210、211）。

第一百零一式　左七星下式

右勾手變掌，其餘動作同第九十四式，唯左右相反（圖212）。

用法同前。

圖 212

圖 213

圖 214

第一百零二式　擒　拿

圖213與第九十五式圖201相同，唯左右相反。

右腳變實，腳尖向西北，左腳收回半步。同時，右手沿左臂上掤漸變拳轉手心向下按置右胯旁，拳心轉向東北。左拳轉拳心向下按置左胯旁，轉拳心向東南。身向正西，眼向西平視（圖214）。

用法同第九十五式。

第一百零三式　進步砸七星

左膝提起到腹前，同時雙臂向胸前交叉，右拳在左肘下，拳心向裡，左拳在右肘尖外，拳心朝外。眼向西平視（圖215）。

左腳向前（西）邁一步蹲下踏實，右腳跟

圖 215

圖 216

上落在左腳內側，腳尖點地。同時雙臂左右分開，雙拳交叉，左拳在上外旋由上向下按至雙膝下外旋變掌。眼向西平視（圖216）。

用法：對方雙手抓住我雙手前按，我含胸雙手滾動反拿其雙手，身下蹲，對方即在我面前跪倒。

歌訣：雙手被封知轉換，
手肘胸腹皆是圈，
提膝護中退即進，
對方跪我七星前。

第一百零四式　退步跨虎

右腳向後退一步，腳尖向北偏東，左腳隨即收回，腳尖點地，兩腳距離同肩寬，身轉向北。

同時雙手外旋分開轉手心向外，向上畫圈

圖217

圖218

合於胸前。眼向北平視（圖217）。

身體稍下坐，兩手內旋上下分開，右手畫圓弧上掤至頭前，手心向上，左手變勾手畫弧至右臀旁，勾尖向南，眼向北平視（圖218）。

用法：對方用雙拳向我右側凶猛擊來，我退步以雙手左勾右掤卸其來勢，以靜待動，視其變化發著。

歌訣：如虎撲來樣凶猛，
卸其來勢退法應，
左勾右掤散其力，
以柔克剛不丟頂。

第一百零五式　轉　身

以右腳跟為軸，左腳提起，腳尖向上，隨轉身左腳向東南方向邁一步，腳尖向東南，成左弓蹬步。同時，左勾手變掌弧形上提至頭前與

圖 219

圖 220

右手成環形，隨身向右、向後（東南）按去，兩臂成一斜圓，左手略高於右手，手心朝外，手指相對，兩手指相距一拳略高於胸。身向南，眼向南平視（圖219）。

用法：對方從我身後用拳擊來，我急轉身雙手以掤握擠按四勁連續發出，對方即應手跌出。

歌訣：轉身妙勢抱太極，
身圈帶動數圈至，
掤握擠按瞬間發，
引化千斤不為奇。

第一百零六式　雙擺蓮

右腳提起往左肘尖下畫圈弧形外擺，提膝置腹前。同時左右手在右腳擺至東南方向時先後拍右腳面，雙手拍腳後仍保持環形。眼向南平視（圖220）。

圖221

圖222

圖223

用法：對方抓住我雙腕，我向右一引後以右腳擺踢其雙腕。

歌訣：趙堡太極架獨特，
式式相連步步深，
雙擺蓮擊破雙腕，
功夫不純難應心。

第一百零七式 搬弓射虎

右腳往後（西北）落下一步變實，腳尖向西南成右弓蹬步。雙臂環形後移到右膝上方轉手心向上，上提手心向裡，高與鼻平變拳內旋轉一圈向外打出。兩拳眼向裡，左手在外，高與頭平，右手在內，高與頰平。眼向西南平視（圖221）。

用法：對方從背後用雙臂鎖我喉部，我順其勢用雙手採捌其雙手，並前撐，將對方扔到

圖 224

圖 225

圖 226

我右前方來。

歌訣： 搬弓射虎應後人，
雙手採挒臂撐圓，
手臂肩胯合整動，
發人猶如箭離弦。

第一百零八式　領　落

重心移到左腿，成左弓蹬步。同時雙拳變掌，左掌內旋上掤至頭前，手心向外，右掌前按與胸平，手心向外，眼向南平視（圖222）。

餘下動作與第二式同（圖223、224、225、226）。

圖 227

趙堡太極拳，「收式」兩手分開自然下垂即可活動（圖227）。

歌訣：太極圖圓無始終，
全在陰陽變化中，
開中有合合中開，
循環往復轉無窮。

大展出版社有限公司
品冠文化出版社

圖書目錄

地址：台北市北投區(石牌)
致遠一路二段12巷1號
郵撥：0166955～1

電話：(02)28236031
28236033
傳真：(02)28272069

法律專欄連載・大展編號58

台大法學院　法律學系／策劃
法律服務社／編著

1.	別讓您的權利睡著了(1)	200元
2.	別讓您的權利睡著了(2)	200元

・生活廣場・品冠編號61・

1.	366天誕生星	李芳黛譯	280元
2.	366天誕生花與誕生石	李芳黛譯	280元
3.	科學命相	淺野八郎著	220元
4.	已知的他界科學	陳蒼杰譯	220元
5.	開拓未來的他界科學	陳蒼杰譯	220元
6.	世紀末變態心理犯罪檔案	沈永嘉譯	240元
7.	366天開運年鑑	林廷宇編著	230元
8.	色彩學與你	野村順一著	230元
9.	科學手相	淺野八郎著	230元
10.	你也能成為戀愛高手	柯富陽編著	220元
11.	血型與十二星座	許淑瑛編著	230元
12.	動物測驗—人性現形	淺野八郎著	200元
13.	愛情、幸福完全自測	淺野八郎著	200元
14.	輕鬆攻佔女性	趙奕世編著	230元
15.	解讀命運密碼	郭宗德著	200元
16.	由客家了解亞洲	高木桂藏著	220元

・女醫師系列・品冠編號62

1.	子宮內膜症	國府田清子著	200元
2.	子宮肌瘤	黑島淳子著	200元
3.	上班女性的壓力症候群	池下育子著	200元
4.	漏尿、尿失禁	中田真木著	200元
5.	高齡生產	大鷹美子著	200元
6.	子宮癌	上坊敏子著	200元

7.	避孕	早乙女智子著	200 元
8.	不孕症	中村春根著	200 元
9.	生理痛與生理不順	堀口雅子著	200 元
10.	更年期	野末悅子著	200 元

・傳統民俗療法・品冠編號 63

1.	神奇刀療法	潘文雄著	200 元
2.	神奇拍打療法	安在峰著	200 元
3.	神奇拔罐療法	安在峰著	200 元
4.	神奇艾灸療法	安在峰著	200 元
5.	神奇貼敷療法	安在峰著	200 元
6.	神奇薰洗療法	安在峰著	200 元
7.	神奇耳穴療法	安在峰著	200 元
8.	神奇指針療法	安在峰著	200 元
9.	神奇藥酒療法	安在峰著	200 元
10.	神奇藥茶療法	安在峰著	200 元

・彩色圖解保健・品冠編號 64

1.	瘦身	主婦之友社	300 元
2.	腰痛	主婦之友社	300 元
3.	肩膀痠痛	主婦之友社	300 元
4.	腰、膝、腳的疼痛	主婦之友社	300 元
5.	壓力、精神疲勞	主婦之友社	300 元
6.	眼睛疲勞、視力減退	主婦之友社	300 元

・心 想 事 成・品冠編號 65

1.	魔法愛情點心	結城莫拉著	120 元
2.	可愛手工飾品	結城莫拉著	120 元
3.	可愛打扮 & 髮型	結城莫拉著	120 元
4.	撲克牌算命	結城莫拉著	120 元

・少年偵探・品冠編號 66

1.	怪盜二十面相	江戶川亂步著	特價 189 元
2.	少年偵探團	江戶川亂步著	特價 189 元
3.	妖怪博士	江戶川亂步著	特價 189 元
4.	大金塊	江戶川亂步著	特價 230 元
5.	青銅魔人	江戶川亂步著	特價 230 元
6.	地底偵探王	江戶川亂步著	
7.	透明怪人	江戶川亂步著	

8. 怪人四十面相　江戶川亂步著
9. 宇宙怪人　江戶川亂步著
10. 恐怖的鐵塔王國　江戶川亂步著
11. 灰色巨人　江戶川亂步著
12. 海底魔術師　江戶川亂步著
13. 黃金豹　江戶川亂步著
14. 魔法博士　江戶川亂步著
15. 馬戲怪人　江戶川亂步著
16. 魔人剛果　江戶川亂步著
17. 魔法人偶　江戶川亂步著
18. 奇面城的秘密　江戶川亂步著
19. 夜光人　江戶川亂步著
20. 塔上的魔術師　江戶川亂步著
21. 鐵人Q　江戶川亂步著
22. 假面恐怖王　江戶川亂步著
23. 電人M　江戶川亂步著
24. 二十面相的詛咒　江戶川亂步著
25. 飛天二十面相　江戶川亂步著
26. 黃金怪獸　江戶川亂步著

·武術特輯·大展編號 10

1. 陳式太極拳入門	馮志強編著	180 元
2. 武式太極拳	郝少如編著	200 元
3. 練功十八法入門	蕭京凌編著	120 元
4. 教門長拳	蕭京凌編著	150 元
5. 跆拳道	蕭京凌編譯	180 元
6. 正傳合氣道	程曉鈴譯	200 元
7. 圖解雙節棍	陳銘遠著	150 元
8. 格鬥空手道	鄭旭旭編著	200 元
9. 實用跆拳道	陳國榮編著	200 元
10. 武術初學指南	李文英、解守德編著	250 元
11. 泰國拳	陳國榮著	180 元
12. 中國式摔跤	黃　斌編著	180 元
13. 太極劍入門	李德印編著	180 元
14. 太極拳運動	運動司編	250 元
15. 太極拳譜	清·王宗岳等著	280 元
16. 散手初學	冷　峰編著	200 元
17. 南拳	朱瑞琪編著	180 元
18. 吳式太極劍	王培生著	200 元
19. 太極拳健身與技擊	王培生著	250 元
20. 秘傳武當八卦掌	狄兆龍著	250 元
21. 太極拳論譚	沈　壽著	250 元
22. 陳式太極拳技擊法	馬　虹著	250 元

23. 二十四式/三十二式 太極 拳/劍　闞桂香著　180 元
24. 楊式秘傳 129 式太極長拳　張楚全著　280 元
25. 楊式太極拳架詳解　林炳堯著　280 元
26. 華佗五禽劍　劉時榮著　180 元
27. 太極拳基礎講座：基本功與簡化 24 式　李德印著　250 元
28. 武式太極拳精華　薛乃印著　200 元
29. 陳式太極拳拳理闡微　馬　虹著　350 元
30. 陳式太極拳體用全書　馬　虹著　400 元
31. 張三豐太極拳　陳占奎著　200 元
32. 中國太極推手　張　山主編　300 元
33. 48 式太極拳入門　門惠豐編著　220 元
34. 太極拳奇人奇功　嚴翰秀編著　250 元
35. 心意門秘籍　李新民編著　220 元
36. 三才門乾坤戊己功　王培生編著　220 元
37. 武式太極劍精華 +VCD　薛乃印編著　350 元
38. 楊式太極拳　傅鐘文演述　200 元
39. 陳式太極拳、劍 36 式　闞桂香編著　250 元
40. 正宗武式太極拳　薛乃印著　220 元

・原地太極拳系列・大展編號 11

1. 原地綜合太極拳 24 式　胡啟賢創編　220 元
2. 原地活步太極拳 42 式　胡啟賢創編　200 元
3. 原地簡化太極拳 24 式　胡啟賢創編　200 元
4. 原地太極拳 12 式　胡啟賢創編　200 元

・名師出高徒・大展編號 111

1. 武術基本功與基本動作　劉玉萍編著　200 元
2. 長拳入門與精進　吳彬　等著　220 元
3. 劍術刀術入門與精進　楊柏龍等著　220 元
4. 棍術、槍術入門與精進　邱丕相編著　220 元
5. 南拳入門與精進　朱瑞琪編著　元
6. 散手入門與精進　張　山等著　元
7. 太極拳入門與精進　李德印編著　元
8. 太極推手入門與精進　田金龍編著　元

・實用武術技擊・大展編號 112

1. 實用自衛拳法　溫佐惠著
2. 搏擊術精選　陳清山等著

・道學文化・大展編號 12

1.	道在養生：道教長壽術	郝　勤等著	250 元
2.	龍虎丹道：道教內丹術	郝　勤著	300 元
3.	天上人間：道教神仙譜系	黃德海著	250 元
4.	步罡踏斗：道教祭禮儀典	張澤洪著	250 元
5.	道醫窺秘：道教醫學康復術	王慶餘等著	250 元
6.	勸善成仙：道教生命倫理	李　剛著	250 元
7.	洞天福地：道教宮觀勝境	沙銘壽著	250 元
8.	青詞碧簫：道教文學藝術	楊光文等著	250 元
9.	沈博絕麗：道教格言精粹	朱耕發等著	250 元

・易學智慧・大展編號 122

1.	易學與管理	余敦康主編	250 元
2.	易學與養生	劉長林等著	300 元
3.	易學與美學	劉綱紀等著	300 元
4.	易學與科技	董光壁　著	280 元
5.	易學與建築	韓增祿　著	280 元
6.	易學源流	鄭萬耕　著	元
7.	易學的思維	傅雲龍等著	元
8.	周易與易圖	李　申　著	元

・神算大師・大展編號 123

1.	劉伯溫神算兵法	應　涵編著	280 元
2.	姜太公神算兵法	應　涵編著	280 元
3.	鬼谷子神算兵法	應　涵編著	280 元
4.	諸葛亮神算兵法	應　涵編著	280 元

・秘傳占卜系列・大展編號 14

1.	手相術	淺野八郎著	180 元
2.	人相術	淺野八郎著	180 元
3.	西洋占星術	淺野八郎著	180 元
4.	中國神奇占卜	淺野八郎著	150 元
5.	夢判斷	淺野八郎著	150 元
6.	前世、來世占卜	淺野八郎著	150 元
7.	法國式血型學	淺野八郎著	150 元
8.	靈感、符咒學	淺野八郎著	150 元
9.	紙牌占卜術	淺野八郎著	150 元
10.	ESP 超能力占卜	淺野八郎著	150 元

11. 猶太數的秘術	淺野八郎著	150 元
12. 新心理測驗	淺野八郎著	160 元
13. 塔羅牌預言秘法	淺野八郎著	200 元

・趣味心理講座・大展編號 15

1. 性格測驗① 探索男與女	淺野八郎著	140 元
2. 性格測驗② 透視人心奧秘	淺野八郎著	140 元
3. 性格測驗③ 發現陌生的自己	淺野八郎著	140 元
4. 性格測驗④ 發現你的真面目	淺野八郎著	140 元
5. 性格測驗⑤ 讓你們吃驚	淺野八郎著	140 元
6. 性格測驗⑥ 洞穿心理盲點	淺野八郎著	140 元
7. 性格測驗⑦ 探索對方心理	淺野八郎著	140 元
8. 性格測驗⑧ 由吃認識自己	淺野八郎著	160 元
9. 性格測驗⑨ 戀愛知多少	淺野八郎著	160 元
10. 性格測驗⑩ 由裝扮瞭解人心	淺野八郎著	160 元
11. 性格測驗⑪ 敲開內心玄機	淺野八郎著	140 元
12. 性格測驗⑫ 透視你的未來	淺野八郎著	160 元
13. 血型與你的一生	淺野八郎著	160 元
14. 趣味推理遊戲	淺野八郎著	160 元
15. 行為語言解析	淺野八郎著	160 元

・婦 幼 天 地・大展編號 16

1. 八萬人減肥成果	黃靜香譯	180 元
2. 三分鐘減肥體操	楊鴻儒譯	150 元
3. 窈窕淑女美髮秘訣	柯素娥譯	130 元
4. 使妳更迷人	成　玉譯	130 元
5. 女性的更年期	官舒妍編譯	160 元
6. 胎內育兒法	李玉瓊編譯	150 元
7. 早產兒袋鼠式護理	唐岱蘭譯	200 元
8. 初次懷孕與生產	婦幼天地編譯組	180 元
9. 初次育兒 12 個月	婦幼天地編譯組	180 元
10. 斷乳食與幼兒食	婦幼天地編譯組	180 元
11. 培養幼兒能力與性向	婦幼天地編譯組	180 元
12. 培養幼兒創造力的玩具與遊戲	婦幼天地編譯組	180 元
13. 幼兒的症狀與疾病	婦幼天地編譯組	180 元
14. 腿部苗條健美法	婦幼天地編譯組	180 元
15. 女性腰痛別忽視	婦幼天地編譯組	150 元
16. 舒展身心體操術	李玉瓊編譯	130 元
17. 三分鐘臉部體操	趙薇妮著	160 元
18. 生動的笑容表情術	趙薇妮著	160 元
19. 心曠神怡減肥法	川津祐介著	130 元

20. 內衣使妳更美麗　陳玄茹譯　130 元
21. 瑜伽美姿美容　黃靜香編著　180 元
22. 高雅女性裝扮學　陳珮玲譯　180 元
23. 蠶糞肌膚美顏法　坂梨秀子著　160 元
24. 認識妳的身體　李玉瓊譯　160 元
25. 產後恢復苗條體態　居理安・芙萊喬著　200 元
26. 正確護髮美容法　山崎伊久江著　180 元
27. 安琪拉美姿養生學　安琪拉蘭斯博瑞著　180 元
28. 女體性醫學剖析　增田豐著　220 元
29. 懷孕與生產剖析　岡部綾子著　180 元
30. 斷奶後的健康育兒　東城百合子著　220 元
31. 引出孩子幹勁的責罵藝術　多湖輝著　170 元
32. 培養孩子獨立的藝術　多湖輝著　170 元
33. 子宮肌瘤與卵巢囊腫　陳秀琳編著　180 元
34. 下半身減肥法　納他夏・史達賓著　180 元
35. 女性自然美容法　吳雅菁編著　180 元
36. 再也不發胖　池園悅太郎著　170 元
37. 生男生女控制術　中垣勝裕著　220 元
38. 使妳的肌膚更亮麗　楊　皓編著　170 元
39. 臉部輪廓變美　芝崎義夫著　180 元
40. 斑點、皺紋自己治療　高須克彌著　180 元
41. 面皰自己治療　伊藤雄康著　180 元
42. 隨心所欲瘦身冥想法　原久子著　180 元
43. 胎兒革命　鈴木丈織著　180 元
44. NS 磁氣平衡法塑造窈窕奇蹟　古屋和江著　180 元
45. 享瘦從腳開始　山田陽子著　180 元
46. 小改變瘦 4 公斤　宮本裕子著　180 元
47. 軟管減肥瘦身　高橋輝男著　180 元
48. 海藻精神秘美容法　劉名揚編著　180 元
49. 肌膚保養與脫毛　鈴木真理著　180 元
50. 10 天減肥 3 公斤　彤雲編輯組　180 元
51. 穿出自己的品味　西村玲子著　280 元
52. 小孩髮型設計　李芳黛譯　250 元

・青 春 天 地・大展編號 17

1. A 血型與星座　柯素娥編譯　160 元
2. B 血型與星座　柯素娥編譯　160 元
3. O 血型與星座　柯素娥編譯　160 元
4. AB 血型與星座　柯素娥編譯　120 元
5. 青春期性教室　呂貴嵐編譯　130 元
7. 難解數學破題　宋釗宜編譯　130 元
9. 小論文寫作秘訣　林顯茂編譯　120 元
11. 中學生野外遊戲　熊谷康編著　120 元

國家圖書館出版品預行編目資料

杜元化《太極拳正宗》考析／王海洲　嚴翰秀編著
——初版，——臺北市，大展，2002〔民91〕
面；21公分，——（武術特輯；41）
ISBN 957-468-131-9（平裝）

1.太極拳

528.972　　91003223

北京人民體育出版社授權中文繁體字版

杜元化《太極拳正宗》考析　ISBN 957-468-131-9

編著者／王海洲　嚴翰秀
責任編輯／趙新華
發行人／蔡森明
出版者／大展出版社有限公司
社　址／台北市北投區（石牌）致遠一路2段12巷1號
電　話／（02）28236031・28236033・28233123
傳　眞／（02）28272069
郵政劃撥／01669551
E－mail／dah-jaan@ms9.tisnet.net.tw
登記證／局版臺業字第2171號
承印者／國順文具印刷行
裝　訂／嶸興裝訂有限公司
排版者／弘益電腦排版有限公司
初版1刷／2002年（民91年）4月
初版發行／2002年（民91年）5月

定　價／300元

大展好書 好書大展

大展好書　好書大展